JN277291

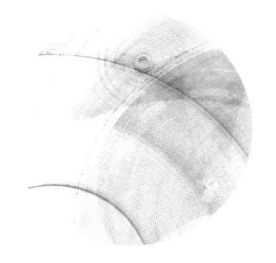

パワーアップ！
学び、つながり、発信する
家庭科

荒井紀子 [編著]

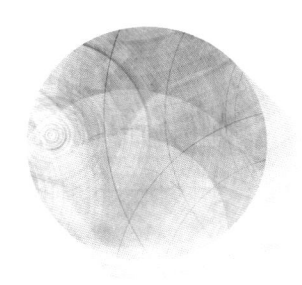

鎌田　浩子
亀井　佑子
川邊　淳子
川村めぐみ
齋藤美保子
新山みつ枝
鈴木真由子
長澤由喜子
野中美津枝
広岡　守穂
広岡　立美
綿引　伴子
　　　[著]

大修館書店

はじめに

　本書は，家庭科の「いま」を理解し，「これから」の新しい家庭科へ一歩を踏み出すためにはどうしたらよいかを，理論だけでなく，全国の高校で実際になされている様々な事例や取り組みを紹介しながら，いわば「行動」の書としてまとめ上げたものである。

　民主的な家庭と市民（シティズン）育成の教育の要として，家庭科が社会科とともに誕生してから65年が経過した。この間，高校家庭科に重大な影響を及ぼした主なエポックメイキングは二つ挙げられる。一つは，家庭科教師がその一翼を担った男女4単位必修の実現（1989年改訂学習指導要領）であり，もう一つは「教育改革」の「基礎・基本の充実」の一環として提起された「家庭基礎」2単位科目の設定（1998年改訂学習指導要領）である。後者については，大学受験重視の力学がボディブローのようにきいて，各校の家庭科はわずか10年ほどの間に4単位科目から2単位科目への単位減が全国的に進行しつつある。

　教師として学習内容の全体をどう授業に組み立てようかと考えたとき，ただでさえ少ない総時間数が半分になるということは大変なことである。学習の骨組みを支える体験や思考をともなう部分を削り取らざるを得ず，知識やスキルの習得もままならない。単位減は家庭科教師の配置減も引き起こし，全国の教師は，授業の困難さや多忙化に悲鳴を上げている。それぞれに何とか工夫をしながらも，それも限界との声も多く聞かれる。

　その一方で，家庭科がみつめる「生活」の学びは，持続可能な社会の実現，消費者問題への対応，共生社会をつくるシティズンシップの育成，男女の平等と共同参画など，どれも，生徒が個人として，そして市民として身につける必要不可欠の学びであることは間違いない。その必要性は時代的にも地球的観点からみても，むしろ今まで以上に高まっている。このことは家庭科教師の実感としてはもちろんのこと，学習指導要領に先立って出される中央教育審議会答申にも教育の重要課題として記されている。問題は，これら「生活」の学びを教科のなかで，また教科間の連携のなかにどう入れていくのか，またその学習時間をどう保証するかの議論が，学習指導要領を策定する段階で不足していることである。言い換えれば，「生活」の学びを実現させようとする粘り強い議論がなされず，「生活」の学びが軽視されているのである。

本書は，このような状況を冷静に踏まえながら，そのなかで，家庭科をどのように展開するか，これからの時代を生きる生徒たちに必要な力をどう育むかを，理論と実践の両面から論じたものである。現状の追従ではなく，その先の，家庭科をより発展，強化させる方策も射程に入れている。時代をみすえ，世界をみすえ，教科としての家庭科をパワーアップしたい。そのためには私たち教師自身のパワーアップも必要である。

　全体は大きく三つの部からなっている。

　「第Ⅰ部　家庭科はおもしろい」は，明日の生活者(生活主体)を育てる教科の特性を整理すると共に，家庭科が世界標準の学力にどう位置づくのか，それが学習指導要領にどう反映されているかを分析する。同時に家庭科でつける批判的リテラシーや男女共修家庭科のこれからの課題についても論じる。さらに他分野の方々からの家庭科へのエールを紹介する。

　「第Ⅱ部　家庭科のいま」は，東日本大震災から照射された家庭科の役割をあらためてみつめるとともに，本書の執筆者らが実施した全国16都道府県の教育課程の調査や，21都道府県の質問紙調査(621校)をもとに，家庭科の実像を描き出す。特に「4.家庭科教師のつぶやき」には，全国の家庭科教師の生の声を収録している。教師の思いの溢れた貴重な声に，耳を傾けてほしい。

　「第Ⅲ部　これからの家庭科」では，生活主体を育てる新しい家庭科学習をどうデザインしたらよいか，理論と実践の両面から論じる。カリキュラムの新たな理論的枠組みを提示すると共に，その枠組みのもとで考案(実施)した9つの授業を紹介する。また，家庭科室をどう魅力的な場所にするか，米国や北欧の例を含め，国内外の事例を挙げて考えていく。さらに地域とどうつながるか，教師同士のネットワークをどうつくっていくか，長年，工夫を重ね，つながりや深まりを創り上げてきた全国の教師たちの貴重な実践と足取りを紹介する。

　本書は各部が密接につながっており，どこから読み始めてもかまわない。読者が一人で，あるいは仲間同士や地域の学習会などで，家庭科の「いま」を理解し，「これから」の家庭科を考え，行動する際の参考にしてほしい。

　また家庭科教師だけでなく，明日の家庭科教師を育てる大学関係者や他分野の研究者たち，さらに生活の学びを大切と考える多くの市民の方々にも手にとっていただき，議論の輪に入っていただけると幸いである。

2012年3月　執筆者を代表して　荒井紀子

パワーアップ！家庭科
もくじ

はじめに　2

第Ⅰ部　家庭科はおもしろい……………………………7

1．家庭科のもつ現代的意味　8
　　1．明日の生活者を育てる　8
　　2．世界の学力論に家庭科はどう位置づくのか　12
　　3．批判的リテラシーを育む家庭科　17
　　4．男女が学ぶ家庭科─共修実現から20年，これまでとこれから
　　　　　　　　　　　　　　　　　　　　　　　　　　　　19
　　column　PISAの問題解決能力にかかわる問題例　24
2．家庭科へのエール　25
　　［特別寄稿］一家に1冊，家庭科教科書を常備したい　25
　　column　家庭科はおもしろい─他分野からのエール　34

第Ⅱ部　家庭科のいま……………………………………35

1．家庭科の役割　36
　　1．東日本大震災と家庭科　36
　　2．「生きる力」と家庭科　39
　　column　東日本大震災時の高校生の思いは？　47
2．家庭科の実像　49
　　1．全国の家庭科カリキュラム　49

2．家庭科教師の実像　56
   3．家庭科単位減の実像　59
      column　教員の定数はどのように決まっているのか？　65
 3．教師は家庭科をどうとらえているか　67
 4．家庭科教師のつぶやき　73
   1．家庭科を教えるうえで今抱えている困難点　74
   2．家庭科の授業づくりに必要なこと—家庭科を学ぶ本当の意味
                                          79
   3．家庭科の重要性のアピール　84

第Ⅲ部　こ れ か ら の 家 庭 科……………………………93

 1．新しい家庭科をどうつくる　94
   1．新しい家庭科の学びをデザインする　94
   2．授業づくりの方略—探究的な学習をどうつくる　97
 2．新しい家庭科の授業　104
   1．文化祭で模擬店を実現させよう　106
      column　学びの構造図　109
   2．テーマをもって朝ごはんを作ろう　110
   3．デートDVについて考えよう　113
   4．家族との関係を問い直し自分の思いを発信しよう　116
   5．安心して心豊かに暮らせる社会とは　120
      column　グリーンカーテン作りと家庭科　123
   6．キズりんごを活用しよう　124
   7．環境に配慮した衣生活を考えよう　127
   8．ヴァーチャルな消費とのかかわりを考えよう　131
   9．消費行動をクリティカルに振り返ろう　134

3．家庭科を学ぶおもしろさ，楽しさを演出しよう　137
　　1．世界の家庭科を訪ねてみよう　138
　　2．家庭科を開こう　149
　　　column　生徒は家庭科が好き！　158
4．地域とつながり，学びのネットワークをつくる
　　　―地域連携は家庭科から　159
　　1．学校をあげた大阪府立芥川高校の取り組み　159
　　2．家庭科教員のネットワークのつくり方　166
　　3．行政との協働による学びのネットワーク　178
5．教師同士のネットワークを広げよう　184
　　1．神奈川県の取り組み　184
　　2．鹿児島県の取り組み　191
　　3．愛媛県の取り組み　195

まとめにかえて

家庭科のパワーアップをめざして―学び，つながり，発信する　198
　　1．家庭科はおもしろい　198
　　2．家庭科のいま　199
　　3．これからの家庭科　200
　　4．学び，つながり，発信する　201

資料　家庭科の歴史　203
さくいん　206
執筆分担　207

第1部

家庭科はおもしろい

1. 家庭科のもつ現代的意味

1. 明日の生活者を育てる

❶ 「コクリコ坂から」にみる生活力と家庭科

　2011年制作のアニメーション映画「コクリコ坂から」（宮崎吾朗監督）は，家庭科の視点からみても興味深い作品である。約50年前の横浜を舞台に高校生とその家族を描いた青春物語だが，そのなかで観客は思いがけず生活感の豊かな高校生に出会う。

　日本が高度経済成長期に入る直前の1963年，横浜の海を臨む高台の家で，高校2年生の主人公，海（愛称メル）が早朝起き出すところから話は始まる。布団をたたみ，身支度をして，階下の台所に行き，祖母，弟，妹，自分と下宿人あわせて7人の朝食を作る。その様子がテンポよく描かれている。ガス釜のふたを取って米と水の分量を確かめてからコンロの火を点けて飯を炊く。炊きたての飯をお櫃に移す。ハムエッグと味噌汁を作り食事の給仕をする。弟妹と自分のお弁当を詰める。弟の「おねえちゃん，靴下穴あいた」との声に「わかった。ミシンの横に置いといて」と答える。台所を片づけ，洗濯物を絞るところまですませてから，制服に着替えて登校する。メルの通う高校は旧制中学の面影を残す進学校で，本人は将来，医者を志望している。昼間は勉強だけでなく，生徒会活動や機関誌のガリ切りを手伝うなど高校生活を謳歌しながらも，帰りには馴染みの魚屋さんとやりとりしながら，新鮮な子持ち鰈を買って夕食の支度をする。こうした主人公の日常がさりげなく，淡々と描かれている。留学中の医者の母に代わって家事を切り盛りするが，悲壮感はない。主人公にとって家族や下宿の女性たちといっしょに創る生活はかけがえのないものであり[1]，その暮らしを丁寧に営んでいる様子が伝わってくる。

　もう一つ，印象的なエピソードがある。高校文化部の部室が集合した魅力的な古い建築の取り壊しに反対する生徒たちの運動のなかで，全校生徒の支持を得る戦略として，部室を掃除・整理し快適な場所にすることをメルが提案することである。仲間と協働して実行し，建物の魅力をアピールし，由緒ある建物

の存続に力を発揮する。

　高校生メルにとって，生活は自ら創るものであり，受け身で享受するものではない。その意味で，メルに地に足のついた生活者であり，生活自立ぶりは見事である。また学校の自治活動における生活感溢れた発想と実行力は，生活から発想して行動する市民性（シティズンシップ）につながっている。

　物語が展開する1963年は，大学進学率が2割以下，高校に行かず中学卒業後すぐに社会に出る生徒も多かった時代である。社会は貧しく，便利な電気製品やコンビニ，携帯電話やインターネットもない。子どもたちは今よりも家事や生活にかかわり，家庭にも社会にもそして学校教育にも，子どもを自立させ，大人にするしくみや雰囲気が色濃くあった時代といえるだろう。アニメの主人公は少し特殊な設定ではあるが，この時代を生きた高校生としてのリアリティがある。もとより，この主人公にとって家庭科がどう役立っていたかは不明である。しかし仮に背景を辿ってみるなら，1963年当時，小学校家庭科は5，6年生で週2時間の計140時間（いずれも単位時間，以下同様），中学校家庭は3学年通して女子は週2時間の計210時間（男女別学，男子は技術を履修），高等学校は普通科女子生徒は家庭一般4単位の計140時間であった[2]。これらをあわせると，主人公メルには，学校教育で合計490時間の家庭科が課せられていたことになる。これを2009年告示の新学習指導要領の家庭科の履修時間（小学校115時間，中学校87.5時間，高校70～140時間，計272.5～342.5時間）と比べてみると，実に，1.4～1.8倍になる。女子だけが学ぶ矛盾（後節で詳述）を抱えながらも，主人公の生活力や，地に足がついた生活感覚や生活技術の修得を支える学習時間が保証されていたといってよいだろう。

　さて現実に目を移そう。1960年代から半世紀以上が過ぎた現在，子どもが育つ家庭や家族，それを取り巻く21世紀の日本社会は大きく変貌した。三世代同居から核家族へ，さらに若者や高齢者を中心に独居世帯が急増し，2011年の国勢調査によれば，今や一人暮らしの割合は最も多く，全体の32.4％を占める。次いで夫婦・子ども世帯が27.9％，夫婦のみが19.8％である[3]。将来家庭をもつとしても，子育て期を過ぎれば多くは夫婦二人暮らしやその先の一人暮らしが予想され，生活を自力で営む基本的な知識・技術，そしてそれを活用する実践力や判断力を身につけることは，生涯を通じて，男女を問わず，必要性が増している。また，女性の就業率や結婚後の共働き率も高まり，家事のほとんどを女性が担うことの不合理さも自明になりつつある。その一方で，家族形態の多

様化や格差社会が生み出す貧困化，家庭崩壊等が顕在化するなか，子どもたちの家庭はそれぞれに個別の事情を抱えており，子どもの生活力を鍛えるうえで家庭の教育力に多くを期待することは難しい。これらを総合的に判断するならば，子どもに生活の知識・技術を習得させ，実践力，判断力を育むためには，学校教育のなかで，かつ必修の普通科目のなかで，すべての子どもに学習機会を保証することが重要である。家庭科の学習をより充実させる必要性は，むしろ，冒頭の1960年代以上に高まっているといえるのではないだろうか。

❷ 高校家庭科でつける生活力

目の前の高校生を見て，生活力が萎えていると実感する教師は多いだろう。朝食を抜いたり，昼食，夕食もコンビニの菓子パンや弁当，インスタントラーメンですます生徒，制服の裾がほどけても安全ピンで留めて直そうとしない生徒，携帯メールやTVゲーム，ネットなどに長時間をかけ生活時間が乱れる等，自立的な生活者とはとてもいえない生徒像が容易に浮かんでくる。実際，国際比較では，家事手伝いをする日本の子どもの割合は低い[4]。学んだことが身についておらず，実践もされていないのである。同様に自己評価について国際比較でみると，日本の高校生は「自分を評価する」「自分を価値ある人間と思う」等の面で，他国に比べて評価が低い傾向がみられる[5]。社会的問題への関心も総じて薄く，市民性が育っているとはいいがたい。

1970年代に「子どもの手指が虫歯にかかっている」との指摘が話題になり[6]，子どもの生活離れが問題となってから約35年，その状態は改善されずますますひどくなっているといえるだろう。この間，大学進学率の上昇を背景に，高校は年を追って大学受験重視となり，その反動として，家庭科の授業時間が削減の一途を辿ったことに象徴されるように，受験と関係のない教科は軽視されてきた。日本の学校教育は，子どもを生活者として育てることを重視しておらず，この問題に真剣に向き合ってこなかったといえる。

ともあれ，私たちは目の前の高校生の現実から出発しなくてはならない。高校生たちに，どんな生活者に育ってほしいのか，その像を明快にしておく必要があるだろう。家族のいない休日，冷蔵庫を開けて，そこにあるもので手早く昼食を調理できる技や，食材を見ながら調理法と栄養バランスを考えて献立を立てられる知識と応用力，電気や水の省エネ，CO_2削減に配慮した生活を送る知識と実践力，共に生きる社会がイメージでき，実際に援助が必要な人を支えるフットワークの軽い実行力など，生活に向けて主体的に動く，頭と心と体を

鍛えたいものだ。それと同時に、個人や身近な家庭の生活問題は、地域や社会の制度や政治、経済、そして地球レベルの環境やシステムの問題とつながっている。個々の生活(私的領域)に軸足を置きながらも、生活の質(Quality of Life)をよくするため、生活の場から発想して地域や社会(公共領域)にも目を向け、その改善にかかわろうとする主体、すなわち市民(シティズン)を育てることも大切だろう。

本書では、「生活をみつめ、よりよい生活を創ることのできる人」を「生活者」ととらえる。そして、その主体となる生活主体(者)を「人権を土台として、生活課題の改善や解決に、一人で、また他と共同して主体的に取り組むとともに、社会を形成する主体としての自覚と実践力をもつ生活者」[7]と定義し、論を進めることにする。

この定義から生活主体がめざす課題(つけたい力)を抽出すると、「a.知識や技術を活用して生活を自立的に営む」、「b.平等な関係を築き協働して共に生きる」、「c.生活に主体的にかかわり課題を解決する」の3課題(力)となる。

図Ⅰ-1-1は、3つの関係を示したものである。

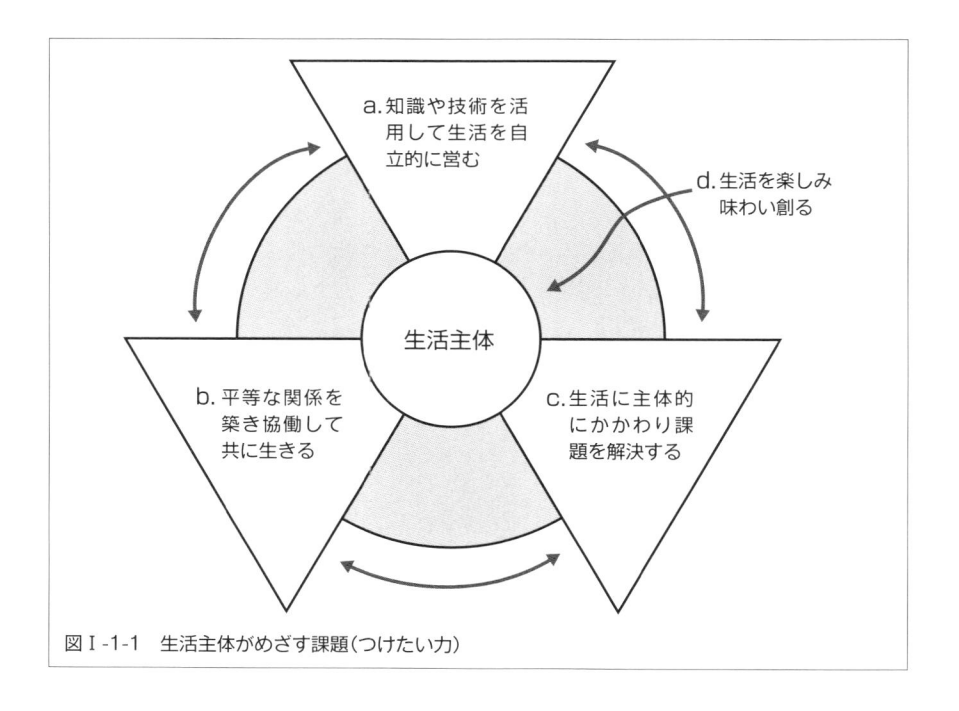

図Ⅰ-1-1　生活主体がめざす課題(つけたい力)

- a.知識や技術を活用して生活を自立的に営む
- b.平等な関係を築き協働して共に生きる
- c.生活に主体的にかかわり課題を解決する
- d.生活を楽しみ味わい創る

中心：生活主体

なお，3つのカテゴリーには収まらないが，生活を楽しみ味わうことや美的・文化的・歴史的な意味を理解し新しい生活を創造することも大切な課題である。これはａ，ｂ，ｃのいずれとも関連があるのでａ，ｂ，ｃの底部に「ｄ．生活を楽しみ味わい創る」として示した。

　これまで日本の家庭科ではこのｄの視点はあまり重視されてこなかった。しかし他国，たとえば米国や北欧の家庭科では，生活を慈しみ，暮らしのなかで培われた美や技を求め味わう視点は，教科の中核にすえられてきている。美術や工芸とつながる部分を家庭科は確かにもっており，この視点は調理からユニバーサルデザイン，住設計やまちづくりまで，これからの家庭科を考えるうえで欠かせない視点だろう(第Ⅲ部-3で詳述)。

2. 世界の学力論に家庭科はどう位置づくのか

　家庭科でイメージする生活主体の課題(つけたい力)は，高校教育がめざす学力とどう関係するのか，またその背景にある世界の学力論にどう位置づくのだろうか。

　まず，世界の学力論からみていこう。21世紀は，政治，経済をはじめあらゆる分野でグローバル化が進み，予測のつかない事態や未知の課題への対応や解決が迫られる時代である。この共通認識のもとに，1990年代以降，多くの国が連携し，21世紀の子どもに求められる国際標準の学力について議論がなされた。そのなかで特に注目されるのが，OECD(経済協力開発機構)が提示した「コンピテンシー」(Competency：人が生涯にわたって獲得する必要のある能力)である。1997年に開始された学際的な研究プログラムDeSeCo(コンピテンシーの定義と選択：Definition & Selection of Competencies)は2003年に報告書を出し，そのなかで鍵となる能力(キー・コンピテンシー)を3つのカテゴリーで示している[8]。

- ●カテゴリー１：相互作用的に道具を用いる(言語や情報，知識・技術を活用する力)
- ●カテゴリー２：異質な集団で交流する(意見や利害が対立する人と対話できる力)
- ●カテゴリー３：自律的に活動する(目標を定め計画し社会的な展望のなかで活動する力)

図Ⅰ-1-2は，DeSeCoのキー・コンピテンシーの枠組みを示したものである。
　これらは，個人にとっての幸福と良好な社会に貢献するとともに，人間の権利や持続可能な社会，そして民主的な価値を尊重するものとして考えられた。
　ここで特に以下の二つのことに注目したい。
　第1は，3つのカテゴリーに共通する特徴として「省みて考える力」が掲げられていることである。状況に応じて各コンピテンシーを活用するためには，思考力や判断力が重要であることを示唆している。2000（平成12）年の我が国の学習指導要領に登場した「生きる力」（自ら学び，自ら考える力）は，この新たな学力の国際的な議論を反映したものと考えられる。
　第2は，現在，国際比較のめやすとして注目されているPISA調査が測定するリテラシーとコンピテンシーとの関係についてである。本枠組みのなかで，PISAが測定する科学的リテラシー・数学的リテラシー・読解力は，3つのうちのカテゴリー1「言語や情報，知識・技術を活用する力」に位置づくと説明されている[9]。各リテラシーがカテゴリー1だけに収まるかどうかについては議論の分かれるところだろう。しかし，ペーパーテストの手法によるPISAの測定には自ずと限界があり，PISAで測ることができるのは，人間が生涯にわたって身につける能力の一部にすぎないことは押さえておく必要があるだろう。残念ながら，日本の学力論議において，このことは一般にあまり理解されていない。

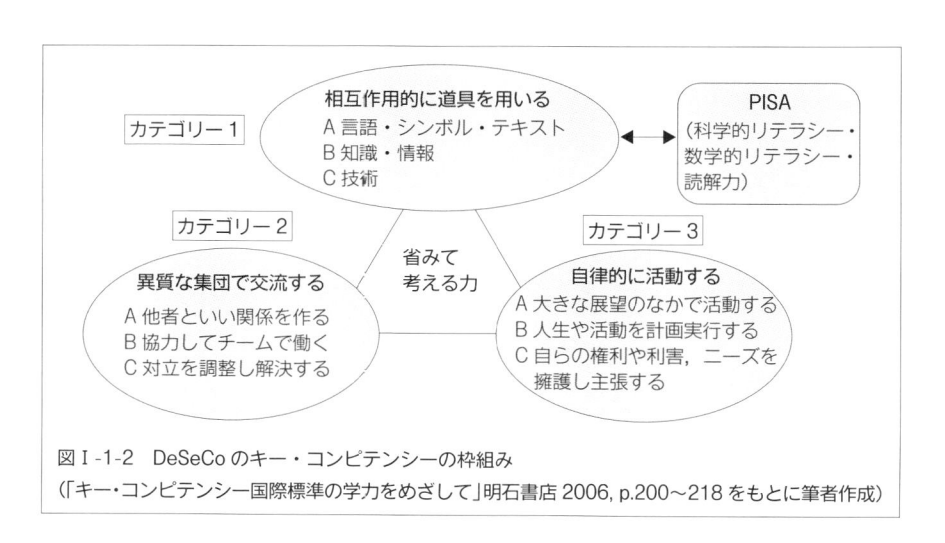

図Ⅰ-1-2　DeSeCoのキー・コンピテンシーの枠組み
（「キー・コンピテンシー国際標準の学力をめざして」明石書店 2006, p.200〜218をもとに筆者作成）

1．家庭科のもつ現代的意味

2013(平成25)年より学年進行で施行される高校学習指導要領には，この世界の学力論が色濃く反映されている。新学習指導要領に先立って2008(平成20)年1月に出された中央教育審議会答申には，変化が激しく未知の課題への対応が求められる時代を担う子どもたちに必要とされるのが「生きる力」(自ら学び自ら考える力)である―と記されており[10]，2000(平成12)年の学習指導要領で初めて提起された「生きる力」を引き続き重視する基本指針が示された。そのもとで2009(平成21)年に改訂された新高校学習指導要領の総則(第1款「教育課程編成の一般方針」，第5款「教育課程の編成・実施に当たって配慮すべき事項」)には，高校教育がめざす学力について大きく以下の点が焦点化されている。
　①生徒の思考力，判断力，表現力等を育む観点から，基礎的・基本的な知識および技能の活用を図る学習，特に問題解決学習を重視する
　②生徒の言語に対する関心や理解を深め，言語に関する能力の育成を図るうえで必要な言語環境を整え，生徒の言語活動を充実させる
　③生徒相互の好ましい人間関係を育て，生徒が主体的に判断，行動し積極的に自己をいかしていくことができるよう指導の充実を図る
　④家庭や地域の協力を得て連携を深める

　図Ⅰ-1-3は，高校教育の学力育成の方針を示した「総則」と高校「家庭」の「指導計画の作成と内容の取り扱い」の文言の関係を図示したものである。両者の関連を矢印で結ぶと，総則で示された「思考力，判断力，表現力」の育成や知識・技術の活用，人間関係力や主体的な行動力の育成，家庭や地域との連携を深める学習の充実など，ほぼすべての項目は，家庭科の学習方法内容と密接につながっていることがわかる。新学習指導要領において新たに焦点化された「つけたい力」は，家庭科という教科のなかで「育てていくことのできる力」であることが示唆されているといえるだろう。
　学習指導要領の家庭科の目標とコンピテンシーの関連においても同様のことが指摘できる。図Ⅰ-1-4は，小，中，高校の家庭科の目標の文言とキー・コンピテンシーとの関係を示したものである。家庭科の目標を文脈ごとにコンピテンシーとの関連をみると，3つのキー・コンピテンシー全体をカバーしていることがわかる。
　家庭科はこれまでも一貫して，生活を中核として学際的な性格をもち，生活の向上のための問題解決力や実践力を育てることをめざしてきている。その意

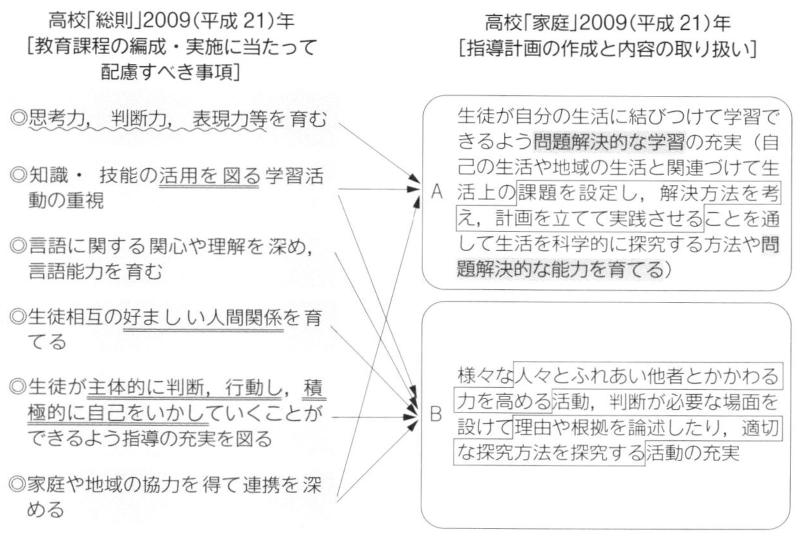

```
高校「総則」2009(平成21)年              高校「家庭」2009(平成21)年
[教育課程の編成・実施に当たって          [指導計画の作成と内容の取り扱い]
配慮すべき事項]
```

◎ 思考力，判断力，表現力等を育む

◎ 知識・技能の活用を図る学習活動の重視

◎ 言語に関する関心や理解を深め，言語能力を育む

◎ 生徒相互の好ましい人間関係を育てる

◎ 生徒が主体的に判断，行動し，積極的に自己をいかしていくことができるよう指導の充実を図る

◎ 家庭や地域の協力を得て連携を深める

A：生徒が自分の生活に結びつけて学習できるよう問題解決的な学習の充実（自己の生活や地域の生活と関連づけて生活上の課題を設定し，解決方法を考え，計画を立てて実践させることを通して生活を科学的に探究する方法や問題解決的な能力を育てる）

B：様々な人々とふれあい他者とかかわる力を高める活動，判断が必要な場面を設けて理由や根拠を論述したり，適切な探究方法を探究する活動の充実

＊DeSeCoのコンピテンシーとの関連
図左側「総則」の「活用を図る」はカテゴリー1，「好ましい人間関係」「人とのふれあいやかかわり」はカテゴリー2，「自主的・主体的判断行動」はカテゴリー3に各々関連している。

図Ⅰ-1-3　学習指導要領（2009年）の総則と高校家庭にみる学力の関係
（高校学習指導要領2009年をもとに筆者抜粋）

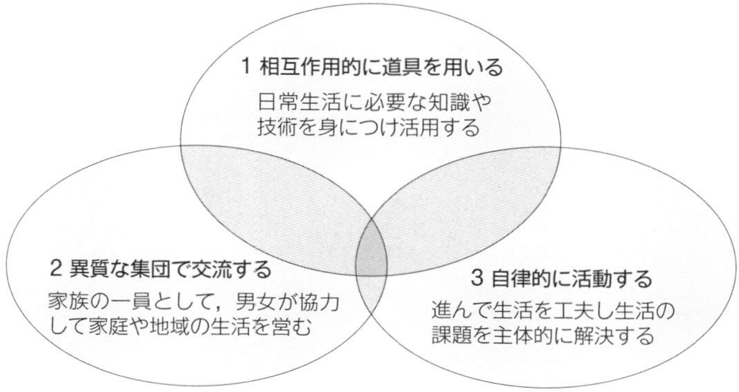

1 相互作用的に道具を用いる
日常生活に必要な知識や技術を身につけ活用する

2 異質な集団で交流する
家族の一員として，男女が協力して家庭や地域の生活を営む

3 自律的に活動する
進んで生活を工夫し生活の課題を主体的に解決する

小・中・高を通した共通の目標
● 日常生活に必要な知識や技術を身につけ活用する
● 家族の一員として，また男女が協力して家庭や地域の生活を営む
● 進んで生活を工夫し生活の課題を主体的に解決する

図Ⅰ-1-4　キー・コンピテンシーと家庭科の学習目標との関係

1．家庭科のもつ現代的意味　15

味で，実をいうと，DeSeCoが世界標準として示したキー・コンピテンシーは，家庭科関係者にとって，特に目新しいことではない。その証拠に，生活主体がめざす課題(つけたい力)として図Ⅰ-1-1(p.11)に示した3つの学習課題のなかで，「a.知識や技術を活用して生活を自立的に営む」とカテゴリー1のコンピテンシー「相互作用的に道具を用いる」，「b.平等な関係を築き協働して共に生きる」とカテゴリー2「異質な集団で交流する」，さらに「c.生活に主体的にかかわり課題を解決する」とカテゴリー3「自律的に活動する」とは，驚くほど親和性が高いのである。

　今回，新たな学力論との関連のなかで，思いがけなく家庭科が本来もっている教科の特性が浮き彫りにされ，他教科にはない独自性や可能性が示されたといえるだろう。

　2009(平成21)年の学習指導要領では，小，中，高校を通じて，生きる力の重要性を，前回改訂に引き続いて提唱し，生徒が自ら考え自ら学び身につける力，つまり世界標準の学力を獲得する視点を，特に思考力，判断力，表現力に重点を置く形で導入した。しかし，この理念を具体化する過程をみると，「知識基盤社会の形成」というキーワードのもとに，理数教育，言語教育の重要性が強調され，関連教科の内容量と授業時間の増加に力点が置かれる傾向がある。結局は，PISAの数学的，科学的リテラシーと読解力の向上に対応した5教科重視の方針が打ち出され，それ以外の教科の時間数は保健・体育を除き削減を容認する傾向は否めない。家庭科も例外ではない。

　世界標準の学力論，特にキー・コンピテンシーは，日本の知識偏重型・大学受験重視の枠組みを変える可能性を内在しており，新学習指導要領においても，確かに，その理念を取り入れる様相をみせている。しかしながら，現実の科目編成や時間数を検討する過程で，残念ながら，その理念を実現する方向に進んでいるとはいいがたい。人が生涯にわたり身につける必要のある3つのコンピテンシーを，「各教科の関連をもたせ，各々の授業時間を保証しながら総合的に育む」といったカリキュラムの全体構想や見取り図が描かれていないのである。

　無論，OECDが提起した学力論のみが唯一の指標ではない。持続可能で安定した「経済発展」を目標とするOECDという組織のもとで創られた教育枠組みのもつ限界性や，先進国主導という点からみた批判的検討や相対化が必要だろう。しかし，多国籍の認知科学者や教育関係者が多数参加し，学際的な協力のもと

で議論を積み上げ，これからを生きる子どもたちに必要な能力を提起したのは歴史的に初めての試みであり，従来の知識偏重型の学力論を超える提起がされたことは大きな一歩といえるだろう。何よりも，家庭科という教科の本質と可能性を確認するうえで，この世界標準の学力論は刺激的である。加えて今回の学習指導要領において，家庭科という教科が，3つのコンピテンシーの獲得に，深くバランスよくかかわる教科であることがより明快に読み取れることは特筆に値する。

　家庭科は学校教育だけでなく，生涯にわたって人間が身につけたい力とかかわる教科であり，生活の問題をみつめ，主体的に考え行動する力をつける教科，すなわち世界がめざす学力の真ん中に位置づく教科ということができる。まずこのことを，家庭科教師自身が認識する必要がある。そして折に触れ，会議や実践交流の場面などで，他教科の教師や管理職に伝えていくことも重要だろう。

3. 批判的リテラシーを育む家庭科

　前項では，家庭科で育みたい3つの力「a.知識や技術を活用して生活を自立的に営む」「b.平等な関係を築き協働して共に生きる」「c.生活に主体的にかかわり課題を解決する」(p.11図Ⅰ-1-1)が，国際標準の学力で示された3つのコンピテンシー「1　相互作用的に道具を用いる」「2　異質な集団で交流する」「3　自律的に活動する」(p.13図Ⅰ-1-2)と，項目ごとの親和性が高く，共通性があることを論じた。このことは，3つのコンピテンシーの中核となる「省察力・思考力」が，生活主体を育むうえでも必要不可欠の力であることを意味している。すでにみたように，新学習指導要領においても，国際標準の学力論を受けて，思考力，判断力，表現力を育み，問題解決的な学習を充実させることが重視されていた。では，家庭科の学習で「考える」とは何を意味するのだろうか。また，「問題解決力」をつけるとは，具体的にどのような力をつけることだろうか。

　家庭科は生活の実践を大事にする教科であるが，この実践とは，今ある生活をまかない，適応することだけを意味するのではない。生活をみつめ，問題に気づき，それを解決してよりよい生活を「創る」ことが，本来，「実践」の意味には含まれているはずである[11]。その意味で，家庭科はどの領域の学習であっても，「問題を解決する」ベクトルを有している教科ということができるだろう。

しかし，一概に問題解決といっても，何を問題とし，どう解決するのか，単発の問題に対してそれを解くことに焦点を当てるのか，あるいは，生徒自身の思考の積み上げやその課程を重視するのかによって，そのとらえ方は異なってくる。

　これまで家庭科の問題解決は，"Plan Do See"（あるいは，See Plan Do See）に代表される，問題を設定し解決策を実行するという，解決行動に焦点を当てた学習がイメージされてきた。これは，仮説を立て，それを実証するという「実証科学」に基づく問題解決のとらえ方である。「おいしいご飯を炊くための水加減と加熱時間」「快適な住まいの室温や通風」「洗濯における洗剤の量と洗浄効果」「使いやすい作業台の高さ」など，実験や実習を通して問題の最適な解を求める学習では，この方法が適している。

　しかし，その一方で，「児童虐待はどうして起こるのか，防ぐにはどうしたらよいか」「家庭の経済的な危機にどう対応するか」「将来の生活設計に向け今何をしたらよいか」「家族の食事時間がバラバラの実態はなぜ起こるのか，改善するにはどうしたらよいか」「車いすで外出しやすいまちをどうつくるか」といった問題を学習題材として取り上げ，生徒に考えさせようとする場合は，従来のPlan Do Seeの枠組みではアプローチしにくく，とらえきれない面が出てくる。ここで必要なのは，思い込みや偏見にとらわれず，何が問題かを冷静に判断する「批判的思考」（Critical Thinking）であり，それらを用いて解決策を考える力，すなわち「批判的リテラシー」（Critical Literacy）である。では，こうした題材ではどのような思考のステップを踏んだらよいのだろうか。

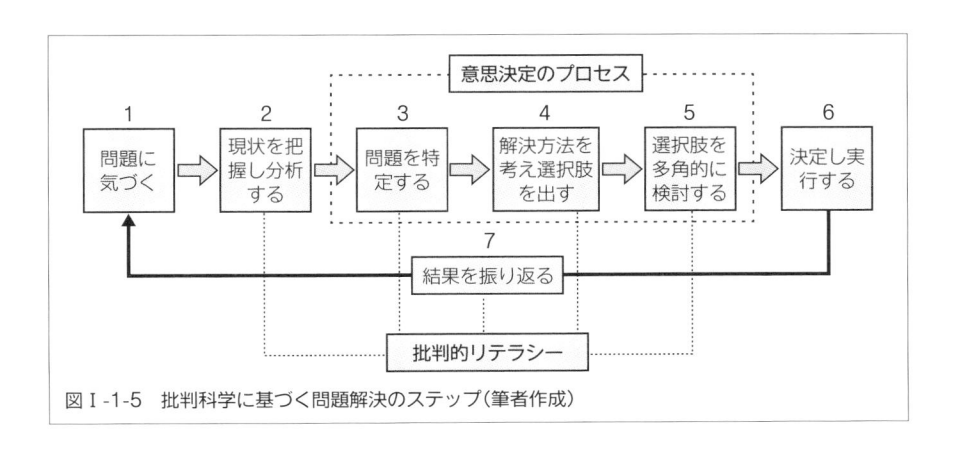

図Ⅰ-1-5　批判科学に基づく問題解決のステップ（筆者作成）

1. 問題に気づく → 2. 現状を把握し分析する → 3. 問題を特定する → 4. 解決方法を考え選択肢を出す → 5. 選択肢を多角的に検討する → 6. 決定し実行する
7. 結果を振り返る

意思決定のプロセス：3〜5
批判的リテラシー：全体

図Ⅰ-1-5は，ジョン・デューイの反省的思考(Reflective thinking)の学習理論を土台としながら，批判科学(Critical Science)に基づいて問題解決のステップを，生徒の学習活動を想定しながら，図解してみたものである。
　ここでは，まず日常の生活のなかの「1　問題に気づく」ことを問題解決の入り口として意識化している。次に，その気づいた問題にかかわる「2　現状を把握し分析する」を通して，要するに何が問題かを特定することが問題解決の糸口となる。この「3　問題を特定する」から「4　解決方法を考え選択肢を出す」「5　選択肢を多角的に検討する」までの3つのステップ，すなわち意思決定のプロセス(実践的推論プロセス"Practical Reasoning Process")がきわめて重要である。つまり，実証科学のプロセスでは，"Plan"として一つにくくられているこの部分について，ステップを確実に踏みながら「なぜそうするのか」「どの選択肢が最適か」を多角的に検討することにより，生徒の思考が鍛えられ，批判的リテラシー(特にステップの2〜5と7がかかわる)を育むことにつながっていく。別の言葉を用いるなら，実証科学の問題解決では「行為と結果」を重視するのに対し，批判科学に基づく問題解決では「行為にいたるプロセス」を大事にしているということができる[12]。
　家庭科が取り上げる内容は，衣食住の実証科学的な学習に加えて，家族，保育，福祉，生活経営，生活設計，消費や環境など，個人・家族やコミュニティ，社会が複雑に絡み合う様々な問題を学習題材としている。その背景を探り，改善，解決について考えさせることを通して，思考力，判断力を鍛えていく。この批判科学に基づく問題解決のステップを踏む学習方法は，子どもの視野を広げ，思考力を育むうえで大きな可能性を秘めているといえるだろう。

4.　男女が学ぶ家庭科―共修実現から20年，これまでとこれから

　1989(平成元)年の学習指導要領改訂で高校「家庭」は4単位男女必修となり，1994(平成6)年より学年進行で導入された。これにより家庭科は，小学校から高校まで男女が必修で学ぶ普通教科となった。1994(平成6)年に高校1年で家庭科を履修した共修第1期生にとって，2010(平成22)年からの10年間は32歳から42歳までに相当する。家庭科共修の世代が，子育て期に入ると同時に，社会の中堅として，企業や行政，メディアなどで活動し発言する時代に入りつつある。家庭科を共に学んだ世代の，特に男性たちが，パートナーとの関係や，子

育て，企業活動や行政，メディア等の活動において，共修を体験しない上の世代とどう違うのか，興味深いところである。ここではジェンダーをめぐる社会と家庭科履修の変化を振り返り，これからの家庭科の課題について考えたい。

❶　ジェンダーをめぐる社会の変化

　1980年代，家庭科の男女共修が議論されていた頃，「男が台所に立つなんて風景としてイヤ」という反対論があったという。それから約25年，今や男性人気タレントがキッチンに立って料理をする番組は珍しくない。男の料理する姿を風景としてかっこよく感じる時代となったのである。弁当持参の男性独身者が増えているという新聞記事も目にする。さらに，子育てについても，若い独身サラリーマンが事情により児童を預かることになり，子どもとかかわるなかで自分自身が変わっていく様を描いたTV番組や映画がヒットしている。性別役割分業に拘泥しない男性群が「草食系」と称され，また，厚生労働省が推奨する「イクメン」（子育てを楽しみ，自分自身も成長する男性。または将来そんな人生を送ろうと考えている男性）[13]の呼称も，深刻な少子化傾向を背景に，静かに浸透している観がある。

　こうした社会の表層の変化は，内閣府の「男女共同参画社会に関する世論調査」からもみることができる。「夫は外で働き，妻は家庭を守るべき」について，1979年以降5年ごとの調査で2004年に初めて反対（48.9％）が賛成（45.2％）を上回り，2009年は反対が55.1％，賛成41.3％と，性別役割分業意識はさらに弱まっている。20代・30代は特に性別にとらわれない意識が定着しつつある。

　しかしその一方で，常勤労働者の長時間労働は改善されず，男性の家事参加率も米国や北欧の3分の1にすぎない[14]。また育児休業取得も，女性83.7％に対し，男性は1.38％（平成22年度雇用均等基本調査）と低く，協働の子育てにはほど遠い現状がある。「男女が共に，仕事も家庭も地域も」の意識は，徐々に高まっており，個別には様々な試みがなされているものの，総じて行政や企業の制度設計が現実に追いついていない実態が明らかになってきている。

❷　ジェンダーをめぐる家庭科教育の変遷とその背景

　ここであらためてジェンダーの観点から家庭科の変遷を簡単に振り返っておこう。1947（昭和22）年の教科誕生時，家庭科は男女共学の教科としてスタートしたが，1960年代の高度経済成長時代に，労働力の担い手とそれを支える家庭という性別役割分業強化の国策のもとで，高校「家庭」は女子必修の教科へと改編された。これに対する家庭科教師の粘り強い問題提起や，1970年代の長野県

や京都府の高校家庭科男女共修の先駆的な施行，そして市民と協働の「家庭科の男女共修を進める会」等の市民運動，さらに1985(昭和60)年の女子差別撤廃条約批准に向けての国内の教育課程の見直しが大きなテコとなって高校家庭科4単位必修が実現した。

家庭科にとってこの1994(平成6)年は大きな転換点だが，国が本格的に性別役割分業の見直しに舵をきったのは，その5年後の1999(平成11)年である。同年12月に男女共同参画社会基本法が発布され，翌2000(平成12)年には，国内の具体的な施策実行のための男女共同参画基本計画が策定された。基本計画は5年ごとに改定され，2005(平成17)年に第2次，2010(平成22)年に第3次計画が発令されている。そのいずれにおいても，学校教育における男女平等や人権意識の涵養が重要とされ，家庭科はそれを実践する中核の教科に位置づけられている[15]。家庭科は誕生以来，男女の平等や，性別，年齢や障がいを超えた共生の視点を教科の理念としてもっており，それらを基底にすえた自主編成の授業がこれまでも実践されてきた。しかし，こうした家庭科の生活哲学ともいうべき視点や視野の広さは，従来の「料理裁縫」「主婦養成」イメージの強さが壁となって家庭科関係者以外に理解されることは困難であった。男女共修の実現に長い年月がかかったことがそれを物語っている。しかし，21世紀の今，男女共同参画社会の実現は「国の最重要課題」（男女共同参画社会基本法前文）と位置づけられる時代となった。家庭科が大事にしてきたことを真正面から実践できる時代となったわけである。

家庭科男女共修は，単に学習形態として男女が共に学ぶことを意味するわけではない。性別役割を超えて男女が対等に能力をいかし合い，家庭，子育て，仕事，地域を担う，その主体となるために必要なものの見方・考え方や実践力（知識や技術を使いこなす力）を鍛える教育が実際になされているかどうか，このことが重要だろう。この点をあらためて確認しておきたい。

❸ 高校生の意識の変化とこれからの課題

家庭科男女共修のなかで，高校生の意識はどう変化したのかを意識調査をもとにみてみよう。

まず新カリキュラムが開始された1994(平成6)年に，家庭科履修生と未履修生の違いを分析した調査(東京，京都，福井，長野，山形の高校生1,490名。男女必修の先行実施校を含む)[16]では，共修家庭科の履修経験は高校生の男女平等意識の形成に関連があり，特に男子の平等意識が高まることが示された。

また，1994(平成6)年と2003(平成15)年の比較調査(同一地域，同一学校での継続調査)[17]では，ジェンダー観(男女平等観，性別役割分業観，性差観)や自立観は，10年間でほぼすべての項目においてジェンダー平等な意識が確実に高まっていた。その一方で，生活実践度は男子よりも女子の方が高い点は変わりがないが，男子の自立傾向が増しているのに比べ，女子はむしろ低下し，男女の差が小さくなる傾向がみられた。また，消費者としての自立(律)的意識は高まっているが，政治への関心や社会の一員としてかかわる市民性はむしろ低下する傾向がみられた。たとえば，政治への関心が「ない」と答える割合が男子55.8%から60.0%へ，女子は61.9%から70.7%へと増加し，その理由として3割弱の生徒が「政治について知らなくてもうまくやっていける」と回答している[18]。
　これらの調査結果から，これからの家庭科の実践課題がみえてくる。
　ジェンダーにとらわれない意識が生徒に確実に備わってきたことは，社会の変化を背景としながらも，学校教育における家庭科の男女共修体験が大きく影響していることは間違いない。このことは，家庭科の大きな成果といえるだろう。しかし，男女共同参画を実質的に支えるための生徒の生活実践力やシティズンシップの獲得は十分とはいいがたい。共修の家庭科のなかで，教師はどのような学習を彼らに提供してきたのか，学習したことは生徒の身についているのか，生活感を鍛えて市民性を育てることに学習はどうかかわってきたのか－，家庭科関係者は自らに問い返す必要があるだろう。
　家庭科は，家族，保育，福祉分野の学習を通してジェンダー平等や共生，シティズンシップの意識や実行力を鍛えるとともに，男女の協働を実質的に支える衣食住の知識と実践力の獲得をめざす教科である。その力を生徒たちに確実に身につけさせるためにはどうしたらよいか。本章で取り上げてきた，批判的思考力や判断力，生活実践力に視点を当て，授業の内容，方法をあらためて吟味することが重要だろう。この点については，**第Ⅲ部-1**において具体的に考えていきたい。

(荒井紀子)

【注および引用文献】
1) 宮崎吾朗(2011)コクリコ坂から．東京：徳間書店．63
2) 1960年の学習指導要領で高校女子の家庭科は「家庭一般」4単位，特別の事情がある場合は2単位に減じることが可能であった。家庭科が4単位必修となったのは1970年の学習

指導要領からである．
3) 2011年国勢調査．一般世帯の家族形態別割合の推移(2011年10月)
4) ベネッセ教育研究開発センターが1993年5月～1994年3月に，上海，ソウル，ロンドン，ニューヨーク，東京の5都市の小学5年生4,964名を対象に実施した調査によれば，日本の子どもは，洗濯，部屋の掃除，夕食後の皿洗い，夕食の手伝いをする(毎日する，わりとする)割合は，男女とも他国に比べ低いという結果が出ている(小学生ナウ，Vol.14-4)．
5) 日本青少年研究所(2011)高校生の心と体の健康に関する調査―日本・アメリカ・中国・韓国の比較―．東京．
6) 子どもの遊びと手の労働研究会編(1976)子どもの遊びと手の労働．東京：あすなろ書．17
7) 荒井紀子(2008)生活主体の形成と家庭科教育．東京：ドメス出版．25
8) ドミニク・S・ライチェン，ローラ・H・サルガニク編著立田慶裕監訳(2006)キー・コンピテンシー国際標準の学力をめざして．東京：明石．210-218
9) 前掲8)211-212
10) 中央教育審議会(2008)幼稚園，小学校，中学校，高等学校及び特別支援学校の学習指導要領の改善について(答申)．22
11) 荒井紀子・鈴木真由子・綿引伴子編(2009)新しい問題解決学習―Plan Do See から批判的リテラシーの学びへ―．東京：教育図書出版．28
12) 前掲11)45
13) 厚生労働省のイクメンプロジェクトの公式サイトには「イクメンとは，子育てを楽しみ，自分自身も成長する男性のこと，または将来そんな人生を送ろうと考えている男性のこと．イクメンがもっと多くなれば，妻である女性の生き方が，子どもたちの可能性が，家族のあり方が大きく変わっていくはず」と記されている．
14) 内閣府男女共同参画局(2011)平成23年度男女共同参画白書．東京．70
15) 第3次男女共同参画基本計画では，第1・2次と同様，第11分野「男女平等を推進する教育・学習」の「初等中等教育の充実」の項で，家庭科は，社会科とともに，「人権の尊重，男女の平等や男女が相互に協力し，家族の一員としての役割を果たすこと等についての指導の充実を図ること」が記されている．
16) 荒井紀子・鶴田敦子(1996)男女共学の履修と高校生の意識(第1報)ジェンダー観をめぐって．日本家庭科教育学会誌．39-2, 39-46
17) 荒井紀子(1996)生活主体の形成と家庭科教育．東京：ドメス出版．161-176
18) 前掲(16)170-171

＊p.24コラムの解答　問1：12,120KJ，問2：下回る(計算方法は省略)

📁 column
PISAの問題解決能力にかかわる問題例

　以下は，2003年に世界で実施されたPISAの問題解決能力にかかわる問題例です。このようにPISAでは，家庭科とみまがうような問題が出されています。

（解答はp.23末尾に掲載）

●これはゼットランド国に住む人，一人当たりのエネルギーを満たすためにどのような食品を選んだらよいかに関する問題です。表1は条件もさまざまな人々に，それぞれ適したエネルギー必要量をキロジュール（KJ）で表しています。

問1　藤田弘さんは45歳の教員です。藤田さんは，1日当たりどれだけのエネルギー量（KJ）を摂取したらよいでしょうか。　　　　　　　　　　　答え＿＿＿＿＿＿＿KJ

●広沢敬子さんは19歳の走り高跳び選手です。ある晩のこと，敬子さんは友人にレストランでの夕食に招待されました。表2がそのメニューになります。

問2　敬子さんは，毎日食べたものを記録しています。その日，夕食を食べる前までの彼女のエネルギー総摂取量は7,520KJでした。敬子さんは，自分のエネルギー総摂取量が，毎日の適正量より500KJ以上下回ることも上回ることもないように気をつけています。「定額メニュー」を食べたとき，敬子さんのエネルギー摂取量は，適したエネルギー必要量の±500KJにおさまりますか。計算方法も書いてください。

▼表1　成人の1日のエネルギー必要量

年齢（歳）	活動レベル	男性必要量（KJ）	女性必要量（KJ）
18～29	軽い	10,660	8,360
18～29	普通	11,080	8,780
18～29	重い	14,420	9,820
30～59	軽い	10,450	8,570
30～59	普通	12,120	8,990
30～59	重い	14,210	9,790
60歳以上	軽い	8,780	7,500
60歳以上	普通	10,240	7,940
60歳以上	重い	11,910	8,780

＊職業別活動レベル
　軽い：屋内営業／会社員／主婦
　普通：教員／屋外営業／看護師
　重い：建設労働／肉体労働／スポーツ選手

▼表2　レストランのメニュー

	メニュー	エネルギー量（KJ）
スープ	トマトスープ	355
スープ	きのこクリームスープ	585
メインディッシュ	和風ステーキ	960
メインディッシュ	スパイシーチキン	795
メインディッシュ	ポークソテー	920
サラダ	ポテトサラダ	750
サラダ	イタリアンサラダ	335
サラダ	シーフードサラダ	480
デザート	ショートケーキ	1,380
デザート	チーズケーキ	1,005
デザート	ナタデココ	565
ミルクセーキ	チョコレート	1,590
ミルクセーキ	バニラ	1,470

＊定額メニュー：トマトスープ，スパイシーチキン，ナタデココ

（問題出典：国立教育政策研究所編『生きるための知識と技能②』ぎょうせい(2004)，p.330-331）

2. 家庭科へのエール

[特別寄稿]　　一家に1冊，家庭科教科書を常備したい
広岡守穂・広岡立美

> 本稿の執筆者，広岡守穂氏，広岡立美氏について紹介する。広岡守穂氏は，政治学を専門とする大学教師であると同時に内閣府の男女共同参画審議会委員も務め，全国各地の講演会で男女共同参画の重要性をわかりやすく明解な言葉で伝えておられる。またパートナーの広岡立美氏は，2011年春まで石川県議会議員として，生活者の立場から，保育，福祉，教育分野の施策に熱心に取り組んでこられた。
> このようなお二人からは，家庭科はどのようにみえるのだろう。生活のなかで家庭科を発見したお二人の言葉に耳を傾けてみよう。

●高校を卒業してひとり暮らしする子どもに家庭科教科書を持たせたい

　現行の家庭科教科書をきちんと読んだ人は，いったいどのくらいいるのだろうか。これが実に素晴らしい内容なのである。人間の生き方について実践的に教え，現代の社会問題とどう向き合うべきかについてきちんと解説している。私たちの好みからいうと公民科の教科書などよりずっと良い。

　高校を卒業して，親元を離れ，ひとり暮らしを始める子どもに，家庭科教科書を持たせたい。一家に1冊，家庭科教科書を。家庭科教科書の良さを一言であらわすなら，そういうことだ。

　社会科は地歴・公民というかたちでくくられている。しかし私たちは家庭・公民をひとつにくくるのが適切だと思う。家庭科は実践的である。内容が豊かで身近である。生きるうえで必要なさまざまな技術や知識を学び，子育てのよろこびとたいへんさや子どもの発達心理について学び，いじめや児童虐待やDVなど身近な暴力について学ぶ。消費者問題やNPO活動について学ぶ。一方，公民科では基本的人権や福祉の理念や社会の仕組みについて学ぶ。家庭科はダイナミック(動的)で，公民科はスタティック(静的)だ。こうして身近で経験する知識と法治国家の枠組みについての知識が結びついて，本当に生きた知識になる。

●**家庭科は科学的思考法を養う**

　家庭科の学びは他の教科と少し違う。考える力を養うのだ。少なくともちょっと工夫すれば、そのための教材は山ほど見つかる。

　日本の教育には生きた知識が軽んじられるという欠点がある。例をあげると、せっかく国民主権と議会主義について学んでいながら、10代後半の若者たち自身が選挙権を18歳まで引き下げることに消極的である。世界的には18歳選挙権が主流だ。これは若者たちが国民主権について、頭では分かっていても、自分自身のこととして実感がないということを間接的に物語っている。日本の学校教育の欠陥を象徴する悲しい事実ではないだろうか。

　家庭科は生きた知識を得るのにぴったりだ。科学的思考法を体得するのにうってつけの科目だ。身近なことを教わるので、仮説をたてて調査をおこない、結果によって仮説が正しいかどうか検証するという、科学のもっとも重要な方法を実際に体得することができる。たとえば子育ての実情や高齢社会の課題について、子育て中の母親やお年寄りに聞き取りをおこなう。若者の消費行動についてアンケート調査をして、商店街が苦戦している理由を考える。こういった手頃な教材がたくさんある。このとき生徒たちは、仮説をたてて検証する、そして調査によって仮説をたてる、という作業を経験しているのである。調理実習なども本当は仮説の検証をおこなっているのである。こんな科目は他にあるだろうか。

　科学的な思考と論理的な思考は違う。科学的思考法のかなめは「反証可能性」だ。理論（仮説）は反証可能なかたちでなければならない。理論は実際にそれが正しいかどうか、確かめることができなければならない。これに対して論理的な思考は必ずしも反証可能性を必要としない。人間は基本的な権利をもっている。だからその権利を侵してはならない。そのために国家は憲法を規定して人権を保障する、というのは論理的な思考であるが、反証可能である必要はない。

　数学や理科のような自然科学の科目でも、中学高校の教室では科学的思考を鍛えるような学び方をしていないことがわかる。問題の解き方を習得しているだけである。理科では実験をするが、測定した数字が理論値に一致しないことはしょっちゅうある。その都度、「誤差」などというその場しのぎの方便で理論の正しさを強弁している。このような学び方は、論理的ではあっても、科学的ではない。

　家庭科学習は科学的思考法を養う。少なくとも、そのための材料がふんだん

にある。そう考えると，家庭科はもっともっと重要視されなければならないのである。

●子ザルの行動についての実験

　社会科は暗記科目だといわれる。実際，教室では社会科はまさしく暗記科目である。けれども社会科も本当は科学的思考を育てる材料は山ほどころがっている。ただ残念ながら調査や実験による学習の実践例はあまり聞いたことがない。大学入試問題など，ほとんど絶望的に暗記問題ばかりである。

　家庭科の教育実践はどうか。

　現役の家庭科教諭にじかに聞いた話であるが，彼女は子育てでスキンシップの大切さを教えるとき，ある動物実験を取り上げた。どういう実験かというと，温かくて肌ざわりは良いがミルクの出ない親ザル人形と，ミルクは出るが針金でつくった親ザル人形を，生まれたばかりの子ザルに示すと，子ザルはどういう行動をするかという実験である。これはハーローの実験といわれる有名な実験である。

　子ザルはどんな行動をするかと問われて，どっちの人形のところへ行くだろうかとか，お腹がすいたらどうするかとか，眠くなったらどうかとか，生徒たちはいろいろ想像し考える。けっこう楽しい。こういう推論が求められるのが家庭科である。多様な教材をつうじて，科学的思考とはどういうものかということを体験的に学ぶことができる。

　ところで実験の答えは，いつもは乳の出ない人形のところにいて，お腹がすいたときだけ乳の出る人形のところへ行く，だった。ちなみにこの実験には，子ザルの成長のためには子ザル同士で遊ぶことが大切だとか，いくつか驚きの後日談がある。実に知的好奇心を刺激される教材である。

　こういう教材をたくさん利用できるところが，家庭科という科目の良いところである。

　結婚でも買い物でもいい。何かについてアンケート調査をするとする。こういうとき，男性と女性で違いがあるかとか，既婚の人と未婚の人で違うかとか，子どものいる人といない人，年配の人と若い人は違うかなど，いろいろな仮説をたてなければならない。そして集計するときに，クロス集計をしなければならない。回収したアンケート票を単純集計しただけだと，何もみえてこない。調査票を設計し，多くの人に協力を依頼し，集計して分析する。こういうこと

を体験的に学ぶのも，やはり家庭科がいちばんふさわしいだろう。

● 親世代の偏見を相対化する

　本当に大切なことの多くは親から教わるといわれる。だから，家庭科の大切さは認めるとしても，それは学校ではなく家庭で教えるべきことだという人もいるかもしれない。たしかに，私たちも自分の人格形成において親から大きな影響を受けている。けれどもふり返ってみると，間違ったことも多かった。いや間違ったことの方が多かったかもしれない。

　たとえば次のようなことだ。日常生活の活動を一段低く見る。私たちの父はどちらも生活のうえで無能力に近かった。炊事洗濯はなにひとつしなかったしできなかった。性別役割分担を正しいと信じ，生活者として無能力であることを恥じるそぶりもなかった。男子厨房に入るべからず。家事育児は男の仕事ではない。そしてそれは女性蔑視と結びついていた。女性は男性に劣る，女性は感情的で男性は理性的だ，というのが私たちの父の揺るぎない持論だった。ジェンダーに関する偏見が偏見であることを，具体的に教えてくれるのは学校である。

　私たち夫婦は学生結婚した。結婚して子育てがはじまったとき，夫はほとんど何もしなかった。子どもをとても可愛がったが，それだけだった。お腹を痛めて産んだ赤ん坊だから，母親と子どもはなるべくいっしょにいるのがいいと考えていたし，肝心のことは結局のところ母親でなければ分からないと考えていた。一方妻も，男は頼りないから，母親がしっかりしなければならないと信じていた。

　子育ての負担はたいへん重いし，とくに子育てに専念している人は悶々とすることが少なくない。男もその気になれば十分に子育てができる。夫婦が協力し，地域社会の人びととの信頼関係の中で，子育てするのが良い。そんな大事なことをひとつも知らないまま子育てした。だから母親である立美は悶々とした。父親である守穂は長いあいだ，そんな立美の気持ちに気がつかなかった。

　今の若い人たちも事情はあまり違わない。私たちはよく子育てや男女共同参画について講演する機会があるが，子育て中に立美が悶々としたことを話すと，泣き出す人がたくさんいる。中高年女性も若い女性も，である。

　こういうことは高等学校のときに，男女とも，しっかり学習しておくべきではないか。子育て中の親の心理，男女共同参画，少子化，育児介護休業法など

など，子育てに関連する知識は，当然，20代になる前に学んでおくべきことである。このひとことだけをとってみても，家庭科教育がいかに重要か，歴然としている。

　特定の人生観や価値観を学校で教えよとはいわない。子どもは家庭で学校で地域社会で友だち関係の中で，いろいろな人生観や価値観に接し，それらをつきあわせながら大人になる。しかし思想信条を形成する基礎になる情報は，学校で豊かに提供すべきである。そしてみんなで考える機会を提供する。それは学校教育にあたえられた重要な使命である。

● 社会公共に関心を持つ自立した人間に育ってほしい
　家庭科は家庭生活についてだけを学ぶ教科ではない。身近なくらしの問題から，視線を社会へ，そして地球へと広げていく教科なのである。社会公共に関心を持つ自立した人間を育てるのだ。
　現代人は自己実現を大切にしている。そして自立した人間が社会を担っている。自分の適性や能力を伸ばし，希望する仕事に就く。起業することも多い。愛し合うものが結婚して家庭を営む。気の合う仲間が小さなあつまりを持つ。関心を共有する人たちが力を合わせてNPOをつくったりボランティア活動をしたりする。夫婦という最小の単位から，大きなボランティア団体まで，法人格の有無を問わず，民法でいう「人格なき社団」だろうが，単なる仲良しクラブだろうが，とにかく自発的に仲間をつくり活動する。
　家庭科は等身大の視線で考える教科なので，すべての学習課題が自発的に行動することにつながっている。環境問題に取り組む，福祉サービスの事業を起こす，結婚する，子育てサークルをつくる等など，夫婦からNPOやボランティアにまで広がる。
　子育て中の母親があつまって子育てサークルをつくる。子育てサークルの実践活動がヒントになって，厚生労働省はつどいの広場事業を政策化した。現場の看護師が多機能住民参加型のデイケアハウスを始める。それが評判になって同じ理念で事業をおこす事例が全国に広がっていく。これが必要だ，とだれかが事業を起こす。本当に必要だったら，あっちでもこっちでもそれに呼応する動きが起こる。そしていつの間にかその分野での事業のあり方が変わっていく。こういうプロセスはデモクラティックな社会でなければ起こらない。社会システムをつくるデモクラシーといったらいいだろうか。

余談だがマイケル・サンデル教授の「ハーバード白熱教室」が，2010年にNHKで放映され一大ブームを起こした。サンデル教授が議論の根本にすえているのも，なにをかくそう，自立した人間が自発的にあつまっていっしょに活動をおこすことこそ社会の根本だということである。サンデル教授は講義で，消費者問題，同性婚，アファーマティブ・アクション[1]，代理母など，多くの身近な問題を取り上げて授業を進めていたが，その多くが家庭科で取り扱う問題だった。

　サンデル教授の講義は公共哲学を語る講義だった。具体的な問題に即して，学生と対話しながら，何が正しいか考えを深めていた。サンデル教授ほどたくみに授業をすすめられる人は滅多にいないだろうが，身近な問題について，対話しながら，みんなで考察をすすめていく。たとえば家族のありかたについて，子育てについて，環境問題について，その実情について知識を獲得するだけではなくて，何が大切なのか，どうしたらいいのか，原理を探求する。こういうことは家庭科がいちばん適しているのではないだろうか。

● 家庭科の大切さを大人に知ってもらいたい

　家庭科教育が重要だという認識は，残念ながら一部の人に持たれているにすぎない。

　それどころか，高校の教育現場では，いわゆる進学校を中心に家庭科の履修単位数が削減されている。理由はいうまでもない。大学入試の受験科目にないからだ。たいへん残念である。

　家庭科の大切さを大勢の人に知ってもらいたい。そのための運動をおこしたらどうか。提案が3つある。

　第1の提案。私たちは大学の受験科目にすべきだと思っている。手はじめに大学入試用の模擬試験問題集をつくってみよう。試みに作ってみたが，なかなか良い問題だった(と思う)。これを高等学校の先生たちや大学関係者や予備校関係者にみてもらおう。そして大学受験科目にする運動をすすめよう。

　第2の提案。学力とは何かということについて，一大議論を巻き起こそう。いまの大学受験がこれでいいと考えている人は多くないと思う。学力とは何か，真の学力を測定するにはどういう方法が良いのか，議論を起こそう。そのために家庭科の先生たちに望みたい。どうか科学的思考力を伸ばすための具体的な教育実践をどんどん作っていただきたい。

第3の提案。一般の人たちは家庭科という教科の内容を知らない。
　そこで，である。地域の社会教育センターや公民館や男女共同参画センターで，一般市民を対象にして，家庭科教科書を材料にした面白い講座を実施してほしい。多くの受講者は教科書にどんなことが書いてあるか知って目から鱗が落ちるのではないかと思う。さらに，これらの施設の図書コーナーに，ぜひ中学校や高校の家庭科教科書を常備してほしい。
　国立女性教育会館（ヌエック）では，毎年，夏に大きな研究集会がある。家庭科の先生たちが，家庭科教育の実践例を報告してみたらどうだろうか。男女共同参画の運動をしている人たちが一堂に会する場だから，一挙に理解の輪が広がるに違いない。

● 家庭科教科書のアンケート調査を実施した
　2010年5月から約8か月かけて，私たちは夫婦で家庭科教科書に関するアンケート調査を行った。対象は金沢市在住在勤の成人男女である。これは妻が石川県議会議員（当時。金沢市選出）で，金沢市に協力していただける人が多いという理由からである。アンケートは，高等学校の「家庭総合」（4単位）の教科書を読んで質問に答えてもらった。実物の教科書を読んでから質問に答えてもらうという方法なので，実施するのがたいへんだった。手元に10月末までの回答結果（回収数172）のまとめがあるので，それをご覧いただきたい。調査対象は無作為抽出で選んだわけではないから，客観性という点では問題がないわけではない。
　質問では，家庭科の教科書を読んだ感想，家庭科授業時間削減に関する賛否，高等学校在学中に家庭科について熱心に勉強したか，などについて聞いた。
　その主な結果は，以下の通りである。
①教科書の内容について，いちばん関心が高く重要と思われた分野は「食」の分野だった。
②2人に1人は「高校生のときに思っていたのより，ずっと大切なことが書いてあると思った」と答えている。
③高校のとき家庭科の授業は好きだったかとの問いに，10人中6人強が「とても好きだった」「好きだった」と答えている。
④4人に3人は家庭科授業時間削減に反対だった。

●高校生のときに思っていたのよりずっと大切なことが書いてあると思った

　以下，教科書を読んだ感想について，もう少し詳しくみてみよう。

　家庭科教科書を読んでどんな感想をもったか，10の選択肢を示して自分の感想に近いものを選んでもらった(複数選択可)。

　結果は，図Ⅰ-2-1のようである。

　選んだ人の数が多かったものから順にみていくと，「高校生のときに思っていたのより，ずっと大切なことが書いてあると思った」との感想が50.6％といちばん多かった。2番目に多かったのが「ひとり暮らしをするときに家庭科の教科書を持っていたらいいと思った」で30.2％，3番目が「いまからでもいいから学びたいと思った」で27.3％である。4番目以下をみると，「高校生のとき，ちゃんと勉強しておけばよかったと思った」「大学で家庭科を教えたらいいのではないかと思った」と，上位5つはすべて家庭科の重要性に肯定的な意見であった。

　この結果をご覧になって，どうお感じだろうか。やはり家庭科の大切さは多

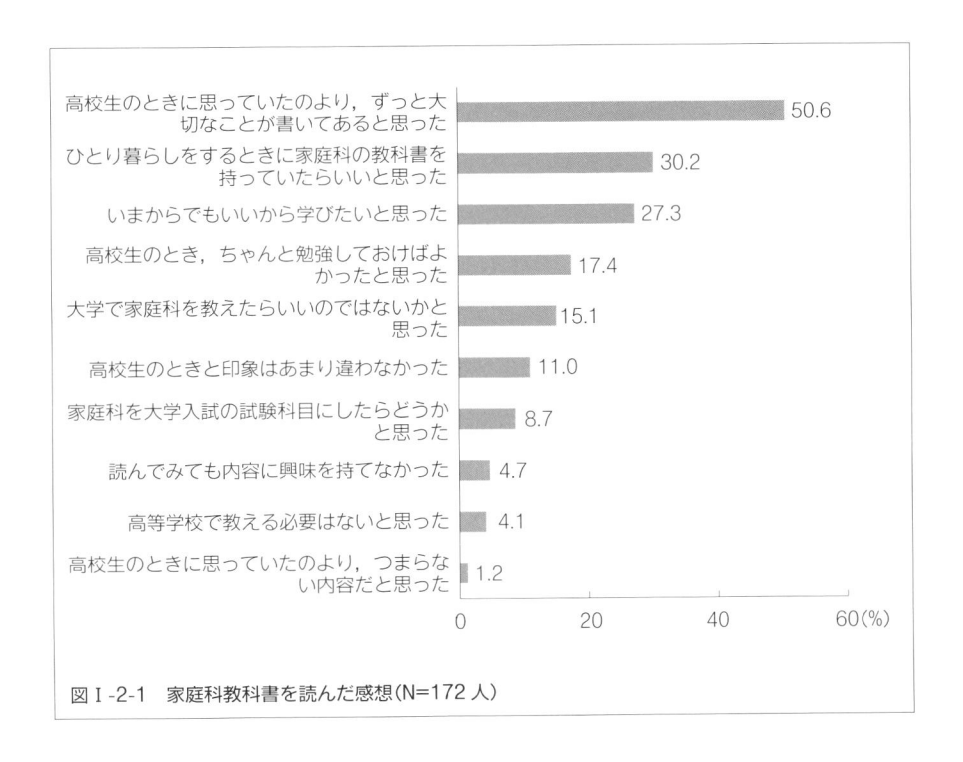

項目	％
高校生のときに思っていたのより，ずっと大切なことが書いてあると思った	50.6
ひとり暮らしをするときに家庭科の教科書を持っていたらいいと思った	30.2
いまからでもいいから学びたいと思った	27.3
高校生のとき，ちゃんと勉強しておけばよかったと思った	17.4
大学で家庭科を教えたらいいのではないかと思った	15.1
高校生のときと印象はあまり違わなかった	11.0
家庭科を大学入試の試験科目にしたらどうかと思った	8.7
読んでみても内容に興味を持てなかった	4.7
高等学校で教える必要はないと思った	4.1
高校生のときに思っていたのより，つまらない内容だと思った	1.2

図Ⅰ-2-1　家庭科教科書を読んだ感想(N=172人)

くの人にまだ十分に理解されていないのだ。そうして家庭科教科書を読んだ人はその内容の大切さに気がつくのである。

【注】
1) 積極的改善措置。女性や少数民族など歴史的構造的に差別を受けてきた人たちに対して、暫定的に一定の優遇措置を講じることにより差別の解消をめざすこと。

【参考文献】
広岡立美(2010). 続・女なら二足のわらじ. 東京. 有信堂

📁 column
家庭科はおもしろい―他分野からのエール

◎重松清氏（作家）

「今の教科書を見てみると，これはすごいなと思ったのです。大判になっていて，嬉しいのが，ねらいなどで「話し合ってみよう」とか「考えてみよう」とある。指先で実践することももちろん大事なのですが，その前にまず私たちにとっての衣服とはどんな意味があるのかというのを考えよう，話し合おうというような，あるいは調べてみようというふうに，テーマにどう取り組むかというのが，非常に大きなウエートを占めていると発見したわけです。」[1]

「僕がずっとさっきから家庭科を哲学と呼んでいる，言ってしまえば，生活者の哲学と呼んでいるのですが，なぜそう呼ぶかといったら，哲学というのは正解がないのです。正解はあり得ないのです。永遠に問い続けることが哲学なのです。幸せとは何であるか，正解はない。しかし幸せについて考え続けるというのが哲学なわけで，…小説とか，映画とかドラマ，物語というもの…は，いろんな読み方がある，いろんな感じ方があるから，小説や漫画やドラマを教材にして，家庭とか夫婦，親子を考えるというのは，僕は非常に有効だと思っています。」[2]

◎梅原利夫氏（和光大学・教育学）

「家庭科ということを考えていくと，その成立期に私は『やまびこ学校』を思い出すのです。…今『やまびこ学校』をとらえ返してみますと，教科として家庭科教育のもっている難しさと同時に，家庭科という教科が，目を広げれば教育の基本問題，今日の子どもの生活の一番大事なところをみつめる目を養う，非常に魅力的で，また重要な学習を保障する教科であると思えてなりません。」[3]

「人間関係の作りかえといい，自己の生活経営能力の開発といい，難しい課題ですけれども，家庭科教育というのは，そういうものの育成に立ち向かっていくことによって，これからの社会を担い，「生きる力」というものに結びついていく貴重な，とても魅力のある教科になっていくのではないかと思うのです。」[4]

【引用文献】
1),2) 日本家庭科教育学会誌第50巻第4号(2008.1, p.295〜311)「50周年記念特別企画トークセッション　重松清氏と語ろう―家庭科ってここがおもしろい」, 1)p.297, 2)p.301-302
3),4) 日本家庭科教育学会誌第46巻第3号(2003.10, p.266〜272)「第46回大会基調講演　家庭科教育の存在意義とカリキュラム構想」, 3)p.267, 4)p.272

第Ⅱ部
家庭科のいま

1. 家庭科の役割

　家庭科は，子どもたちの生活者としての自立をめざす教科として，家庭生活に関する諸事象を学習対象とする系統的な学習内容のまとまりで構成されている。各教科の学習目標および学習内容は，法的には文部科学省告示の学習指導要領に規定される。ここでは，そうした法的な縛りのなかで現在の家庭科が果たしている役割，これからの家庭科に求められる役割を視点として「家庭科のいま」を考える。

1. 東日本大震災と家庭科

❶ ヒト・モノと生活の営み

　2011年3月11日の東日本大震災は，大津波と原発事故により未曾有の被害をもたらした。津波は一瞬のうちに人々にとって最も大切な多くの家族の命を奪っただけでなく，日常的な生活を支えていたすべてのモノを流し去ってしまった。ヒトとモノをなくしただけでなく，それらによって成り立っていた日常的な生活の営みを失ってしまったことの痛みは，経験した者でなければわからない。家は残っているのに，そこを立ち去らなければならなかった原発事故による避難地区の住民にとっても，日常的な生活の営みを失った思いは共通している。

　大震災後には，子どもたちも大人たちも同じように「普通の生活ができることのありがたさ」という言葉を口にした。この言葉を口にした人々は，被災地域の人々であるか，被災地から遠く離れた地域の人々であるかを問わない。その事実は，家庭生活がまさにヒトとモノの連鎖で成り立っていること，そしてその連鎖こそが生活の営みであること，さらに，日頃それがいかに人々に意識されていないか，しかし，いかに大切なものであるかを示している。

　被災地の人々にとって，被災の程度にそれぞれ違いはあっても，家族・親戚・友人，あるいは住み慣れて深い愛着をもった住まいやまちを失った思いは共通している。被災地では，口コミで生活情報を伝え合うこと，食べ物や様々な生

活物資を分け合うこと，共に喜び，共に悲しむことが当たり前のようにできていた。小学校家庭科の「家族と家庭の役割」に関する学習指導要領の解説[1]には，「家庭生活には生活を構成している様々な要素があり，それらの要素がかかわり合って生活が成り立っていること，また，自分と家族，近隣の人々とのかかわりによって，よりよい生活をつくり出していけることなどを学習できるようにしている。」と記述されている。大震災の経験は，人々にこれらすべてのことをあらためて思い起こさせている。大切なヒト・モノそして生活の営みを共に失ったことにより，新たに生まれた絆が，なくなりかけていた「協働生活」の営みをよみがえらせ，人々を強く結びつけている。

「普通の生活ができることのありがたさ」という思いとして，毎日繰り返される生活への認識が大きく変わったこと，それを代償とするには，大震災によって失われたもの，犠牲となったものは余りにも大き過ぎる。しかし，これから長い時間をかけて新しいまち，新しい社会システムを創り上げていくことを考えたとき，考え方の基盤となるのは「すべての市民が人間らしく安心して生活できること」の大切さである。被災地の復興が目に見えるものになればなるほど，おそらく多くの人々にとっての「普通の生活ができること」への思いは，色褪せていくに違いない。

大震災を経験したり見聞きしたりした子どもたちが，「普通の生活ができること」への思いを色褪せることなく鮮明に抱き続けることができるならば，彼らはヒト・モノ関係総体のバランスを保つこととして生活の営みの大切さを主張できる人として成長するであろう。家庭科は，子どもたちがその思いを一生涯にわたって抱き続け，様々な局面における生活問題を解決するために役立つ力を育成する大切な役割を担っている。

❷ ものづくりから市民社会の創り手へ

大震災後には，被災地から離れた地域でも電気・水道・ガス等のライフラインが断たれ，ガソリンも不足し，コンビニにも品物が入らない状況が続いた。そうした状況下での人々の生活には，工夫することしか残されていなかった。被災地の気仙沼で家が高台にあって最悪の難を逃れたあるお年寄りは，「孫たちは毎日沢水を汲みに行って，瓦礫の中からみつけてきた木材を燃料にして炊事をしていた。誰もができる経験じゃない。あれが，まさに生きる力だね」といいながら，3か月ぶりに水道から水が流れる光景を見て懐かしかったという。

家庭科における学びは，家族の命と暮らしを守るために必要な家庭生活を維

持していくための知識・技能を身につけることを通して，被災地での生活のように限られた資源をいかに工夫するかに役立った。しかし，資源が限られているのは被災後だけではない。日常生活の資源はすべてが限られている。家庭科は，従来から資源の有効活用を目的として「工夫学習」をしてきたが，家庭科の工夫学習はときに批判されることがあった。

　工夫学習批判の一つは，資源を有効利用することだけを「合理的な生活」と思い込んでいた工夫学習への疑問である。これまで多くの人々は，「合理的な生活」とは，お金・労力・時間の3要素をいかに節約するかを意味すると思い込んでいた節がある。できるだけ安価に手間ひまをかけないで様々なものやサービスを入手できる「便利さ」は，確かにこれら3要素の節約の結果としてある。安価で手間ひまかけずに生鮮食品を包装できるプラスチックトレーは「便利」の象徴である。こうした便利を求めた結果として様々なものが不用品となっていることを問わずに，単に使用済みプラスチックトレーを不用品として活用するだけの資源節約の工夫学習には確かに問題がある。「合理的な生活」を求める社会の本質的な問題点がみえていないからである。

　一方，生活者にとっての「合理」とは「生活の質」をいかに高めるかにある。「便利＝生活の質的向上」でないことくらいは，多くの人々が気づいている。農家の生活改善の一つとして，冠婚葬祭やお正月の床飾り以外には利用されることがない座敷を子ども部屋とし，地域に公民館を建設することで各家庭から儀式空間が消えてしまった時代があった。そうした動きは「結」[2)]の崩壊，生活文化の喪失を助長することにつながった。農家にとっての「合理」が地域社会とつながることが見逃されていた過去の例である。

　各家庭には家庭ごとの「合理」がある。しかし，各々勝手であっていい訳はない。家族の決めごとは，地域や社会の決めごととの擦り合わせを必要とする。すべての市民が不安に怯えることなく，安心して安全に生活できることの必要を理解し，何をもって生活の質的向上とするかを考えることができ，その実現に向けて実践できる能力を育てるのが家庭科である。工夫学習としての「ものづくり」の活動も，各家庭の生活を豊かにすると同時に，地域や社会の豊かさにもつながることが意識化されなければ，生活実践として続かないし広がらない。各家庭における様々な生活活動が，よりよい地域，よりよい社会の実現に役立つかどうかの判断力を培うこと，それも家庭科の大切な役割である。

　被災地の人々は，日常生活の営みが人権として保障され続けることで，今後

の生活に明るい見通しをもつことができる。そのためには，家庭科で習得した知識・技術を人々の命と暮らしを守るために活用して役立て，さらに市民生活を向上発展させていくための創造的な実践力に高めていくことが，より一層求められる。主体的な創造的実践力をもって人々が連帯し，協働できる力を発揮できれば，今後の生活への見通しを共に創り上げることができる可能性が高まるであろう。

　東日本大震災を経験したり見聞きしたりした子どもたちの多くは，「普通の生活ができること」の大切さを実感している。大学での授業における震災後の学生たちのレポートの表現も「しなやかに生きること」「ていねいに生きること」などと「生きること」の質を問う表現が多くみられるようになってきた。子どもたちが成長し，これからの自分たち自身の生活をどう創り出していくのか，そして新たな市民社会の創り手として社会とどうかかわっていくのか，家庭科で育つ力は，新たな市民社会を構築する底力となるであろう。

　東日本大震災時の被災地における高校生の生活状況に関する調査結果をコラム「東日本大震災時の高校生の思いは？」(p.47)として紹介する。仙台市の宮城県宮城広瀬高校で家庭科を担当している三村敦子教諭による調査は，被災地の高校生が大震災の混乱のなかで何を思い，どのような生活を送っていたかを伝える貴重な資料である。このコラムを高校家庭科の授業の導入などに効果的に位置づけることで，高校生が大震災前の生活を批判的に振り返ることにつながることを期待したい。

2.「生きる力」と家庭科

❶　高校家庭科と学習指導要領

　2009(平成21)年改訂学習指導要領における共通教科としての高校家庭科の目標は以下のように示されている[3]。

> 　人間の生涯にわたる発達と生活の営みを総合的にとらえ，家族・家庭の意義，家族・家庭と社会とのかかわりについて理解させるとともに，生活に必要な知識と技術を習得させ，男女が協力して主体的に家庭や地域の生活を創造する能力と実践的な態度を育てる。

　この記述からわかるように，高校家庭科では「生涯を見通して生活を創造す

る主体」としての視点が重視されている。高校家庭科の学習が始まるまでの小学校・中学校で重視されている視点に注目すると，小学校家庭科では「家族の一員」としての視点，中学校技術・家庭科では「自己の生活の自立」を図る視点が重視されている。また，小学校・中学校の2008(平成20)年改訂学習指導要領では，義務教育として基礎的・基本的な知識・技能の定着が図られ，それらの基礎基本を活用した学びの実現をめざしている。高校家庭科では，こうした小・中で習得した基礎基本を活用した学びに積み上げるかたちで，独自に重視する

表Ⅱ-1-1 高校家庭科必履修3科目の学習内容

改訂後		改訂前(平成11年告示)	
科目名	標準単位数	科目名	標準単位数
家庭基礎	2単位	家庭基礎	2単位
家庭総合	4単位	家庭総合	4単位
生活デザイン	4単位	生活技術	4単位

家庭基礎
(1) 人の一生と家族・家庭及び福祉
　ア 青年期の自立と家族・家庭
　イ 子どもの発達と保育
　ウ 高齢期の生活
　エ 共生社会と福祉
(2) 生活の自立及び消費と環境
　ア 食事と健康
　イ 被服管理と着装
　ウ 住居と住環境
　エ 消費生活と生涯を見通した経済の計画
　オ ライフスタイルと環境
　カ 生涯の生活設計
(3) ホームプロジェクトと学校家庭クラブ活動

家庭総合
(1) 人の一生と家族・家庭
　ア 人の一生と青年期の自立
　イ 家族・家庭と社会
(2) 子どもや高齢者とのかかわりと福祉
　ア 子どもの発達と保育・福祉
　イ 高齢者の生活と福祉
　ウ 共生社会における家庭や地域
(3) 生活における経済の計画と消費
　ア 生涯における経済の計画
　イ 消費行動と意思決定
　ウ 消費者の権利と責任
(4) 生活の科学と環境
　ア 食生活の科学と文化
　イ 衣生活の科学と文化
　ウ 住生活の科学と文化
　エ 持続可能な社会を目指したライフスタイルの確立
(5) 生涯の生活設計
　ア 生活資源とその活用
　イ ライフスタイルと生活設計
(6) ホームプロジェクトと学校家庭クラブ活動

生活デザイン
(1) 人の一生と家族・家庭及び福祉
　ア 青年期の自立と家族・家庭
　イ 子どもの発達と保育
　ウ 高齢期の生活
　エ 共生社会と福祉
　オ 子どもとの触れ合い
　カ 高齢者とのコミュニケーション
(2) 消費や環境に配慮したライフスタイルの確立
　ア 消費生活と生涯を見通した経済の計画
　イ ライフスタイルと環境
　ウ 生涯の生活設計
(3) 食生活の設計と創造
　ア 家族の健康と食事
　イ おいしさの科学と調理
　ウ 食生活と環境
　エ 食生活のデザインと実践
(4) 衣生活の設計と創造
　ア 装いの科学と表現
　イ 被服の構成と製作
　ウ 衣生活の管理と環境
　エ 衣生活のデザインと実践
(5) 住生活の設計と創造
　ア 家族の生活と住居
　イ 快適さの科学と住空間の設計
　ウ 住居と住環境
　エ 住生活のデザインと実践
(6) ホームプロジェクトと学校家庭クラブ活動

＊　　　部分は選択できる項目

視点に基づいて，社会の一員として生活を創造する意思決定能力の習得が求められる。

2009（平成21）年改訂学習指導要領における普通教科としての家庭科の科目編成は，「家庭基礎」「家庭総合」「生活デザイン」の3科目で，必履修科目として1科目を選択履修する。必履修3科目の学習内容にかかわる項目構成と特徴を表Ⅱ-1-1・2に示す。

「家庭基礎」「家庭総合」は1999（平成11）年改訂学習指導要領の内容から改善が図られ，人の一生を見通す視点，異世代とかかわる共生の視点等が共通して組み込まれている。改訂学習指導要領における新設科目として注目される「生活デザイン」は，生活の質を高め，豊かな生活を楽しみ味わいつくるうえで必要な実践力を育成することに重点を置いている。加えて，生徒の興味・関心に応じて内容を選択して学習を深められるように工夫されていることから，そこが新たな魅力になっている。新設科目「生活デザイン」が高校家庭科の新たな展開をもたらす力となることを期待したい。

表Ⅱ-1-2　高校家庭科必履修3科目の特徴

科目	単位	内容
家庭基礎	2単位	青年期の課題である自立と共生の視点から，家族・家庭，福祉，衣食住，消費生活にかかわる基礎的・基本的な知識と技術を習得させ，環境に配慮したライフスタイルとのかかわりを深める学習を重視しつつ，人の一生やライフステージごとの課題と関連させた内容から構成されている。ミニマムエッセンシャルズとしての科目である。
家庭総合	4単位	生命の誕生から死までの人の一生と家族・家庭，子どもや高齢者とのかかわりと福祉，消費生活，衣食住などに関する知識と技術を総合的に習得させ，持続可能な社会をめざしたライフスタイルの確立に関する学習を重視した内容で構成されている。大項目については，必要な能力を育てる観点から，(1)では生涯を見通してマネジメントする力，(2)では様々な人とつながり共に生きる力，(3)と(4)では生涯を通してライフステージごとに健康で文化的な生活を創り営む力，(5)では学習のまとめとして，生涯を見通し，これからの生活を創造する力を身につけるとしている。
生活デザイン	4単位	従来の「生活技術」が改編された科目で，生活を改善し，豊かな生活を設計するという意味で「デザイン」という言葉が用いられている。実験・実習等の体験学習を重視し，衣食住の生活文化に関心をもたせるとともに，生涯を通して健康と環境に配慮した生活を主体的に営むことができるように内容が構成されている。生活と文化とのかかわりを考え，生活の技術的・文化的な意味の理解を深め，生活を営む実践的な力や生活を創造する力を育てるために，たとえば，栄養とおいしさを考えた食べものや食事を作るための技術の習得や，食文化を継承し食生活を創造的に実践する学習など，生活を楽しみ，味わい，創ることを重視している。一部の項目については，生徒の興味・関心等に応じて適宜選択履修できるようにしている。

（望月昌代（2009）「中等教育資料5月号，第876号，64-67」参照，筆者作成）

❷ 成熟化社会[4]における「生きる力」

高校家庭科で「生涯を見通して生活を創造する主体」の視点を重視する方向性が示された2009(平成21)年改訂学習指導要領は,「生きる力」の理念の共有を前提としている。ちなみに,1996(平成8)年中央教育審議会答申『21世紀を展望した我が国の教育の在り方について』のなかで,「生きる力」は次のように示されている。

> 我々はこれからの子供たちに必要となるのは,いかに社会が変化しようと,自分で課題を見つけ,自ら学び,自ら考え,主体的に判断し,行動し,よりよく問題を解決する資質や能力であり,また,自らを律しつつ,他人とともに協調し,他人を思いやる心や感動する心など,豊かな人間性であると考えた。たくましく生きるための健康や体力が不可欠であることは言うまでもない。我々は,こうした資質や能力を,変化の激しいこれからの社会を[生きる力]と称することとし,これらをバランスよくはぐくんでいくことが重要であると考えた。

この理念が,その後の学習指導要領改訂における体験学習や問題解決学習の重視,学校・家庭・地域との連携の必要性,さらには「総合的な学習の時間」の導入などの背景となっており,今回の改訂でも引き継がれている。

①少子高齢社会のビジョンと「生きる力」

2006(平成18)年12月に教育基本法が改正され,それを受けて2007(平成19)年6月に学校教育法が改正された。これらの法改正も今回の改訂学習指導要領も,当然のことながら,「生きる力」の育成を視座にすえている。家庭科の目標である生活者育成の視点から改正教育基本法をみたとき,第三条の「生涯学習の理念」とともに,第五条2項「義務教育の目的」の新設に注目できる。義務教育については,『各個人の有する能力を伸ばしつつ社会において自立的に生きる基礎を培い,また,国家および社会の形成者として必要とされる基本的な資質を養うこと』を目的としている。改正法のなかで新たに生涯学習の理念を示し,9年間の義務教育において「社会人としての自立の基礎を確実に培うこと」を改めて明確にしたことには,先に**第Ⅰ部-1**で取り上げたOECD(p.12)による2003年最終報告が少なからず影響している。

いうまでもなく,義務教育でのPISAにみる学力の高さで注目される国はフィンランドである。人口500万人程度で経済資源もけっして豊かではない北欧の小国にとって,大切な資源は国民一人ひとりであり,就労可能なすべての国民

が納税の義務を遂行することで社会保障が成り立つ。そこでフィンランドは，子どもたち一人ひとりに納税できる市民として自立できる確かな力を身につけさせることを大切にしている。学び合いを通して，学習上の問題を抱えた子どもを徹底してていねいに支援するのもそのためである。

一方，我が国の若者の実態をみると，フリーターやニートなど定職に就くことができない若者が増え，ネットカフェをねぐらとする若年ホームレスも珍しくない。その実態は主として産業構造の変化にともなう我が国の社会・経済政策に負うところが大きい。しかし，少子高齢社会では，限られた就労可能な市民が高齢者を含む多くの人々の生活を支える必要がある。その意味で義務教育のあり方があらためて問われることになる。すなわち，義務教育は，納税を含む社会システムを支える市民一人ひとりが生涯学習の理念のもとに自己実現を図りつつ，社会で役立つ能力を高め続けるために必要な教育の基盤をなし，すべての人々に保障すべきものとしてあるからである。

こうした義務教育にかかわる考え方を踏まえて，2008（平成20）年改訂学習指導要領における小学校・中学校の家庭科学習の内容のまとまりは，基礎基本の定着を目的として，同一の枠組みとして系統性が示されている。さらに2009（平成21）年改訂の高校家庭科でも，生涯学習の理念のもとに自立できる生活者を想定し，生涯を見通した経済計画のために，生活と経済のつながりや主体的な資金管理のあり方，リスク管理などにかかわる内容を重視し，すべての科目に「生涯の生活設計」の内容を加えている。

以上のように，改正教育基本法における義務教育のとらえ直しは，これからの少子高齢社会における市民一人ひとりの「生きること」の質的向上と社会システムの充実をみすえている。この考え方を踏まえて，改訂学習指導要領がめざす子ども像の延長上に成熟化社会を支える市民のあるべき姿を想定しているならば，家庭科は命と暮らしを守り，人権を維持するために必要な生活保障の具体的な姿を学ぶ教科として，「生きる力」の育成を中核にあって担う教科となる。

今回の改訂学習指導要領は，国際的な学力や社会の動向をみすえ，市民としての基礎的・基本的な力の定着をめざす一方で，教育関連法改正ときわめて密接にかかわり，法的な縛りを強力にもって示されたところに大きな特徴がある。こうした教育にかかわる法改正が，成熟化社会の教育ビジョンを背景としていることは，意外に知られていない。

②社会への役立ち感と「生きる力」

　高福祉国家といわれる国々では，税率の高さと引き換えに命を守ることにかかわる保健・医療，教育などが無料で，高齢者福祉，年金制度も充実している。そうした国の一つであるデンマークに40年間住んでいるある日本人は，「日本とデンマークとの考え方の違い」について以下のように答えた。「デンマークでは失業しても最低限の生活が保障される。しかし，仕事がないまま何もしなくていいのではない。最低限の生活が保障されるからこそ，社会のために何ができるか，自分の行動がどう社会に役立つかを常に考え続けることになる。」この言葉から，生涯にわたって学習機会を選択でき，それを活用することが求められるこれからの生涯学習社会において，市民一人ひとりの行動の原動力になるのは，「社会への役立ち感」であるととらえることができる。

　家庭科の学びを深め拡げるための学習意欲と関連しているのが，この「役立ち感」である。図Ⅱ-1-1[5]に，生徒たちの学習意欲の喚起にかかわるイメージを示す。このイメージ図は，高校家庭科が男女必修となったとき，必修家庭科を学んだ高校生の授業感想文をもとに分析した結果を示している。感想文の内容が，圧倒的に調理実習に関する記述であったことから，調理実習の記述に注目して学習意欲について検討した。図Ⅱ-1-1に示すように，ただ単に「楽しかっ

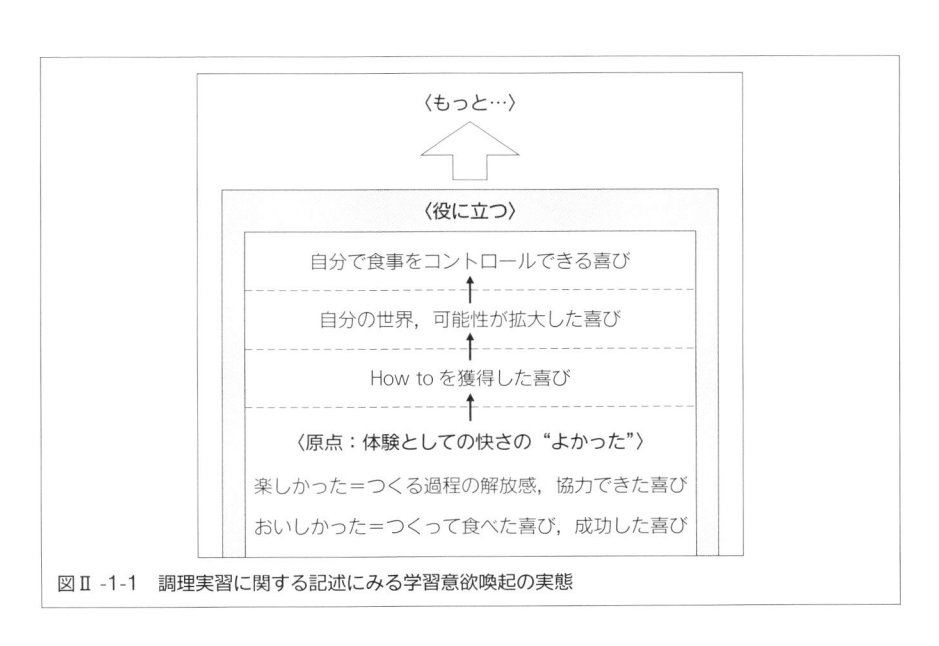

〈もっと…〉
↑
〈役に立つ〉
自分で食事をコントロールできる喜び
↑
自分の世界，可能性が拡大した喜び
↑
How to を獲得した喜び
↑
〈原点：体験としての快さの"よかった"〉
楽しかった＝つくる過程の解放感，協力できた喜び
おいしかった＝つくって食べた喜び，成功した喜び

図Ⅱ-1-1　調理実習に関する記述にみる学習意欲喚起の実態

た」「おいしかった」の学びは，「家庭科が全部調理実習だったらいいなあ」という「座学からの解放」だけにしかつながらない。「How toを獲得した喜び」は，「もっといろんな料理をつくってみたい」という体験の量的な拡大を求める意味での「もっと」に限定されていた。一方，「男でもできるんだ！」「腕前が上がってうれしい！」など自己肯定感の高まりをともなう喜びや，自分で自分の食生活をコントロールできるようになった喜びは，食生活の学びをもっと深めたり，食生活以外の他分野の学びを求めたりする「もっともっと」の学びに向かっていた。これがまさに「主体性の育成」である。一方，形成される喜びのレベルは違っていても，それぞれの喜びが「もっと学習したい」に向かうとき，フィルターとしての役割を担っているのが「役立ち感」だったのである。どんな喜びのレベルであっても，「役立ち感」のフィルターを通さなければ「もっと」の学習意欲にはつながらない。

　しかし，ただ単に「役立ち感」があればいいのではない。自己肯定感の高まりなどに基づく「主体性の育成」につながる喜びが，「社会への役立ち感」とシンクロ（同じ時期にいっしょに起こること）しなければ，生涯学習社会を生き抜く力にはならない。この基盤づくりさえしっかりしておけば，生徒は生活者として着実に自立し始めるであろう。この基盤づくりの時間が十分に確保されれば，家庭科の学びは実践化に向かうに違いない。

　この基盤づくりの時間を確保し，「作れる手」の育成に重点を置いて家庭科を実践している例としてお茶の水女子大学附属高校に注目してみよう。この高校では，「作れない手」が生徒の生涯のキャリア設計を狭めているという考え方のもとに，「家庭総合」を1年生で1単位，2・3年生で各2単位，計5単位必修を続けている。ほぼ全学年にわたって40人クラスを二つに分け，主に衣生活と食生活領域の実習を少ない人数で行っている。その結果，2年生では調理実習を年間10回ほど経験できるという[6]。家庭科で，上手・下手，好き嫌いに関係なく自立して生活できる最低限の技を身につけ，「作れる手」を育てた生徒たちは自分に自信をもち，学習にも積極的になっていくという。

　高校家庭科は，自分と社会への役立ち感を介して，生活を楽しみながら大切にできる資質を育て，生活を大切にする思いを社会のシステム整備に向けて連帯できる「しなやかな」実践力を育てる役割を担っている。まさに「生きる力」そのものである。

（長澤由喜子）

【引用文献および注】
1) 文部科学省(2008)小学校学習指導要領解説家庭編．17．東京．東洋館出版社
2) 結(ゆい)とは，小さな集落や自治単位において，多大な労力を必要とする田植え，稲刈り等の農作業や屋根葺き等に際して行われる，共同作業のための相互扶助組織をいう．
3) 文部科学省(2010)高等学校学習指導要領解説家庭編．7．東京．開隆堂
4) 本稿では「成熟化社会とは，人口や経済の成長をあきらめ，生活の質を高めることを問い続ける社会」と定義している．
5) 長澤由喜子・中屋紀子他(2001)高等学校必修家庭科履修生の感想文分析－新構想研究東北地区のデータから(第2報)－調理実習に関する記述と学習意欲との関連－．日本家庭科教育学会誌．44.1．52-63
6) お茶の水女子大学附属学校家庭科研究会(2009)作る手が子どもたちを輝かす．125．東京．地域教材社

📁 column
東日本大震災時の高校生の思いは？

　　　　　　　　　　　宮城県宮城広瀬高校　家庭科教諭　三村　敦子

　「地震」といえば，世のなかの怖いものの代表として古くから一般的である。しかし，今回の大震災ほど，その本当の怖さを思い知らされ，「生きる力」が問われたことはない。東北地方の太平洋側沿岸部のほとんどが津波の大きな被害を受け，約2万人が犠牲となった。

　本校でも，生徒の一部は津波による家の流失，地震による家の全壊，半壊等の大きな被害を受けたが，他の生徒は家屋の一部損壊程度で，各家庭での生活を継続できていた。しかし，すべての生徒がライフラインの断絶により，電気・水・ガス・食糧・ガソリンなどの不足による生活面での困難を体験した。2011(平成23)年度新学期の開始も4月21日まで延期になり，登校できない期間が震災から約40日間続いた。

　こうした大震災後の混乱のなかで，生徒たちは何を思い，どのような生活を送っていたのだろうか。生徒の思いや生活の様子の把握を目的とし，顧問である生活研究部の研究として，震災後の生活調査に取り組んだ。

❶　東日本大震災後の生活実態調査

①目的　3月11日の東日本大震災から学校再開まで40日間の生徒の生活実態や心理状態を探り，今後の対応や備えにいかす。

②調査期間　2011(平成23)年7月5〜12日(震災4か月後)

③調査方法　2年生は朝のSHR，3年生は家庭科の授業を利用してアンケート調査を実施した。

④対象生徒　宮城県宮城広瀬高校2年生7クラス，3年生5クラス，計600人

⑤調査項目　・震災時の気持ち　・家で頼りになった人
　・安否確認の手段　・震災時の停電・断水・ガス停止
　・食糧調達などにかかわる生活状況　・生活面で困ったこと
　・このようなときに生き抜く力　・この震災で最も悔しかったこと
　・この震災を通して最も感動したこと　・この震災から得た教訓

❷　調査結果の概要

　震災時の気持ちは，「驚いた」「呆然」を合わせた割合が，「怖かった」「不安」の割合を上回り，生徒にとって経験のない災害のショックが，いかに大きい

ものであったかがわかる。困ったことでは,「電気・水・ガス」のライフラインが断たれたことが,合わせて約50％を占めた。その影響として,高校生にとっては「風呂に入れないこと」(28％)が単独では最も切実な問題としてとらえられている。

「震災時に生き抜くために必要な力」については,「助け合い」(39％)が最も多く,「震災を通して最も感動したこと」は,「家族や地域の人々の助け合い」「各地からの被災地支援」「停電期間の星空の綺麗さ」「家族や知人の生存」「人のやさしさ」と続いた。また「震災を通して最も悔しかったこと」では「多くの人が亡くなったこと」が最も多い。いずれにおいても,生徒は震災を通して,命の大切さ,人々の力の大きさと温かさを実感している。

❸ 調査結果から

本校生徒の家庭の被害状況は,特別特殊なものではなく,仙台市内の平均的震災後の生活状況に近いものである。この調査結果には,震災後の生活の様子や生徒たちの素直な気持ちがよく表れている。この震災を通して失ったものも多かったが,便利で豊かな日常生活のなかで失い,忘れかけていた生活の基盤となる衣・食・住・水や食糧の大切さ,家族の絆,助け合いの大切さにあらためて気づかされたことは,これからを生きる若い生徒たちにとって,何事にも代えることのできない収穫であったと思う。今こそ,受験教育に偏りがちな学校教育のなかで,知識だけでなく,適切な判断力や実践力を身につけさせ,人間として「真に生き抜く力」をいかに育てるか,家庭科教育の重要性を見直し,まじめに考えるときではないかと思う。

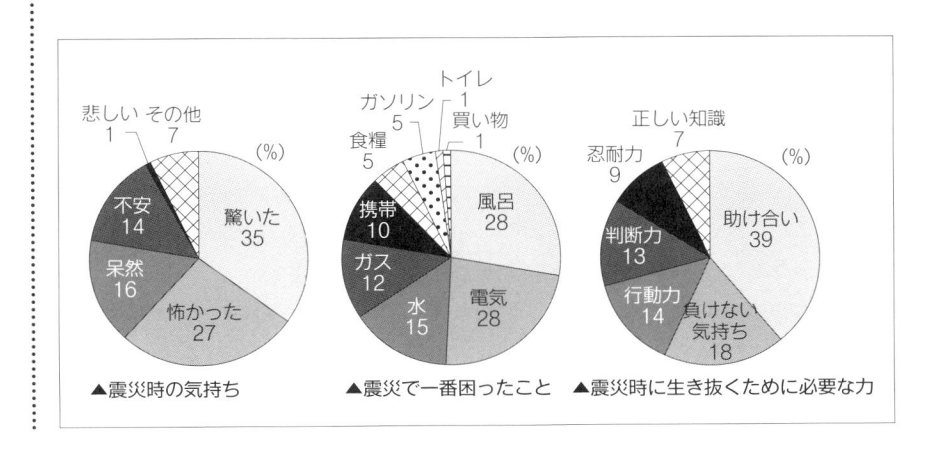

▲震災時の気持ち
悲しい 1 / その他 7 / 不安 14 / 呆然 16 / 怖かった 27 / 驚いた 35

▲震災で一番困ったこと
トイレ 1 / ガソリン 5 / 買い物 1 / 食糧 5 / 携帯 10 / ガス 12 / 水 15 / 電気 28 / 風呂 28

▲震災時に生き抜くために必要な力
正しい知識 7 / 忍耐力 9 / 判断力 13 / 行動力 14 / 負けない気持ち 18 / 助け合い 39

2. 家庭科の実像

1. 全国の家庭科カリキュラム

❶ 家庭科の必修科目の履修実態—「家庭基礎」7割は本当か

　高校家庭科は，1947(昭和22)年の教科誕生に始まり，1960(昭和35)年の高校学習指導要領の改訂以降半世紀にわたり，4単位の女子のみ必修科目として構想され実施されてきた。そして1994(平成6)年には，女子のみ必修から男女4単位必修となり，男女共同参画社会を背景に新しい時代を迎えた。それまでの女子のみ必修では，共学校の場合，2クラス合同で女子のみを集めて授業をするのが一般的だった。しかし，男子も共に履修することにより，クラス単位で4単位の授業を展開することになるため，ほとんどの学校で家庭科の総授業時数が倍になった。そのため，男女4単位必修の開始当時，多くの家庭科教員が採用され，現場教員は家庭科教育の発展と充実を信じて疑わなかった。

　しかしながら，1999(平成11)年の学習指導要領の改訂で2003(平成15)年から必修科目として「家庭基礎」2単位科目が登場し，一転した。この改訂で，高校家庭科は，「家庭総合」4単位，「生活技術」4単位，「家庭基礎」2単位のなかから1科目の選択必修となった。これまでの長年にわたる家庭科4単位必修から，2単位の「家庭基礎」科目へ移行する学校が増加し，高校家庭科必修科目の履修単位の減少(以下「家庭科の単位減」と表記)により，家庭科の履修環境の悪化が懸念されている。

　家庭科の必修科目の履修状況として一般的に活用されることが多いのは，文部科学省がwebサイトでも公表している教科書需要数である。2009(平成21)年度教科書需要数における各科目の割合は，「家庭基礎」67.6%，「家庭総合」31.2%，「生活技術」1.2%であり，家庭科の履修単位の減少を推測することができるが，この教科書需要数はあくまでも教科書購入者の数であり，履修単位は反映されていない。しかしながら，この公表されているデータを元に「家庭基礎」7割，「家庭総合」3割といわれることが多く，あたかも全国がこの割合で履修をしている印象を受ける。本当にそうなのであろうか。全国における家

庭科の必修科目の履修実態はどうなっているのであろうか。

　図Ⅱ-2-1の全国地図は，2009(平成21)年度の都道府県別の家庭科必修科目の履修実態(「家庭総合」履修状況)を示している。これは，教育委員会を通して各都道府県の高校家庭科指導主事に必修家庭科の履修科目をたずねた結果である(白抜きの5府県は，回答が得られなかったため不明である)。これをみると，「家庭総合」の履修率は，都道府県によって70％以上から20％以下まであり，違いが大きいことがわかる。「家庭総合」の履修率が高いのは，高い順に沖縄，高知，埼玉，神奈川，鹿児島，東京，長野，茨城で，以上8都県が50％を超えていた。沖縄についていえば，「家庭基礎」3割，「家庭総合」7割で，文部科学省が公表している教科書需要割合と実態が逆転していた。反対に，「家庭基礎」の履修率が高いのは，高い順に香川，福岡，京都，岐阜，佐賀，群馬，秋田，広島，奈良で，以上9府県が70％を超えていた。

図Ⅱ-2-1　全国の家庭科の履修実態；「家庭総合」履修状況
(全国高等学校家庭科指導主事調査)

❷ 標準単位で履修していない家庭科必修科目

　家庭科の必修科目は，都道府県によって「家庭基礎」，「家庭総合」の履修実態に違いがみられたが，必修科目名ではなく実際に学習している履修単位数はどうなっているのであろうか。

　近年，高校の教育課程は多様化し，1校で複数の教育課程を設置している学校が多く，全国的な実態把握が困難である。そのため，筆者らは全国6地区から16都道府県を抽出して，教育委員会や教育センター等で，学校要覧を閲覧して詳細な教育課程を収集した[1]。

　図Ⅱ-2-2は，16都道府県1,062校の2009（平成21）年度入学生の普通科の教育課程延べ数1,331における家庭科必修科目の履修単位数を示している。普通科のみを対象としたのは，2009年度高校生の72.3％が普通科に所属していることによる。また専門学科では25単位以上専門科目を履修するという規定があり，総合学科や単位制は学校数が少ないうえに選択科目が多く，同じ教育課程での家庭科の履修実態を把握しにくいためである。ちなみに教育課程の収集のため，多くの都道府県へ足を運んだが，都道府県によって対応に差があった。本来，学校要覧は情報公開すべきものであるが，一般市民が誰でも閲覧できる体制もあれば，閲覧を拒否され，調査を断念せざるを得ない県もあった。

　16都道府県高校普通科1,331教育課程の家庭科必修科目の履修状況は，「家庭

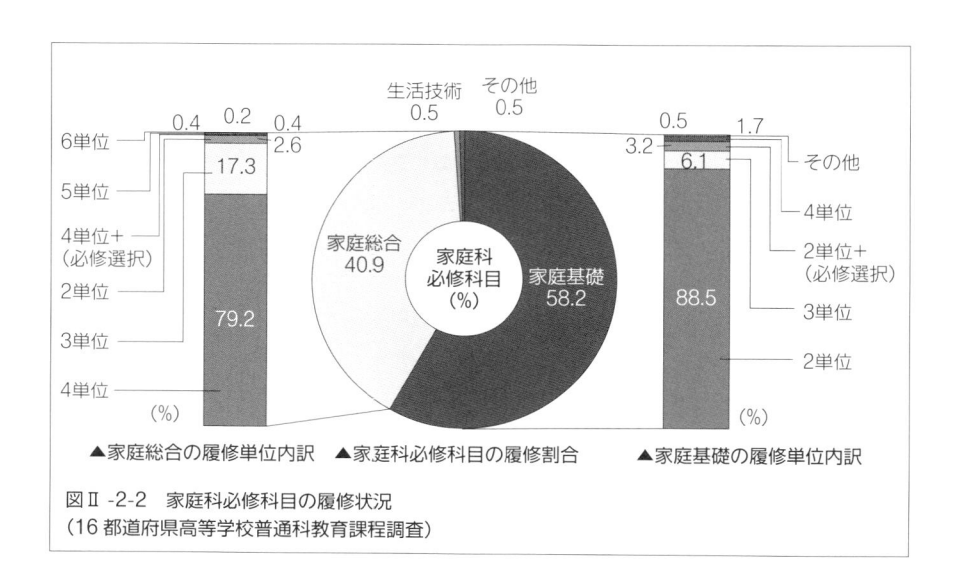

図Ⅱ-2-2　家庭科必修科目の履修状況
（16都道府県高等学校普通科教育課程調査）

2．家庭科の実像　51

基礎」58.2%,「家庭総合」40.9%,「生活技術」0.5%であった。しかしながら,各科目の履修単位数をみると,「家庭基礎」の標準単位数は2単位であるが,3単位,4単位履修もあり,逆に「家庭総合」は標準単位数4単位に対して2単位,3単位履修も多く,また5単位,6単位を履修させている教育課程もあった。

また,「家庭基礎」や「家庭総合」の必修科目を2単位または4単位履修後に,これらの必修科目をさらに選択科目として他教科と組み合わせて設置して1～2単位を追加履修させている教育課程もあり,単位数として「2単位＋(必修選択)」「4単位＋(必修選択)」で表した。これら家庭科必修科目の選択設置の仕方には,生徒の進路に対応させた受験科目との選択もあれば,「情報」「芸術」との選択で単位数の少ない教科同士の苦肉の策と思われる教育課程もみられた。

この調査結果からは,家庭科の必修科目は,「家庭基礎」2単位,「家庭総合」4単位といった標準単位数を履修しているとは限らず,文部科学省が公表している教科書需要数が,そのまま家庭科の履修単位の減少を表していないことがわかる。

❸ バラエティに富んだ家庭科専門科目の設置

16都道府県の普通科高校における1,331教育課程をみると,全体の56.9%の教育課程に,家庭科必修科目以外に家庭科の専門科目が選択等で設置されていた。設置されていた専門科目の上位8科目を,図Ⅱ-2-3に示している。

最も履修されているのは,「フードデザイン」で約4割の教育課程に設置され,「発達と保育」も24.3%と高い。調査時点の学習指導要領では家庭科の専門科目

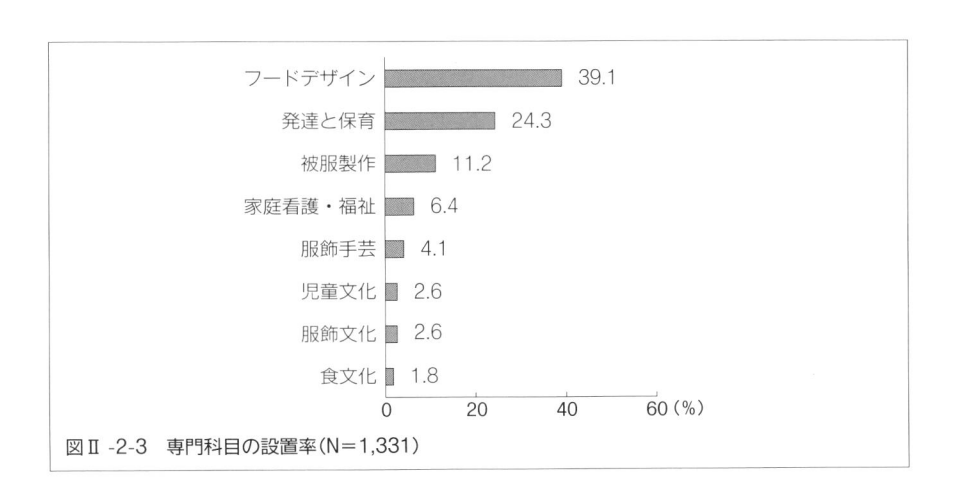

図Ⅱ-2-3　専門科目の設置率(N＝1,331)

科目	%
フードデザイン	39.1
発達と保育	24.3
被服製作	11.2
家庭看護・福祉	6.4
服飾手芸	4.1
児童文化	2.6
服飾文化	2.6
食文化	1.8

として19科目が設定されているが、この8科目以外の専門科目はほとんど履修されていない。一方で、独自に家庭科に関する学校設定科目を置いている教育課程が、全体の10.4％にみられた。学校設定科目の名称は様々で全部で84種類に及んだが、多かったのは、「生活文化」「生活科学」「生活教養」といった生活に関する科目名である。

しかしながら、これらの教育課程における選択科目は、当然全員が履修するわけではなく、希望者がいなければ開講されない可能性もある。

❹ 都道府県で違う家庭科の履修環境

家庭科の履修環境は、家庭科必修科目の単位数と専門科目の設置の有無に左右される。しかしながら、必修科目名からは家庭科の単位減の状況は判断できないため、図Ⅱ-2-4(p.54)では都道府県ごとの家庭科必修科目の履修単位数と専門科目の設置率で比較している。同じ普通科の教育課程であるが、16都道府県の履修環境には相当な開きがあり、都道府県によって特徴がみられる。

家庭科必修科目の単位減が進んでいるのは、2単位以下履修率の高い石川100％、佐賀85.7％、愛知81.2％、群馬80.5％で、これら4県は8割を超えている。石川では、普通科すべての教育課程が、「家庭基礎」2単位履修であった。愛知では、家庭科必修科目の履修単位数も少ないが、さらに、家庭科必修科目以外の専門科目の設置率も16.1％と低くなっているため、普通科の生徒の多くが高校時代に2単位しか家庭科を履修できない環境となっている。

一方、家庭科必修科目の4単位以上履修率が高いのは、埼玉54.2％、千葉52.3％、神奈川48.2％であるが、これらの県は家庭科必修科目以外の専門科目設置率も高い。たとえば埼玉では、普通科の54.2％が家庭科必修科目を4単位以上履修し、さらに83.1％の教育課程に家庭科の専門科目が設置されている。高校時代に家庭科を2単位で終わる生徒は少なく、家庭科に多くの単位が準備されている環境である。

また、家庭科必修科目の履修の仕方をみると、標準単位数以外の履修が多い県も限定される。家庭科必修科目を選択として履修させている「2単位＋(必修選択)」は、福井、愛媛、鳥取に多くみられ、3単位履修は、東京、鹿児島、大阪、神奈川に多い。

教育課程は、学校ごとに作成されるものであるが、都道府県によって家庭科必修科目の履修単位数に違いが大きいことから、都道府県単位の指導や家庭部会の取り組みや考え方の違いなどが背景にあることが推察される。他県の動向

にも関心をもち，よりよい家庭科の教育課程について取り組みを検討していく必要があるといえる。

❺ 都道府県の学校数と専門学科の併設率が家庭科の履修単位数に影響

今回，全国規模の普通科高校の教育課程調査をして，家庭科の必修科目における履修単位数には，都道府県の学校数と職業に関する専門学科の併設率が影響していることがわかった。

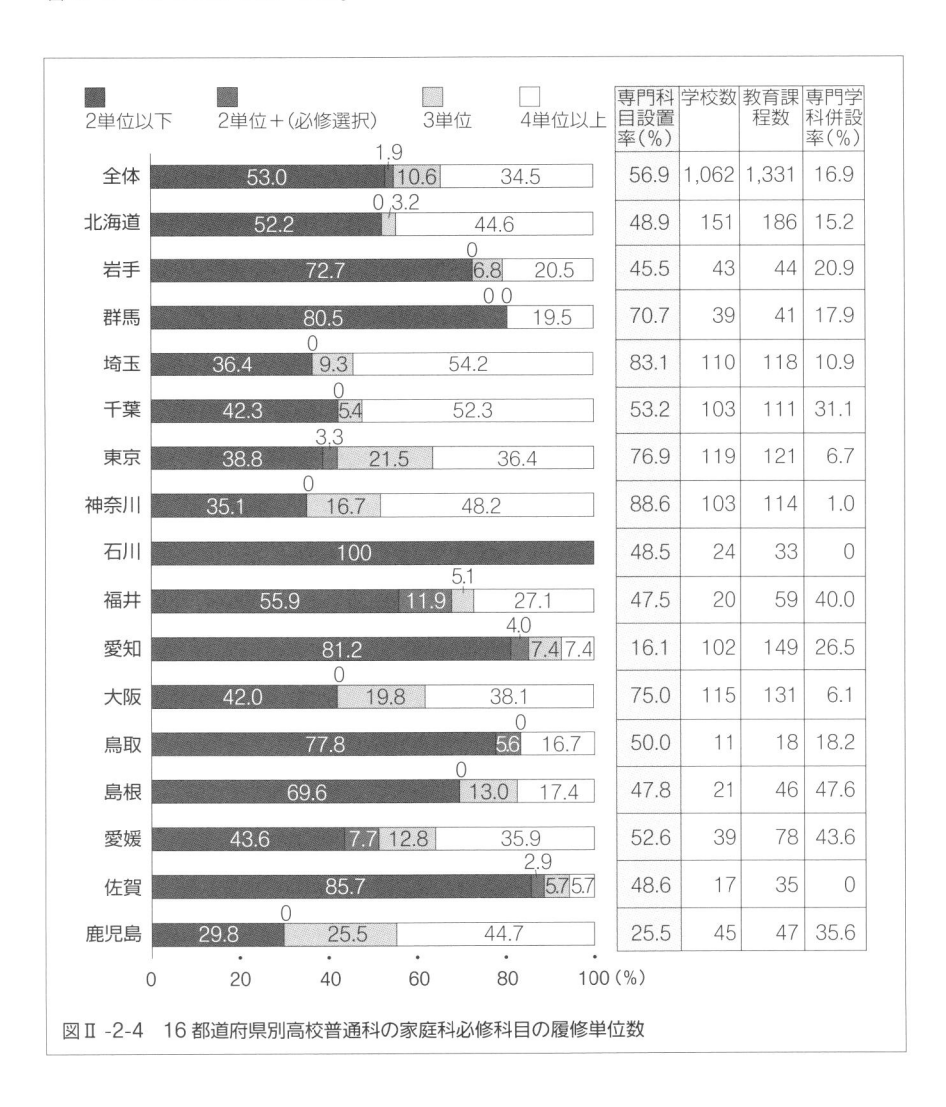

	2単位以下	2単位＋(必修選択)	3単位	4単位以上	専門科目設置率(％)	学校数	教育課程数	専門学科併設率(％)
全体	53.0	10.6	1.9	34.5	56.9	1,062	1,331	16.9
北海道	52.2	0	3.2	44.6	48.9	151	186	15.2
岩手	72.7	0	6.8	20.5	45.5	43	44	20.9
群馬	80.5	0	0	19.5	70.7	39	41	17.9
埼玉	36.4	9.3	0	54.2	83.1	110	118	10.9
千葉	42.3	5.4	0	52.3	53.2	103	111	31.1
東京	38.8	3.3	21.5	36.4	76.9	119	121	6.7
神奈川	35.1	16.7	0	48.2	88.6	103	114	1.0
石川	100				48.5	24	33	0
福井	55.9	11.9	5.1	27.1	47.5	20	59	40.0
愛知	81.2	4.0	7.4	7.4	16.1	102	149	26.5
大阪	42.0	19.8	0	38.1	75.0	115	131	6.1
鳥取	77.8	5.6	0	16.7	50.0	11	18	18.2
島根	69.6	13.0	0	17.4	47.8	21	46	47.6
愛媛	43.6	7.7	12.8	35.9	52.6	39	78	43.6
佐賀	85.7	5.7	2.9	5.7	48.6	17	35	0
鹿児島	29.8	25.5	0	44.7	25.5	45	47	35.6

図Ⅱ-2-4　16都道府県別高校普通科の家庭科必修科目の履修単位数

図Ⅱ-2-4で，学校数が100校を超えている北海道，東京，大阪，埼玉，神奈川，千葉は，4単位以上履修率が高く，2単位以下履修率が全体平均53.0％より低く，単位減が進んでいない。反対に，家庭科の2単位以下履修率が70％を超えている石川，佐賀，群馬，岩手，鳥取は，いずれも学校数が10〜40校と少ない。

　学校数の少ない県で家庭科の単位減が進んでいるのに対して，学校数の多い都道府県で4単位以上履修率が高いのは，なぜだろうか。原因としては，1994（平成6）年から家庭科の男女必修が始まり，学校数が多い都道府県は，多くの家庭科教員を採用し，人員配置の関係から都道府県全体のレベルでは履修単位の減少の影響を受けにくいことも考えられる。また，教員数が多いと，都道府県の家庭部会の活動が活発で，履修単位の減少に対する取り組みがしやすい可能性もある。

　一方で，学校数が少なくても家庭科の単位減が進んでいないのは，福井，愛媛である。両県はともに，職業に関する専門学科の併設率が福井40.0％，愛媛43.6％と高く，普通科にまったく併設学科がない石川，佐賀と対照的である。

❻ 家庭科履修単位数が減少すると家庭科の専任教員がいなくなる

　家庭科の履修環境は，家庭科の履修単位数だけでなく，家庭科の専任教員が配置されているかどうかも大きい問題である。都道府県によって家庭科の履修実態の差は著しいが，それでは，家庭科の単位減が家庭科の教員配置にどのように影響しているのであろうか。図Ⅱ-2-5(p.56)では，家庭科の履修環境の低下状況を表すため，教育課程における家庭科必修科目2単位以下履修率と専門科目を置いていない割合(専門科目非設置率)の関係を示した散布図に，家庭科の専任教員が配置されていない割合を都道府県名の右横に（　）で記入している。

　家庭科の単位減と教員配置の関係をみると，必修家庭科2単位以下履修率の高い石川100％，佐賀85.7％，岩手72.7％，島根69.6％の4県では，専門科目非設置率も50％を超えており，専任教員が配置されていない割合が，石川25％，佐賀18％，岩手19％，島根14％と高くなっている。これらの家庭科の単位減が進んだ県では，普通科高校の4〜7校に1校の割合で家庭科の専任教員が配置されていないことになる。

　一方，群馬は，必修科目2単位以下履修率が80.5％と高いが，専門科目非設置率が29.3％で7割の教育課程に専門科目が設置されているため，専任教員が配置されない割合は3％と低くなっている。都道府県による1校当たりの生徒数の違いもあるため一概には言えないが，現場教員の必修科目の履修単位数確

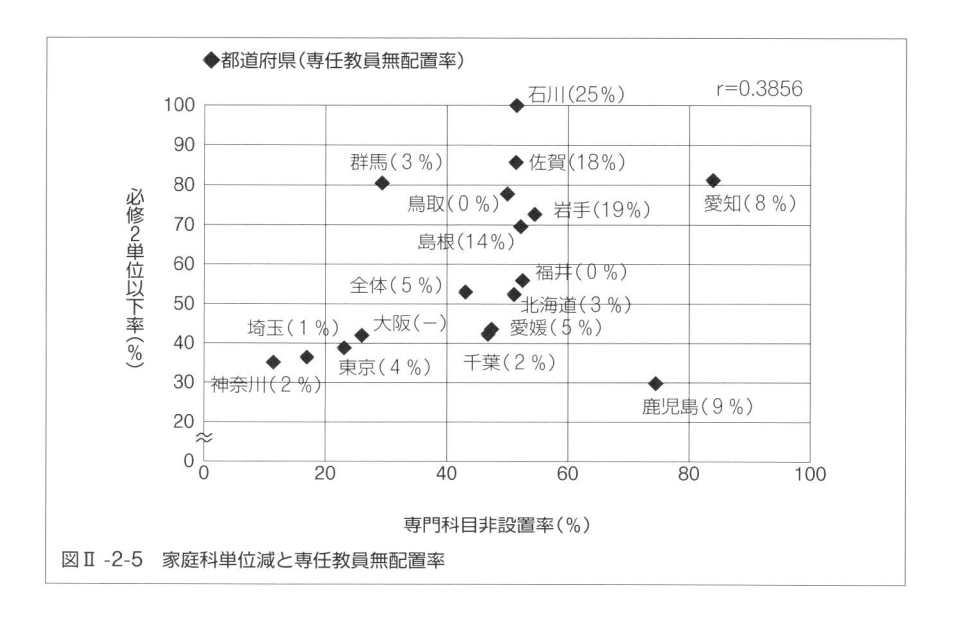

図Ⅱ-2-5　家庭科単位減と専任教員無配置率

保や専門科目を選択等で設置する努力が専任教員配置につながっていることが示唆される。

しかしながら、本来、必修教科である家庭科に専任教員が配置されないこと自体が問題であり、専門科目の設置は、家庭科の教員配置を維持するためには効果があるものの、すべての生徒の家庭科の学習の学びを保証するものではない。また、普通科における専門科目は、必修科目と違い流動的で、次年度以降の教育課程での設置が保証されるものでもないことに留意しなければならない。

2. 家庭科教師の実像

❶ 約7割の学校が専任の家庭科教員は一人以下

4単位必修の高校家庭科に、2003(平成15)年、2単位科目「家庭基礎」が導入されたわけであるが、家庭科の単位減により、家庭科の履修環境の悪化が、家庭科教員にどのように影響しているのであろうか。

これ以降および第Ⅱ部-3、4(p.67～92)については、筆者らが実施した『21都道府県高等学校家庭科教員意識調査』の結果を紹介する。全国6地区から21都道府県を抽出し、家庭科主任への質問紙調査を実施した[2]。2010(平成22)年2

図Ⅱ-2-6 1校当たりの家庭科専任教員数(N=621校)

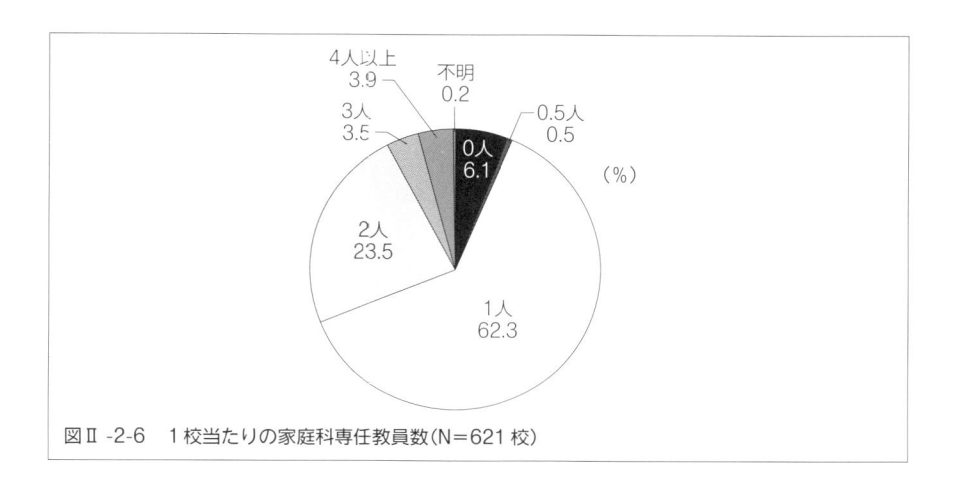

4人以上 3.9
3人 3.5
2人 23.5
1人 62.3
0.5人 0.5
0人 6.1
不明 0.2
(%)

月に，21都道府県立全日制普通科高等学校1,311校の家庭科主任宛に郵送し，621校の家庭科主任から回答を得た。回収率は47.4％であった。

図Ⅱ-2-6は，回答校621校における1校当たりの家庭科専任教員数を示している。専任を配置していない0人率(専任無配置校)が6.1％，0.5人(一人が2校兼務)が0.5％，一人率が62.3％を占め，あわせると約7割の学校で専任の家庭科教員は一人以下ということになる。

また，常勤講師が配置されている学校は全体の12.9％に過ぎず，非常勤講師が41.5％の学校に配置されていた。専任，常勤講師，非常勤講師をあわせた1校当たりの家庭科教員は，一人が37.8％，二人が38.2％で，約8割が二人以下であった。このことから，多くの場合，学校に家庭科教員が二人いたとしても，一人は専任か常勤講師でも，もう一人は非常勤講師であり，ほとんどの学校が家庭科主任一人のみで学校の家庭科業務全般を担当している様子が推察される。

❷ 専任の6割が家庭科以外の教科を担当

家庭科の教員の授業時間数の実態は，どうなっているのであろうか。621校における家庭科教員の1週間当たりの一人平均持ち時間は，専任15.3時間，常勤講師13.0時間，非常勤講師8.6時間であった。

ところが，専任家庭科教員573人が担当している教科等(LHR除く)をみると，図Ⅱ-2-7(p.58)に示す通り，「家庭科のみ」を担当しているのは42.9％に過ぎず，家庭科以外に「1教科」47.1％，「2教科」9.4％，「3教科」0.2％で，専任の6割が家庭科以外の教科を一人平均2.4時間担当していた。家庭科以外で担当して

図Ⅱ-2-7　家庭科以外の担当教科数（N＝573人）

図Ⅱ-2-8　専任がもっている家庭科以外の教科等（N＝573人）

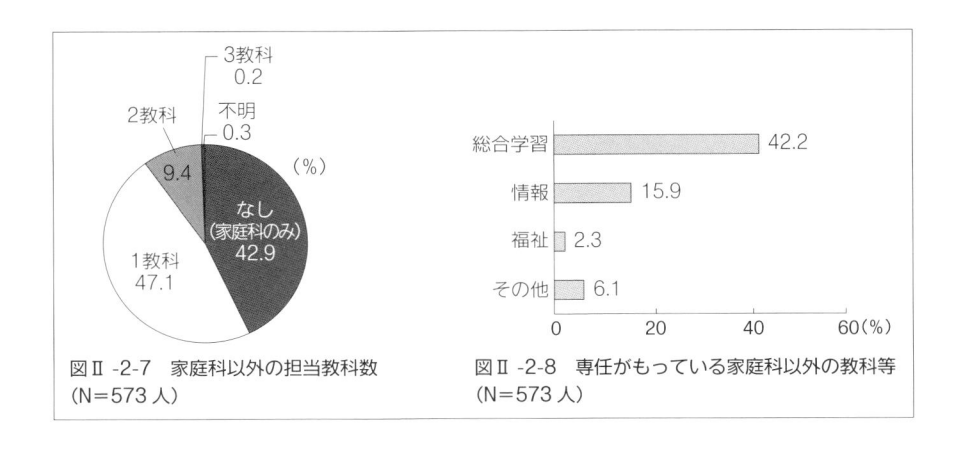

いる教科等は、図Ⅱ-2-8に示す通りである。「その他」では、東京で「奉仕」を担当している教員が多かった。

　621校の家庭科教員配置と担当授業からみえてくるのは、必修教科でありながら、約7割の学校で専任が一人以下で、しかも家庭科の単位数の授業だけでは専任一人配置が維持できず、専任の6割が他教科を担当しなければならないという、現在家庭科が置かれている厳しい現実であった。

❸　教育課程編成に家庭科教員の意見は反映されるのか

　家庭科教員に質問紙調査をした2009（平成21）年度は、2003（平成15）年度に「家庭基礎」2単位科目が登場して6年目に当たる。この時点で、全国21都道府県における621校の2009（平成21）年度普通科入学生の教育課程における家庭科必修科目の最低2単位履修率は55.8％であった。2013（平成25）年度から高校で新学習指導要領による教育課程が実施されるが、この数年間は、教科間の単位確保に向けたせめぎ合いになることが予想される。

　それでは、実際の教育課程編成に家庭科教員の意見は、どの程度反映されているのであろうか。教育課程編成に家庭科教員の意見が反映されるかをたずねた結果が表Ⅱ-2-1である。調査対象校が公立高校のみであることから、「編成メンバーであり、教科の意見も反映される」が49.9％で半数を占めた。しかしながら、家庭科主任が編成メンバーでない学校も2割あり、教科の意見が反映されにくい「意見反映無」も34.6％に上る。この教育課程に意見が反映されない215校の80.9％が、家庭科必修科目の履修単位数は2単位であった。つまり、意見が反映されないと感じている215校では、教育課程における家庭科の履修

表Ⅱ-2-1　教育課程編成における意見の反映（N＝621人）

	意見反映の状況	小計（％）	計（％）
意見反映有	編成メンバーであり，教科の意見も反映される	310（49.9）	377（60.7）
	編成メンバーではないが，教科の意見は反映される	67（10.8）	
意見反映無	編成メンバーであるが，教科の意見は反映されにくい	155（25.0）	215（34.6）
	編成メンバーではなく，教科の意見も反映されにくい	60（9.7）	
	その他，未記入		29（4.7）
	合　計		621（100.0）

単位の増加を要望していると推察できるが，現実にはそれが反映されていないのであろう。また，「その他」のなかには，「教育課程編成委員会そのものがない」という意見もあった。

今後専任教員が配置されなくなるようなことがあると，ますます教科の意見は反映されにくくなり，家庭科の履修単位の減少につながることが危惧される。

3. 家庭科単位減の実像

❶ 7割の家庭科教員が家庭科の単位減を経験

「家庭基礎」2単位科目が登場した2003（平成15）年以降，これまで4単位必修として構想されてきた家庭科が，履修単位の減少を余儀なくされてきたわけであるが，現実問題として，学校現場ではどのように家庭科教員は，対応してきたのであろうか。21都道府県621校の家庭科主任のうち，2003（平成15）年以降，家庭科必修科目が4単位履修から履修単位の減少（以下，「家庭科の単位減」と表記）を経験したのは，621人中427人で68.8％を占めた。約7割の家庭科教員が実際に家庭科の単位減を経験しており，具体的に授業時数の減少にどのように対応したのか，また家庭科の単位減が招いたものは何だったのか，検証が必要である。

❷ 家庭科の単位減で減少した学習は

家庭科の単位減を経験した427人の家庭科教員が，家庭科の授業時数減少のために授業で削減した分野（3つまで選択）を，図Ⅱ-2-9（p.60）に示している。最も削減した分野は，衣生活が61.4％と高く，次に住生活47.1％で，この二つの分野を集中して削減していることがわかる。

次に，家庭科の単位減による具体的な学習活動における授業への影響（当てはまるものすべて選択）としては，図Ⅱ-2-10の通り，「実習時間の減少」が81.5％と最も高く，体験学習を重んじる教科でありながら，家庭科の単位減により実習時間を削減して講義の授業時間を確保せざるを得ない様子がうかがえる。以下「調べ学習の減少」68.6％，「発表授業の減少」52.5％，「話し合いの減少」47.5％が続き，授業時数の減少で主体性を重んじる参加型の学習活動が削減されていることがわかる。

　2009（平成21）年改訂学習指導要領では，社会の変化に対応するため，家庭科の改善として，「体験活動の充実」「食育の充実」「伝統や文化に関する教育の充実」「環境・消費者に関する学習の充実」が明示されているが，複雑化・多様化する市民生活を背景にして求められる多くの新たな教育内容を取り入れることは不可能に近いといえるだろう。

❸　家庭科の単位減で困っていることは家庭科教員の孤独

　家庭科の単位減は，学校現場の家庭科教員にとって，どのような影響があったのであろうか。家庭科の単位減を経験した427人のうち，79.2％に当たる338人が，「家庭科が単位減になって困っている」と回答した。具体的に困っていることは，図Ⅱ-2-11の通りである。

　家庭科が単位減になって最も困っていることは，「専任が減らされた」38.6％，「教科のことで相談する人がいない」38.4％であった。家庭科が単位減になった

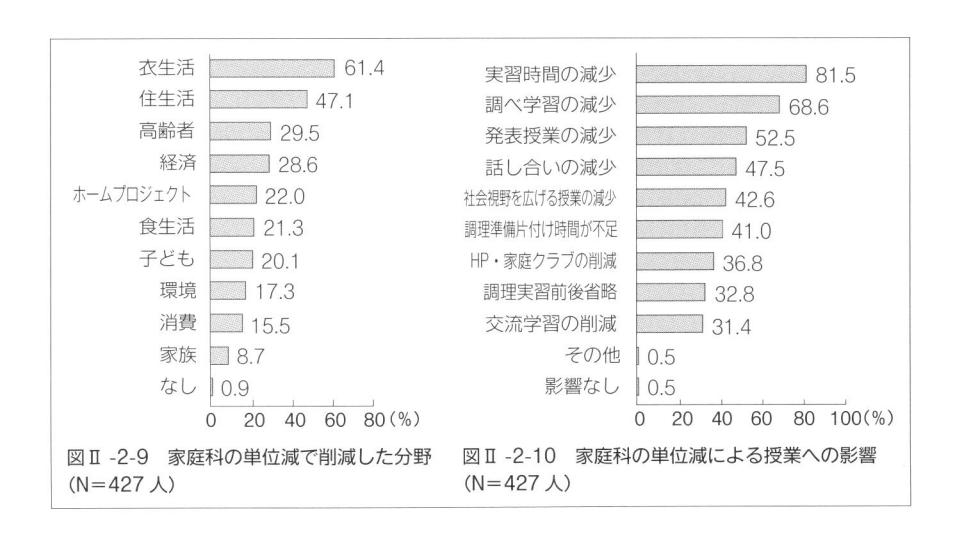

図Ⅱ-2-9　家庭科の単位減で削減した分野（N＝427人）

分野	％
衣生活	61.4
住生活	47.1
高齢者	29.5
経済	28.6
ホームプロジェクト	22.0
食生活	21.3
子ども	20.1
環境	17.3
消費	15.5
家族	8.7
なし	0.9

図Ⅱ-2-10　家庭科の単位減による授業への影響（N＝427人）

影響	％
実習時間の減少	81.5
調べ学習の減少	68.6
発表授業の減少	52.5
話し合いの減少	47.5
社会視野を広げる授業の減少	42.6
調理準備片付け時間が不足	41.0
HP・家庭クラブの削減	36.8
調理実習前後省略	32.8
交流学習の削減	31.4
その他	0.5
影響なし	0.5

ことによって学校で家庭科教員が一人になり、教科の相談ができる人がおらず、教科での孤独な状態が最も大きな悩みであることが推察される。

このことは、調査対象校621校のうち、約7割の学校で、家庭科の専任が一人以下であることからも、家庭科教員の孤独の実態が裏づけられている(p.57 図Ⅱ-2-6)。

❹ 家庭科の評価・重要度の低下を招いた単位減

家庭科の単位減を経験した427人に家庭科の履修単位が減少したことについて、プラスかマイナスかの総合判断を求めた結果、86％(367人)がマイナスと回答している(図Ⅱ-2-12)。この367人のマイナス理由の自由記述をみてみると、表Ⅱ-2-2の通り、最も多かった意見は、「学習内容の減少、教えたい内容が不十分」であった。以下、「実習や体験を取り入れた授業展開が困難」「表面的な授業、考えさせたり、生活を振り返る時間がない」が続き、これまで4単

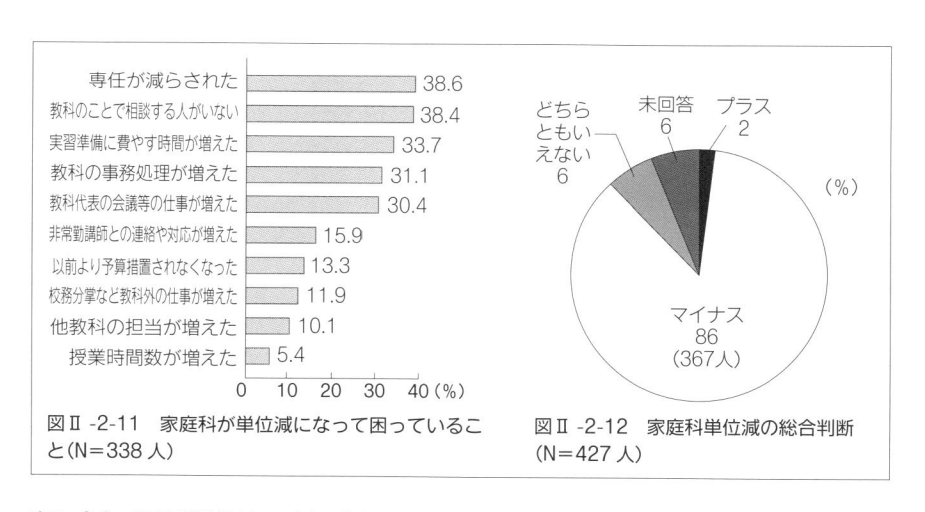

図Ⅱ-2-11 家庭科が単位減になって困っていること(N=338人)	図Ⅱ-2-12 家庭科単位減の総合判断(N=427人)
専任が減らされた 38.6	プラス 2
教科のことで相談する人がいない 38.4	未回答 6
実習準備に費やす時間が増えた 33.7	どちらともいえない 6
教科の事務処理が増えた 31.1	マイナス 86 (367人)
教科代表の会議等の仕事が増えた 30.4	
非常勤講師との連絡や対応が増えた 15.9	
以前より予算措置されなくなった 13.3	
校務分掌など教科外の仕事が増えた 11.9	
他教科の担当が増えた 10.1	
授業時間数が増えた 5.4	

表Ⅱ-2-2 家庭科単位減をマイナスととらえた理由(N=367人)

順位	理由	回答人数(人)
1位	学習内容の減少、教えたい内容が不十分	88
2位	実習や体験を取り入れた授業展開が困難	71
3位	表面的な授業、考えさせたり、生活を振り返る時間がない	70
4位	生徒の生活スキルの低下になる	63
5位	家庭科に対する評価・重要度の低下	28

位必修で実施していたことが，履修単位の減少によりできなくなった教員側のもどかしさがうかがわれる。次に多かったのは「生徒の生活スキルの低下になる」で，生徒の自立への不安を挙げている。その背景には，図Ⅱ-2-10(p.60)で家庭科の単位減による授業への影響として8割が挙げた実習時間の減少があると考えられる。さらに，「家庭科に対する評価・重要度の低下」が挙げられており，家庭科の単位減が，そのまま生徒や学校における家庭科の評価の低下につながることを指摘している。

　家庭科が4単位必修の時代は，2単位ずつ2学年にわたって授業が展開されていたが，2単位必修では1学年のみの履修となり，家庭科の印象や重要度が低くなることは当然考えられることであろう。家庭での教育力が低下し，子どもたちの生活習慣や自立が問題となっている現在，必修家庭科が1学年だけの履修で終わるのは，自立と共生を核にした家庭科からアプローチする市民性を養い，これからの社会の変化に対応する人材の育成に課題を残すことにもなる

図Ⅱ-2-13　家庭科必修科目の希望単位数（N=621人）

図Ⅱ-2-14　家庭科の単位減に関する取り組み（N=621人）

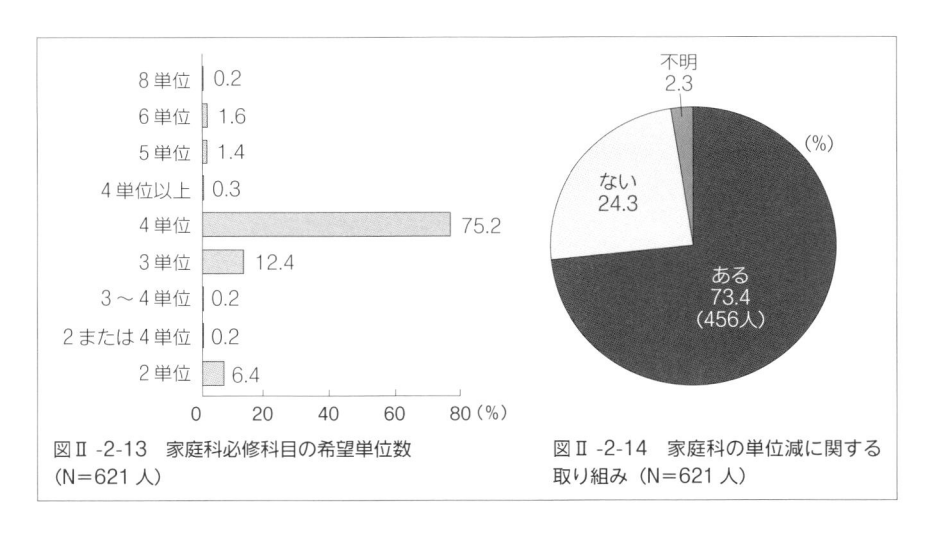

表Ⅱ-2-3　履修単位の減少に関する取り組み(N=456人)

場所	回答割合（%）	内容（自由記述）	回答人数（人）
都道府県の高校家庭科部会	78.1	情報交換，意見交換	151
地区等の家庭科教員の自主的研修会（勉強会）	43.6	家庭科授業に関する検討・報告	56
教職員組合の教科部会（家庭科）	14.3	アンケート調査，実態調査	33

と考えられる。

❺ 家庭科教員の8割が家庭科の4単位以上を希望

家庭科が単位減になり，学校現場では，家庭科教員がやむを得ず授業内容や学習活動を削減させて対応してきたわけであるが，家庭科教員は，家庭科の単位数としては，何単位が望ましいと考えているのであろうか。

621人の家庭科教員に家庭科必修科目の希望履修単位数をたずねた結果を，図Ⅱ-2-13に示している。4単位が75.2％で最も多く，5単位，6単位，8単位希望もあり，約8割の家庭科教員が4単位以上を希望していた。

❻ 家庭科の単位減に対する取り組みはあっても都道府県レベル

家庭科教員の多くが，家庭科の単位減をマイナスととらえ，4単位が望ましい単位数と考えていた。それでは，家庭科教員は，家庭科の単位増に向けて何か取り組みをしているのであろうか。

家庭科の単位減に関する取り組みについて，勤務校，地区，都道府県での有無を聞いたところ，「ある」と回答したのは，73.4％（456人）であった（図Ⅱ-2-14）。この「ある」と回答した456人の具体的な取り組みは，表Ⅱ-2-3の通りである。主な取り組みの場は各都道府県の高校家庭科部会で，その内容は「情報交換，意見交換」が中心であった。これらの内容から，家庭科の履修単位の増加への運動を起こすまでにはいたっていないこと，また，都道府県内の活動に留まり，全国レベルの活動にはいたっていないことがわかる。

家庭科教員の約8割が家庭科の4単位以上必修を望んでいることから，今後の学習指導要領の改訂に向けて，家庭科の履修単位の増加を含む全国規模での組織的な取り組みの必要性が示唆される。

（野中美津枝）

【注】
1)「16都道府県高等学校普通科教育課程調査」調査対象都道府県
　6地区（北海道・東北，関東，東海・北陸，近畿，中国・四国，九州）
　16都道府県（北海道・岩手・群馬・埼玉・千葉・東京・神奈川・石川・福井・愛知・大阪・鳥取・島根・愛媛・佐賀・鹿児島）
2)「21都道府県高等学校家庭科教員意識調査」調査対象都道府県
　6地区（北海道・東北，関東，東海・北陸，近畿，中国・四国，九州）
　21都道府県（北海道・青森・岩手・群馬・埼玉・千葉・東京・神奈川・石川・福井・長野・愛知・京都・大阪・岡山・鳥取・島根・愛媛・福岡・佐賀・鹿児島）

「21都道府県高等学校家庭科教員意識調査」にご回答いただいた621校の先生の性および年齢別割合は、以下の通り。
[性別　女性：97.6％，男性：1.4％，不明：1.0％]
[年齢(年代)別　20歳代：5.6％，30歳代：23.0％，40歳代：33.2％，50歳代以上：36.9％，不明：1.3％]

【記】
　本書の第Ⅱ部-2～4(p.49～92)は，日本家庭科教育学会の課題研究3-1グループで実施した以下の3つの調査結果を紹介したものです。
　　1　全国高等学校家庭科指導主事調査(2009年度実施)
　　2　16都道府県高等学校普通科教育課程調査(2009年度実施)
　　3　21都道府県高等学校家庭科教員意識調査(2009年度実施)
◉調査メンバー
　荒井紀子(代表)，鎌田浩子，亀井佑子，川邊淳子，川村めぐみ，齋藤美保子，新山みつ枝，鈴木真由子，長澤由喜子，中西雪夫，野中美津枝(副代表)，綿引伴子

　詳細については以下の論文をご参照ください。
◉「高等学校家庭科の単位数・教員配置にかかわる実態：全国高校家庭科指導主事調査を通して」日本家庭科教育学会誌．第54巻3号．p.185-194
◉「高等学校家庭科の履修単位をめぐる現状と課題：16都道府県の教育課程調査を通して」日本家庭科教育学会誌．第54巻3号．p.175-184
◉「高等学校家庭科の単位数をめぐる現状と課題：21都道府県の家庭科教員調査を通して」日本家庭科教育学会誌．第54巻4号．p.226-235

　調査にご協力いただいた全国の皆様に厚くお礼申し上げます。

📁 column

教員の定数はどのように決まっているのか？ ―教員定数のしくみ

　教職員の定数については，「公立高等学校の適正配置及び教職員の標準等に関する法律」によって決められている(以下「高校標準法」と表す)。

　高校標準法に基づく標準定数は，都道府県または市町村ごとに置くべき公立高等学校の教職員の総数を算定するもので，都道府県または市町村がこれを標準として，校長，副校長，教頭，主幹教諭，指導教諭および教諭等，教職員の定数を定めた条例である。各自治体では，この法律に基づいて教職員を配置している。

　教諭等(主幹教諭・指導教諭を含む)の定数は，生徒の収容定員に応じて，必要となる教科担任の教員数を考慮して，学校規模ごとに除すべき数を設定し，教員の配置ができるように総数を設定している。また，習熟度別指導・少人数指導を実施した場合，生徒指導担当(進路指導・教育相談担当)，専門学科に応じて教諭が加算されるように設定されている。

　「2003(平成15)年高等学校学習指導要領」では，普通教育に関する各教科・科目および標準単位数を定めているが，その数は，10教科59科目となっている。単純に各教科の教員を1名配置するならば，最低でも10名の教員が必要となり，各科目の専門性を尊重すると，多くの教諭の配置が必要になることが理解できる。法律は「公立高等学校の教職員の総数を算定する」もので，実際の教科バランスは，各学校に委ねられている。

◎**学校規模と家庭科教師の配置バランス**

　ここでは，学校規模と家庭科教師の配置について考えてみたい。図1[1)]はある自治体の例として，学校規模別科目数と教員の数を示したグラフである。教員定数のしくみで述べたように，各学校の教員定数は学校規模ごとに決められている。グラフの各教科の開設科目・教員数をみてみると，学級規模と比例していることがわかる。しかし，家庭科はどうだろう…学級規模が大きくなっても教員の数に変化がない。また，図2[2)]には教育課程調査におけるB県のデータを基に，学校規模と家庭科教員配置数の関係を表した。

　必修単位数と学級規模の関係では，一般的には「学校規模が大きくなると教員の配置数，開設科目が増え，生徒の学びの環境がよくなる」といわれている。しかし，家庭科に関しては学校規模の大きさと教員の数の関係は比例していない。小規模校では4単位科目の「家庭総合」，大規模校では2単位科目の「家庭基礎」を履修する傾向にあるため，規模の大きさは開設科目の豊富さ・学びの環境の豊かさにはつながっていない。規模が大きい学校では単位を少なく設定し，規模の小

さい学校では単位を多く設定しているため，結果的に「教員一人配置」に変化がない状況となっているといえるのではないだろうか。

家庭科に関しては，「学校規模」×「単位数」＝「教員の数」の原則で動いており，生徒の学びの環境が優先されているとはいいがたい状況といえる。

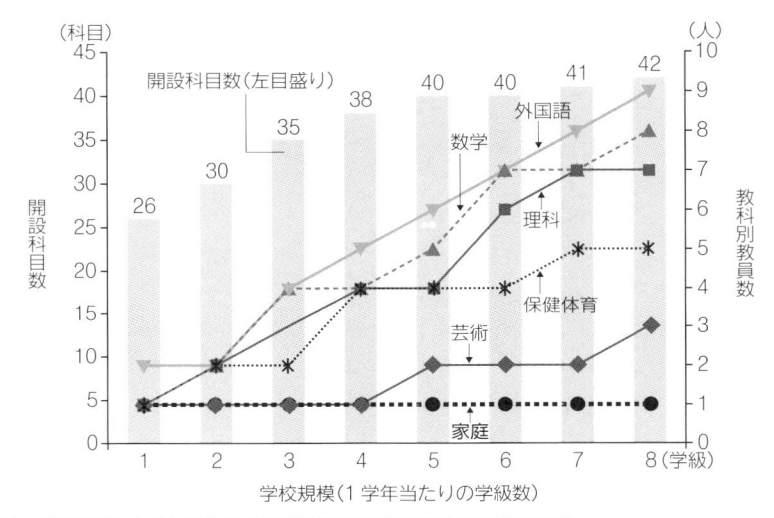

図1　学校規模（1学年当たりの学級数）別開設科目数と教科別教員数

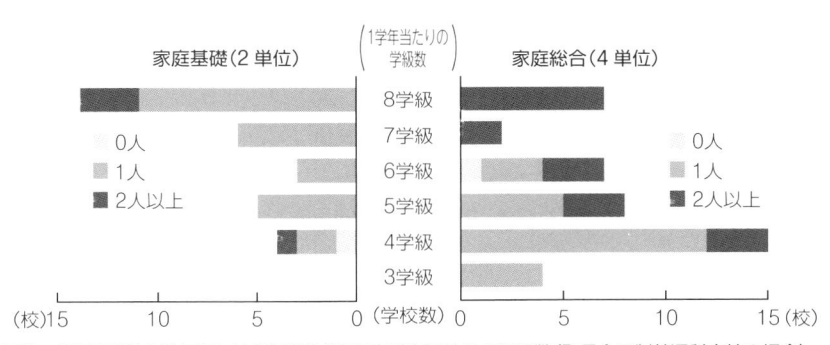

図2　学校規模（1学年当たりの学級数）別家庭科専任教員の配置数（B県全日制普通科高校の場合）

【引用文献等】
1) 辻村貴洋・大久保良次他(2006)小規模高校に関する基礎的研究―北海道での調査から―公教育システム研究, 6, 33-54
2) 16都道府県高等学校普通科教育課程調査(2009年度実施)

3. 教師は家庭科をどうとらえているか

　社会が急激に変動している今日，子どもたちにとって必要な教育が問い直され，学力観・学習観の転換が迫られている。家庭科教育は，この学力観の転換にどのようにアプローチしたらよいのだろうか。このことは，今後の家庭科のカリキュラムや教育内容の編成にとって重要な課題である。

　本章では，第Ⅱ部-2に引き続き，「21都道府県高等学校家庭科教員意識調査（2009年度実施）」(p.63)の結果をもとに，「教師はどのような学習を実施し，学習活動を重視しているのか」「どのような教科観や学力観をもっているのか」について述べる。

❶　実施率の高い「調理実習」と「被服製作」

　次の13項目の学習活動を挙げ，「授業で実施している学習活動」についてたずねた。

　　調理実習／被服実習／調理実験／被服実験／家族・生活経営演習／住居実習
　　消費生活・環境実習／保育実習・交流／高齢者福祉関連実習・交流
　　調べ学習／話し合い／ホームプロジェクト／学校家庭クラブ

　「調理実習」は96.6％，「被服実習」は83.3％の教師が実施しており，ほとんどの学校で学習されているといえる。これら以外の学習活動の実施率はいずれも2〜3割強であり，先の2項目とは大きな差がある。特に「学校家庭クラブ」(20.8％)，「話し合い」(21.9％)，「消費生活・環境実習」(26.9％)，「住居実習」(28.0％)，「被服実験」(29.6％)等を選ぶ人が少なかった(p.69図Ⅱ-3-1)。

　4単位履修校と2単位履修校を比較すると，「調理実習」では違いがみられないが，「被服実習」「調理実験」「被服実験」「住居実習」など「調理実習」を除く実験・実習関連の活動に違いがみられた。2単位履修校では，時間的制約のなかで実験・実習が削られる傾向があることがわかった。しかし，家族・生活経営，消費・環境，保育などの課題を扱う調べ学習は，履修単位による違いはみられず，実施状況はほぼ同様であった。これらは，もともと多くないので，こ

れ以上減らせないという判断なのかもしれない。

2009（平成21）年改訂学習指導要領では，これまでと同様，「知識と技術を実践的・体験的な学習を通して習得させること」[1]を重視しているが，それを実践するための授業時間が2単位では不十分ということであろう。

❷ 依然として根強い「調理実習」「被服実習」重視傾向

❶で挙げた13項目について，「重視している学習活動3項目」をたずねたところ，「調理実習」を約8割，「被服実習」を約5割の教師が重視している。これら以外はいずれも数％～10％台で，あまり選択されておらず，両者には重視度に大きな差がある。特に「被服実験」（4.2％），「住居実習」（5.8％），「学校家庭クラブ」（6.0％），「話し合い」（6.6％），「調理実験」（6.8％）を選ぶ人が少なかった（図Ⅱ-3-1）。

このように，実施している学習活動も重視している学習活動も，調理実習と被服実習を挙げる教師が他の活動に比べてたいへん多い。依然として，家庭科において調理実習と被服実習は大きな位置を占めているといえる。

❸ 単位増になったら，体験的・探求的学習活動を充実させたい

必修科目の希望単位数は第Ⅱ部-2で述べたとおり，約8割の教師は4単位以上，9割以上の教師は3単位以上を希望している（p.62図Ⅱ-2-13）。では，単位が増えたらどのような活動を実施することを希望しているのだろうか。

希望した単位数で追加したい学習活動をたずねたところ，「保育実習・交流」（35.8％），「調理実験」（29.0％），「高齢者福祉関連実習・交流」（28.5％），「調べ学習」（28.0％），「消費生活・環境実習」（23.7％），「被服実験」（21.6％），「住居実習」（21.4％）であった。❶で述べた実施率の高い調理実習や被服実習以外の体験的・探求的学習活動の充実を求めていることがうかがえる（図Ⅱ-3-2）。特に保育実習や高齢者・福祉の交流の学習の増加が予想される。逆にいえば，現在は単位数が少ないために，これらの学習が十分できていないと思っている教師が多いということだろう。

❹ 家庭科は「生活自立」と「共生」を核とした教科

第Ⅰ部-1では，生活主体の定義から生徒に身につけさせたい力として，「a.知識や技術を活用して生活を自立的に営む」，「b.平等な関係を築き協働して共に生きる」「c.生活に主体的にかかわり課題を解決する」，そしてこれらすべてとかかわり背後にある「d.生活を楽しみ味わい創る」を抽出した（p.11）。では実際に，家庭科教師たちは家庭科をどのような教科ととらえているのだろう

か。調査では，a～dの4つの力をもとに次の①～④の選択肢を設定し，重要と思う2項目をたずねた。
　①衣食住や家庭経済など，自分や家族の生活を自立的に営む力をつける(生活自立)
　②生活や環境の問題に気づき，改善や解決について考え，家庭や地域で取り

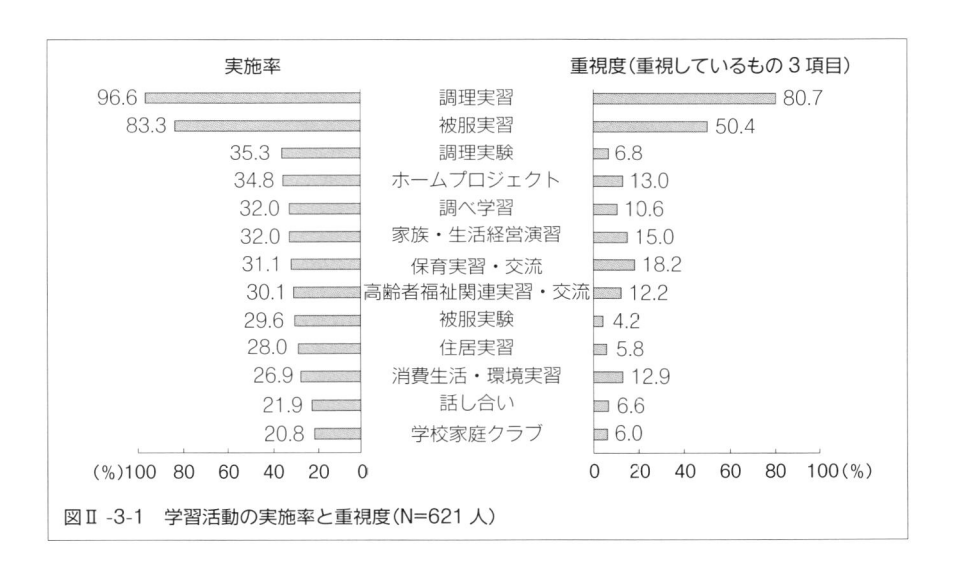

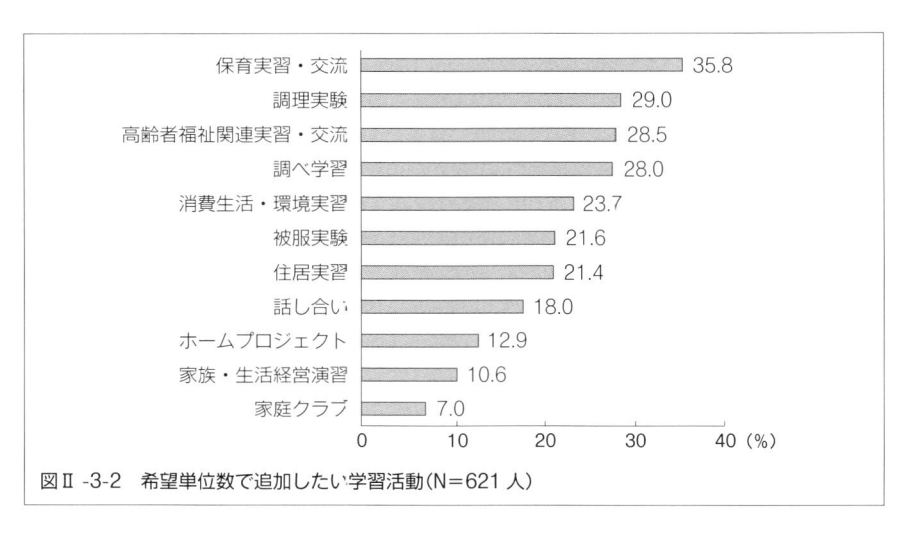

実施率 (%)	学習活動	重視度(重視しているもの3項目) (%)
96.6	調理実習	80.7
83.3	被服実習	50.4
35.3	調理実験	6.8
34.8	ホームプロジェクト	13.0
32.0	調べ学習	10.6
32.0	家族・生活経営演習	15.0
31.1	保育実習・交流	18.2
30.1	高齢者福祉関連実習・交流	12.2
29.6	被服実験	4.2
28.0	住居実習	5.8
26.9	消費生活・環境実習	12.9
21.9	話し合い	6.6
20.8	学校家庭クラブ	6.0

図Ⅱ-3-1　学習活動の実施率と重視度(N=621人)

学習活動	(%)
保育実習・交流	35.8
調理実験	29.0
高齢者福祉関連実習・交流	28.5
調べ学習	28.0
消費生活・環境実習	23.7
被服実験	21.6
住居実習	21.4
話し合い	18.0
ホームプロジェクト	12.9
家族・生活経営演習	10.6
家庭クラブ	7.0

図Ⅱ-3-2　希望単位数で追加したい学習活動(N=621人)

組む力をつける(市民性)

③子ども・高齢者等とのかかわりや男女の協力，福祉について理解し，共に生きる力をつける(共生)

④生活を味わい楽しむとともに生活文化を理解し，伝承・創造する力をつける(生活文化・創造)

調査の結果，「生活自立」(83.9％)が最も高く，次いで「共生」(53.0％)，「市民性」(32.0％)，「生活文化・創造」(21.9％)となっていた。教師たちは，家庭科は「生活自立」と「共生」を核とした教科ととらえていることがわかる(図Ⅱ-3-3)。

❺ 教師の学力観は「知識や技術」重視から変化の兆し!?

これまでの家庭科教育に求められてきた能力や，第Ⅰ部-1で述べたDeSeCoのキー・コンピテンシー(p.13)，本書で提示した生徒に身につけさせたい力，a・b・c・d(p.11)等を考慮し，家庭科の学力観として次の8項目を設定した。この8項目のうち重要なものから順位をつけて5項目選んでもらった。

> 生活の知識／生活の技術(スキル)／協働で仕事をする力／人とかかわる力
> 問題解決能力／社会的視野を広げ行動する力／思考力・判断力
> 表現力・創造力

最も重要ととらえられたのは「生活の知識」で，36.6％の人が1位として選択している。5位までの合計では，やはり「生活の知識」(81.3％)が最も多く，次いで「生活の技術」(80.2％)，「問題解決能力」(72.9％)，「人とかかわる力」(64.1％)，「思考力・判断力」(63.4％)，「社会的視野を広げ行動する力」(62.5％)

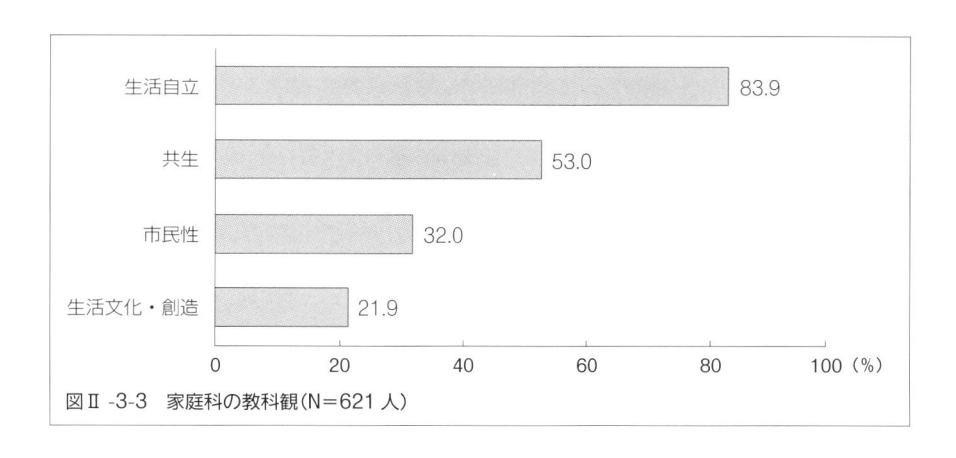

図Ⅱ-3-3　家庭科の教科観(N=621人)

項目	％
生活自立	83.9
共生	53.0
市民性	32.0
生活文化・創造	21.9

と続く。選んだ人が少なかったのは,「表現力・創造力」(19.3%),「協働で仕事をする力」(39.9%)であった(図Ⅱ-3-4)。

　生活の知識や生活の技術の獲得を重要ととらえると同時に,それらを用いて問題を解決する力,考える力,人とかかわる力も重視している。しかしながら実際には,❶で述べたようにこれらにかかわる学習はあまり実践されていないという実態である。その要因としては,授業時間数が少ないことが挙げられ,比較的時間をかけることの多い問題解決学習への取り組みを阻んでいると推察される。

　以上のように,4単位から2単位への家庭科の単位減による影響として,実践力を養うための実習時間が確保できず,さらに,改訂学習指導要領で重視されている思考・判断にかかわる学習や探求的な学習を削減せざるを得ない実態が明らかになった。
　また,調理実習や被服実習,生活知識や生活技術を重視する教師が多い一方で,共生や問題を解決する力や考える力を重視する教師も増加しつつある様子が推察された。
　家庭科の教科特性に基づいた学力の醸成を保証するために,必要かつ十分な

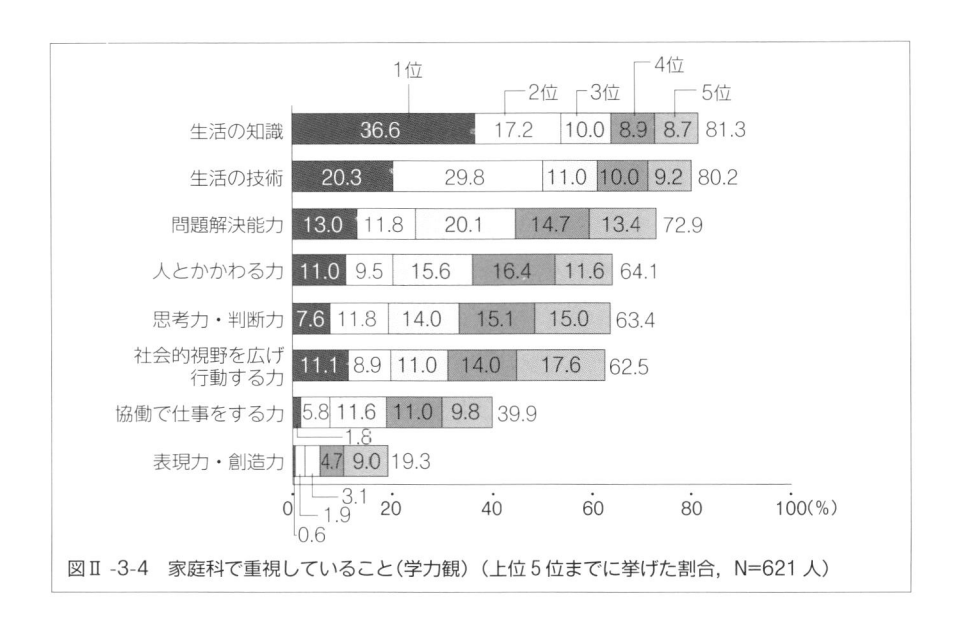

項目	1位	2位	3位	4位	5位	計
生活の知識	36.6	17.2	10.0	8.9	8.7	81.3
生活の技術	20.3	29.8	11.0	10.0	9.2	80.2
問題解決能力	13.0	11.8	20.1	14.7	13.4	72.9
人とかかわる力	11.0	9.5	15.6	16.4	11.6	64.1
思考力・判断力	7.6	11.8	14.0	15.1	15.0	63.4
社会的視野を広げ行動する力	11.1	8.9	11.0	14.0	17.6	62.5
協働で仕事をする力	5.8	11.6	11.0	9.8	1.8	39.9
表現力・創造力	0.6	1.9	3.1	4.7	9.0	19.3

図Ⅱ-3-4　家庭科で重視していること(学力観)(上位5位までに挙げた割合,N=621人)

学習時間は何としても確保したいものだ。また，今日必要とされる能力を育成するために，「どのような家庭科の授業が可能か」を検討していく必要があるだろう。この点については，**第Ⅲ部-1**を参照してほしい。

(綿引伴子)

【引用文献】
1)文部科学省(2010)高等学校学習指導要領解説家庭編．開隆堂．p.7

4. 家庭科教師のつぶやき

　全国の家庭科教師は，家庭科についてどのように考えているだろうか。前項に引き続き，2010年実施の「21都道府県高等学校家庭科教員意識調査」(p.63)のなかの教師の自由記述をもとに，全国教師の想いを紹介したい。

　本調査では，家庭科の単位減に関する現状と課題について，①単位減は家庭科にどのような影響を及ぼしたか，②単位減に今後どのように対応していくか，の２点を質問した。これらについて自由記述欄に記入してもらった内容には，各地の教師の「家庭科」への熱い想いが記されていた。これらの自由記述から，教師一人ひとりの貴重な考え，つぶやきを拾ってみたいと思う。

　記述は，以下の３つの柱でまとめていきたい。

1. 家庭科を教えるうえで今抱えている困難点
    - ●日々生徒と向き合うなかで，教師として直面している課題はどこにあるか。
2. 家庭科の授業づくりに必要なこと
    - ●家庭科を学ぶ意味をどのようにとらえ，授業づくりを行っているのか。
3. 家庭科の重要性のアピール
    - ●2013(平成25)年から始まる新教育課程に向けて，家庭科の重要性をどのようにアピールしていくとよいのか。

教科のイメージや家庭科を学習した生徒の変化などを踏まえたうえで，今後に向けての家庭科教師たちの様々な願いや挑戦などについてもまとめてみることにする。

> なお以下では，アンケートに書かれた自由記述の一部を，原則として原文のまま示している。文章末尾の[　]内は，回答していただいた先生の，年齢(年代)・勤務校が所在する都道府県名である。

1. 家庭科を教えるうえで今抱えている困難点

単位減となった家庭科にとって、学校全体や実際の学習指導において何が問題点として生じてきているのだろうか。

❶ 進学・受験が重視されるなかで、受験科目でない家庭科

法的あるいは制度的に4単位を必修にしない限りは、進学実績重視の流れの中では難しい。教員の個人的努力で周囲の理解はあっても4単位は今年までしか守れなかった。21世紀の日本を考える上で、家庭科を多くの生徒がしっかり学んでおくことは欠かせないと信じている。4単位必修を制度としてとりもどす時代が来て欲しい。[40歳代・埼玉]

県の指導主事や皆様が「PRを」と数年前からおっしゃいます。正直、上から「がんばれ！がんばれ！」と言われるとまだまだ頑張らないといけないのか、と苦しさを覚えますが、生徒の声を支えに何とか日々もちこたえようと努力しています。他教科の先生方も、家庭科の大切さや生徒のために必要なことはわかってくださっています。でも、他校がどんどん家庭基礎2単位になり、国社数理英の単位を増やせば、やはりうちの学校でもと思うのはしかたありません。問題は大学入試です。どうしてこんなにも生徒に無理をさせるのですか？　「ゆとり」といってみたり、やっぱりやめたり、学ぶ意欲は落ちていると思います。「楽しくてためになる」家庭科。「自立と共生」の「実践して自信をつける」家庭科…なぜ、たった4単位を認めていただけないのでしょう。それでも足りないくらいなのに、「人の一生を見通して」こんな教科は他にありません。世の中で問題になっていることは全て家庭科でやってきました。こんなに大切なのになぜ、軽視されるのか…まちがっています。国に制度を見直して欲しい。[40歳代・鹿児島]

以前は、家政系の大学で「家庭科」の受験科目がありました。今は、それがなくなり、全く受験に関係のない教科になり、多くの生徒にとって息抜き的存在になっています。いくら努力して授業内容に厚みをもたせたり、大切なんだといっても、長い目で見れば決して無駄にならないとわかっていても、結局は目先の受験科目に時間をさかれてしまうのは悲しいですよね。「家庭科」と言う名前を変え、もっと総括的・グローバル的な内容に抜本的に変えることしかないのではないですか。[50歳代以上・埼玉]

❷ 単位減は学校における家庭科への評価や軽視に直結する

単位減でも良いという判断により，家庭科の教員のやる気をそぎ，男女必修化の良い流れが閉ざされたように思います。考えさせる時間を若い高校生に与えられない点は教育という視点からも大いに損失だと思います。[30歳代・埼玉]

ますます他の教員から家庭科を軽視される。2時間の実習のたびに教務の教員に時間割変更をお願いしなくてはならない。[30歳代・島根]

持ち時間が減少することで常に他教科を持って校内の平均持ち時間を調整する動きがある。生徒へ伝えたいやらせたい内容が十分できない。各校の家庭科教員数が減少し，人事も動きがむずかしい。家庭科軽視の傾向が進む。[30歳代・長野]

家庭科は受験科目ではないという捉え方を生徒がしていて，減少するとますます軽視する傾向が見られる。生活体験の少ない日常生活において家庭科の役割は重要であるのに，それを浸透させるのには単位数が少なすぎる。[40歳代・埼玉]

専任教師が減らされ非常勤や兼任教師が多くなり，生徒への指導が徹底しない。（放課後の指導，遅進者指導ができない。）まあいいかという判断になり，生徒への教育効果がでない。教科としてますます生徒から軽く見られると思う。[50歳代以上・青森]

❸ 教師一人にかかる負担が増えている

多くの学校が家庭総合から家庭基礎になり，専任教師が2人から1人に減らされた。1人になると持ち時間の上限まで持ち，実習の準備，片付け等の負担が増大している。[40歳代・東京]

家庭科は学校行事等で施設を使用することが多く，専任1名が学校全体に関わる分掌をもっていると施設管理ができにくい。ひとりで考え，実施するのでとても大変である。[40歳代・福岡]

家庭科は実習を行う教科なので，持ち時間を1時間でも減らして欲しいです。授業時間内で終わらない準備や片付け，補習を全て行うと，他の仕事を引き受ける

余裕がなくなり，校務とのバランスがとりづらいところがあります。校務も授業もきちんとこなしたいと思いつつ，時間に追われる日々です。[40歳代・東京]

週に1〜2日，他校へ兼務している。本校の生徒指導などに影響がでる。落ち着いて仕事ができない。[30歳代・青森]

❹ 変わる生徒像

社会における家庭の教育力が衰退し，生活に関する常識的な知識(本年は小麦粉とパン粉の区別がつかない生徒が多くいた)も技術もない生徒が増えてきている。家庭，健康など身のまわりに関することに興味関心がなく，生きることを大切にする生徒が減少している。家庭科の軽視が続くと，日本という国の未来にとても不安を感じるこのごろです。[50歳代以上・愛知]

かつてに比べて生徒が家庭生活の中で自然と身につける生活に関する知識や技術は明らかに低下しているため，学校教育の中できちんと学ばせる必要性はこれまで以上に高くなっているのに，単位減では逆行していると思うから。[40歳代・福岡]

現在の社会状況や家族に関して，問題点が多くなっているのに，それと反対に生活に密着した学習内容を学ぶ時間が減少しているため。[50歳代以上・愛媛]

進学実績の向上ばかりの学習でやらされている生徒が多く，自分の生活から考えて発想する生徒が少なくなった。頭でっかちの生徒が増えたように思う。[40歳代・京都]

学力中心のシステムになり，生きる力を学び，自立するための学習が減らされた。子ども達は，もっと家庭科を学びたいと言っている。家庭で何も教えられていない生徒が多く，お湯も沸かせないのが現状です。これでは日本があぶない！[40歳代・北海道]

包丁やハサミの扱いができない生徒が普通にいる。りんごの皮むきができない，はさみで色紙を線にそってまっすぐ切れない。[50歳代以上・大阪]

❺ やりたいこともできなくなってきている授業

高校生の現状，めまぐるしく変化する社会情勢，人々の生活動向などと照らし合わせて考えると，高校生という発達段階において，家庭科教育が担う役割は益々重要性が高まっていると思うが，現在の生徒たちに必要な学習内容に見合う最低限の単位数も確保されていないと感じる。[30歳代・神奈川]

小中学校での学習程度や生活体験が少ない今の子どもたちはかつてより多くの時間を費やさないと，理解できなくなっている。包丁も針も持ったことがない子どもたち40人をまとめて1部屋1人での指導はもう限界。座学も少人数制にしないと理解度も相当低下している。これからの子どもを指導するので，より多くの授業時間が欲しいのに，カットされよりひどい現状になっている。[50歳代以上・千葉]

授業中のゆとりがなくなった気がします。以前のやり方が良かったとは思いませんが，単位減で題材の組み合わせや工夫により，見た目では効率的な授業かもしれませんが，裁縫をしながら生徒とおしゃべりをし，コミュニケーションが取れ，人間関係が深まり，授業以外のつながりが作れた以前に比べ，1年生でやっと生徒となれてきた頃に"おしまい"で淋しい気がします。[40歳代・石川]

教えたいことは山ほどあるのに時間が足りない。幅広い分野を「生活者」という視点でとらえ，他教科と他教科をつなぐ役割が家庭科にはあるのに，時間が足りず，「幅広い分野」に取り組めない。学校がどんどん進学校化，予備校化し，本当の意味での生きる力を育めない。[20歳代・愛知]

教科書を全般にやれるだけの時間がなくなった。単元の内容を深めるだけの時間的な余裕がなくなった。実験や実習を減らしたことで体験学習から学ぶ力も低下したと思う。例えば理科で沸騰を学んでも調理実習に生かされない等。[50歳代以上・愛知]

家庭科で高校生が学んでいる内容を減らさざるを得ないから。将来のために必要な内容を，考えたり，理解したり，身につけたり，実践したりできない。[50歳代以上・東京]

成績を出すことを考えるとテストに出せるくらいの知識を学ばせる必要がある。演習が減りテストのための授業になっていることがある。単年度では生徒との関わりも薄く，復習等で学習の定着が図れない。［40歳代・佐賀］

　大学などへの進学状況が，そのまま高校の評価となる傾向があるなかで，各学校の受験教科を重要視した教育課程編成においては，ほとんど受験に関係のない教科である家庭科の立場は厳しい現状にあり，進学校においては，さらにそれが顕著になっている傾向にある。
　家庭科教師は，単位減となったことが学校における家庭科への評価の低下と直結している，またそれが同時に，生徒たちの家庭科軽視にも拍車をかけているとも感じている。家庭科専任教員が一人のみだったり，専任教員以外の非常勤講師などが担当している場合も多く，限られた授業時間で，生徒一人ひとりへのきめ細やかな指導が難しい現状にあることも浮き彫りとなった。そして，単一年度の履修が増え，生徒とのかかわりも希薄になりがちで，それが家庭科教師のやる気をそぐという悪循環が生じているのではないか，ということが危惧される回答内容であった。
　専任教員が一人の場合，その学校における家庭科指導にかかわるすべての内容は，必然的にその専任教員がたった一人で受け持つことになる。特に，実習をはじめとした体験的な学習を主体とする家庭科では，授業のみならず，前後の準備や後片づけまで，多忙な日々のなかで行わなければならないことへの負担感が大きく生じている。また，学校行事などにおける家庭科室の管理も，家庭科教師への負担感を想像以上に増大させる要因となっている。
　しかしその一方で，たとえどんなに多忙であっても，教科指導とともに学校内の業務もきちんとこなしたいと考えている教師は多く，その点においても教員一人配置が弊害につながっている場合のあることが読み取れる。
　また，小・中学校での家庭科学習の理解度や習熟度，日常の生活経験などが異なる生徒一人ひとりの実態に即した，十分な学習指導ができない悩みも抱えている。
　生活にかかわる実践的な内容を学ぶべき家庭科でありながら，最近では，詰め込み型の学習になりつつあるのではないか，という懸念も出されていた。つまり，実践がともなわないのに，さらに頭でっかちな生徒を育んでいるのではないかというジレンマである。

生徒たちを取り巻く生活環境の大きな変化とともに，その基盤となる家庭環境の揺らぎが，生徒の生きる力の低下に拍車をかけていることを，多くの教師が認識し，不安な思いでみつめている。身の回りの簡単なことですら自分でできない生徒に直面しながら，家庭科の重要性を再認識しつつも，単位減によって，十分な時間をかけて体験的な活動を取り入れた学習指導をしたくてもできない現状との板挟みになっている。

　進学・受験重視の教育制度の影響，学校における位置づけと家庭科軽視の傾向，教師一人ひとりにかかる負担と教科指導における困難，変わる生徒像などが複雑にかかわり合いながら，負のスパイラルを生み出している現状が浮き彫りになってきた。

2. 家庭科の授業づくりに必要なこと─家庭科を学ぶ本当の意味

　単位減となり，限られた授業時数のなかで，家庭科という教科の本質や本来のよさをみつめ直そうとしている。そのために，教育内容の精選や授業方法の様々な工夫に挑戦しているが，それに立ちはだかる壁の存在も大きい。

❶ 教科の本質に迫る教育内容の検討─何を教え学ばせるのか

> 単位数を増やせば，現在の問題が全て解決するわけでもないと思います。「家庭科自身の存在する理由」が明確でないからではないでしょうか。[50歳代以上・東京]

> 理科や社会など他教科で学習してきた知識と自分の生活とを関連づけて考察させ，横断的に生活改善につなげさせる応用力とさせる家庭科の時間の重要性（教育的重要性）があまりにも軽んじられていて，生徒の生活力，生きる力が減少している。[30歳代・大阪]

> 学際的観点をもつ教科として，学問の探究心を向上させる契機を多く提供できることを，もっとアピールすべき。また，生活全体が消費経済化している状況下でのリスク管理のあり方を学習する場として位置づける必要もあるのでは。[50歳代以上・福岡]

教科内容を限定し，自分たちで充実させる工夫が求められている。しかし，社会問題(生活リズムの乱れ，虐待，食育，健康，etc.)は家庭科の学習単位を増やすことでずいぶんと解決させられる自信がある。再び学歴社会へと戻っていくそのひずみを家庭科を見直す風にできないかと思う。[40歳代・福岡]

家庭科の授業は常に「自分は」「家族は」という問いかけをし，少しでも改善しようという気持ちを持たせることのできる唯一の教科だと思います。知識や技術はもちろんのこと，それらを生きる力である智恵にまで高めるためには時間がかかります。単位減によってその大切な部分の時間が取れなくなりました。[40歳代・愛知]

地方では遅れてきた進学熱から受験科目以外を軽視する動きが進んだが，結局地方は活性化せず，若者を都市に集中させるだけのことで終わっているような気がする。高校時代に点数だけでなく，「どう生きるか」を考えるチャンスが奪われたと思う。[40歳代・長野]

❷ 十分に取り入れられない実践的・体験的な学習活動

実習，作業の時間を入れることが難しく，体験的学習ができない。家庭基礎２単位では薄っぺらい知識の習得をさせるのに精一杯であった。経験のある先生が内容の精選をするのも難しいと思うが，若い先生が家庭基礎しか教えていないと家庭科の教員としての力が付かないのではないかと思う。[50歳代以上・北海道]

調理，被服などの実習にかけられる時間が減り，生徒に基礎的な技術の定着が徹底できない。生徒は手を使ってモノを作ることが好きで楽しみにしているのに，その気持ちにこたえられない。[30歳代・福井]

家庭科はコミュニケーション能力・プレゼンテーション能力を高め，課題解決に向けて動ける人間を育む教科である。新しい社会を形成する生きる力を身につけた人材育成の観点からも，充実した単位数を望みます。[40歳代・北海道]

日本社会の荒廃(例：虐待する人々の増加，家庭崩壊等々)，人間の心が育っていない。乳幼児・高齢者等と接することで，人の痛みがわかっていくのではないか

と思います。例えば，インスタントシニア体験をした生徒は，高齢者の手の不自由さだけからでも，買い物の時小銭が出しにくくしている方に理解を示すことができ"早くしたらいいのに"等は思わなくなった。祖父母にもやさしく接していける等。［50歳代以上・岡山］

家庭教育力が低下したり，生徒の生活体験が減少している状況下で，生活を自立的に営む力，課題解決能力の育成を重視すると，学習したことを異なるアプローチで繰り返し学習し，定着させることが必要だと考えるが，繰り返し学習するゆとりがなくなった。［50歳代以上・神奈川］

❸ 魅力的な授業に欠かせない教師の力

家庭科の単位減については，これからの社会や家庭を担う子どもたちのことを考えると憂うべき問題である。しかしその前に，家庭科教員がどのような授業をし，生徒や保護者そして同じ職場の教員にいかに評価されているのか，自省すべきと考える。単位減を嘆くより，まずひとりでも多くの教員がしっかりした教育理念と実践をもって家庭科教育と向き合うことが大切だと，私は常日頃から思っている。［50歳代以上・京都］

やる気のない教員は淘汰されるべきと思うし，家庭科より必要な科目があるから減らされている面もある。家庭科教員自身がもっと「家庭科は重要な科目だ」と思われるような授業や仕事をするべきと思う。［30歳代・青森］

家庭科の行っている教科内容への認識が従前の衣食中心のままとしか思っていない教員が多い。実際，幅広い内容を教えているという取り組みの認識をもってもらえるように，担当者もあらゆる領域を生徒に理解させられるための実力をつけていくことも一つと思います。［30歳代・福岡］

❹ 効果的な授業実践への挑戦

単位減になろうと，家庭科に必修科目であり，進学校であっても生徒の家庭科への学習意欲は高い。生徒の知的好奇心をかきたてる授業のあり方，指導方法を検討することが必要である。［40歳代・島根］

全日制普通科の進学を目指す学校に勤務するものにとって，男子生徒の興味関心を高める学習方法の開発が不可欠と思われます。[50歳代以上・東京]

単位減というより，何もできない，また興味を示さない生徒に対して少人数できめ細かく指導すれば，生徒も「できる」「わかる」で楽しくなり興味を示すでしょう。現実には，いかに授業を工夫して，考えさせる，手先を使わせるかと常に模索中です。[50歳代以上・福井]

生徒自身が興味関心をもって取り組む授業の工夫が大切。ただ，授業時間は限界があるので，家庭や地域に発展させる題材を工夫し，ホームプロジェクトや家庭クラブ活動を活発化する必要がある。[50歳代以上・島根]

分野の枠を超えて指導をしていく方法を考える。保育実習などの実習を特別活動の中で行っていく，など。[30歳代・岩手]

ベテラン又は経験のある教師に援助してもらう。専任の教師のみでは，相談できない場合が多いので。[50歳代以上・北海道]

学校の経営方針や生徒の質等によって，単位が減になるかどうかが決まるように思う。大規模校では，家庭科の教員の大変さはなかなか理解してもらえないが，小規模校では，誰がどのような実践をやっているかが目に入るので，協力を得やすい。家庭科の持つ特性は，特別支援教育にも活かされる可能性がある。従来の教材開発に加え，特別支援教育の視点を持った授業作りの提案はできないか。[50歳代以上・北海道]

今は単位減の中で，どのように工夫して授業を考えるかということに力をそそいでいる。今まで4単位に甘えていた部分はあり，素直に反省しながら効率のよい，生徒にとってよりよい方法を考えている。2単位になったものを4単位に戻せるのか，全体的な方針が変わらなければ難しいのではないかと思います。[30歳代・島根]

家庭科の意味や意義，魅力を授業という形にして，生徒に直接教え・伝える

教師が果たす役割は，きわめて大きい。一教師として，家庭科教師として，どのように教科と向き合うのか，あらためて原点に立ったとき，不易と流行のなかでみえてくるものがある。

まず，単位減になったからできないことがたくさんあると思う前に，その2単位の家庭科の授業において，生徒に必ず学ばせたいこと，学ばせなくてはならないことは何か，教師自らが洗い出し精選していくことが不可欠である。またさらにその前に，家庭科を学ぶ意義を，理論的な裏づけのうえで明らかにしていくことも重要である。

教師が家庭科を学ぶ意味をしっかりと認識したうえで，目の前の生徒たちにどのような力を，どのような方法で育んでいけばよいのかを考え，さらに，他教科とのつながりやかかわりも整理したうえで検討していくことが必要である。家庭科の学習内容は，2単位でも生徒たちに伝わり，身についているのか，あるいは2単位では難しいのかなどをじっくりと検証し，成果と課題を校内外へ発信していくことが求められる。

また記述には，家庭科の教科内容の視点として，「生活者」という言葉が多く用いられていた。生徒が生活者の視点で，一人の人間としていかに生きていくのか，常に問いかけをしながら生活のなかで起こることを自らの問題としてとらえ，生活実践力に変えていくためには，現在の単位数では足りないという声が，圧倒的に多く聞かれた。

今後，教師としてまず何に取り組むのか，という点においては，学習意欲を喚起するために，授業改善から取りかかるという回答が一番多かった。

授業改善のためには，優れた教材開発，多様かつ効果的な指導方法の実施が不可欠である。家庭科特有のホームプロジェクトや学校家庭クラブに取り組むように配慮したり，教員一人配置の不利益な点を克服するために，経験豊かなベテランの教師のアドバイスを受けたりできるしくみづくりも一案である。また，チーム・ティーチングを取り入れたり，実習助手の配置などを検討し，周囲に働きかけていく必要性も出てくることだろう。

単位減というこの状況に疲弊するのではなく，一人ひとりの教師が教育理念と実践をもって家庭科教育と向き合うことが何よりも大切だといえるだろう。家庭科の学習を通してどのような生徒を育てていきたいのか，家庭科の授業にしかできないことは何か，この現実をどのように受け止め，立ち向かっていくのか，今こそ，家庭科教師の真の教師力が問われているのかもしれない。

3. 家庭科の重要性のアピール

❶ 家庭科のイメージを変えるには

今後，家庭科の重要性がより広く認識され，家庭科がパワーアップするために避けて通れないのが，生徒がそして教師がどのような家庭科のイメージをもっているかを知ることである。

①「家庭科を学びたい」生徒たち

> 生徒さんから2年次でも家庭科を学びたかったと言われている。生活する能力が年々減少してきていると思われるので，生きる力を身につけさせるためにも健康管理能力のためにも4単位は必要。[50歳代以上・石川]

> 男子進学校でも生徒は育児についても，被服実習もやりたいと強く思っている。授業のやり方でどうにでも生徒は食いついてくる。今年は国立大教育・家政学部受験者もおり，小論文指導をしていても，しっかり教えておきたかったという思いが強い。[50歳代以上・群馬]

②「自立する」「生きる力」を身につける家庭科の内容

> 教科の内容が昔の料理，裁縫だけのイメージで生活について学ぶという視点に変われていない。(自他ともに)。かといって一つのことを専門的に取り上げると他の教科とかぶる。生活者という視点を大切にしていく，日常でも生活をすることに重きを置く人を大事にすること…という世の中にならないと…と思います。[50歳代以上・長野]

> 具体的に必要性を訴えていくしかないと思います。また，男性の意識を変えていくことも大切だと思っています。共修になってからの男性の方が家庭科についての必要性を認めているので。[50歳代以上・埼玉]

> 生徒の能力にあった項目を選択して，授業にのぞみたい。特に，実習ばかりではなく，グローバルな世界に生きていける，生きる力を育てるために消費者教育(お金教育)を充実させたい。[50歳代以上・東京]

> 進路実現のために単位減と言う人もいるが，生きていく上でかかせない内容であるにもかかわらず，それを理解していない教員もいる。保育や福祉・調理など，

将来専門職につく生徒がいることや官公庁に入り，子育て支援を考える立場の生徒もいることから，必要な教科であることを唱えつつ，それを理解してもらえるよう，家庭科教員の努力も必要である。[30歳代・北海道]

③「大学入試」の「入試科目」ではない家庭科・「将来専門職につく生徒」
今の世の中をみても，あるいはこれから生徒たちが作っていく社会においても，自分が考え行動することがいかに大切か。その時により広い視野に立ち，周りの人やモノと共にいきるという立場で物事を決め，行動してほしい。家庭科でしかできない事がたくさんある。生徒は必要だといってくれている。「生きることに欠かせない」といってくれる。よい意味でもリフレッシュにもなり，学ぶ意欲も増すと思われる。生徒たちは疲れている。生きていく未来に希望を見出せない者もいる。明るい未来をつくっていくためにも，自立し共に支えあう生き方を実践することは必要。大学入試を変えてでも，今の進学校の無理を正して欲しい。なぜ，芸・体・家が肩身の狭い思いをするのか。今の日本の進学校のあり方は疑問。これ以上，数学や理科の時間を増やしたからといって学力が高くなるとは思えない。[40歳代・鹿児島]

受験には必要のない教科であると，生徒も他教科の教員も考えている。思考の根底に根強くある考え方を変えない限りムリでしょう。[50歳代以上・長野]

受験科目重視ではなく，今の時代だからこそ「生きる力」が生徒には必要で，家庭科の学校での存在意義は本来は大きいと考えます。[30歳代・長野]

生きていく上で何が大切なのかを再度認めてほしい。学力ばかり重視しても1人の人間として未完成・未成熟な人間がふえてしまう。生活する力がない人間が親となり，子育てをすると，さらに生活力のない子どもが育ち悪循環。どこかでこれを断ち切ることが必要。[30歳代・岩手]

　家庭科で学習する内容は，人の将来の生活と深くかかわっている。少子化問題，食の安全，環境問題，振り込め詐欺など，生きていくうえで欠かせないものばかりである。このような時代だからこそ，家庭科の重要性が増してきているともいえる。また，家庭科の教師は，誰よりもその家庭科の重要性を認識している。

その一方で，家庭科についての一般的なイメージは，いまだ従来の調理，裁縫のままであり，生活について学ぶ，生徒の生きる力を育てる教科であるという視点に変化しているとはいいがたい。学校内においても，家庭科の必要性を理解していない他の教師や管理職もいる。
　しかし，未来に希望を見出せない生徒たちもいるなか，明るい未来をつくっていくためにも，自立し共に支え合う生き方を実践する力をつけることは重要である。また将来，保育・福祉や調理などの専門職に就く者，官公庁に入り子育て支援を考える立場となる者など，さまざまな進路を生徒が歩んだうえでの，キャリア形成の視点も忘れてはならない。自立や共生といった生き方を学び，将来につながる生きる力をつけていくことこそが，まさに家庭科のパワーアップの真髄ともいえる。一歩一歩の確かな歩みを積み重ねていくことで，従前からの教科イメージが確実に変化していくと思われる。
　教師の教科へのイメージは，授業に反映されるのはもちろんのこと，授業で学ぶ生徒たちの受け取り方，また，さらには保護者などのイメージにも，大きな影響を与えるものである。家庭科教師が，教科についてのしっかりとしたイメージをもち，授業実践を重ねていくことが，生徒のみならず，まわりの教師や管理職，保護者などのより適切な家庭科の教科イメージにつながっていくのではないだろうか。

❷　様々なアピール方法を考える
①家庭科の授業のよさを積極的にアピールしよう

　京都は，男女共修実現のために，先輩諸先生方が地道な研究活動と共に府教委への要望を粘り強く続けて下さった経過があります。今では，家庭科の教科内容も理解され，家庭科教育を受けた先生も増える中で当時のような嵐にも似た反対の風が吹くことはありませんが，若い先生方の方で，意欲的にカリキュラムの見直しに取り組む姿勢が欠けているようです。具体的な対策としては，"よりよい授業づくり"への研鑽と，その成果を校内の授業公開などでアピールするなどでしょうか。[50歳代以上・京都]

　単位増が望ましいが，現状では難しい。選択科目は生徒の人気も高いので，内容の充実を行い，教科のアピールにつなげたい。学んだ生徒の感想が将来単位増の際の後押しになるようにしたい。[40歳代・佐賀]

他教科とのバランスなど学校によって事情が違うので，その中で最大限のことはしたい。必修の単位数増は無理でも，コースや科に応じた選択科目をなるべく多くとれるとよいなと思う。[40歳代・愛媛]

総合学習の一部に必ず家庭科を組み込み，施設訪問等を学校全体で取り組む。現代の家庭教育の問題の解決には，家庭科教育の果たす役割が大きいことを世の中全体が認識するように訴えかける。[40歳代・愛知]

家庭科教育の必要性を理解してもらうために，各教員が授業を充実させ，効果的な学習指導や教材を取り入れ，他教科等にアピールすること。[30歳代・鹿児島]

家庭科の学習を校内でアピールする。学習成果を展示発表したり，おたよりで知らせる。また，保護者にも伝える。家庭科教員が結束して家庭科の必要性をアピールする。[50歳代以上・東京]

家庭科で学習する内容が人の将来の生活と深く関わっていることを，生徒，保護者ともに理解してもらえるように日々努力していくべきだと思う。また，学校内で他教科への働きかけや理解を求めることが大切である。[50歳代以上・愛媛]

生徒がつくった作品や発表用に作った調べ学習の模造紙等を，他の先生方の目につく場所(廊下など)に掲示している。まずは，家庭科でどんなことをしているか知ってもらうことが大切だと思う。[20歳代・大阪]

文科省への働きかけが各部所から必要な気がしていますが，まずは，家庭科教育の重要性を整理し，理論的な裏付けの中で広く認めてもらうことが重要だと思います。[50歳代以上・福岡]

②家庭科教師の仕事をアピールしよう

家庭科教員が教科だけではなく，分掌(担任，その他)においても力を発揮し学校で認められれば，一人ではなく複数配置も考えてもらえるのではないか。同時に授業をしっかりやり，それが学校全体にも良い効果を上げることも必要である。[40歳代・福岡]

過去，組合でまとめられた，全道の家庭科持ち教科と持ち時数の一覧（任意報告をまとめたもの）は参考になりました。学校全体に家庭科の実践がわかるよう，廊下掲示板を利用し，生徒の取り組みを報告し，学校・家庭・地域に理解を求めることを地道に続けていくつもりです。［40歳代・北海道］

家庭科教員がもっと，単位減に対して危機感をもち，家庭科教育の実践をアピールしていかないといけないのではないか。単位減をただ口にしていても改善にはつながらない。［40歳代・鳥取］

現状でも時間が足りないということを理解してもらい，何をしているのかを全体に知らせる。時間外についてもどれだけ何に時間をかけておこなっているのかを公表することにより，単位減はありえないという理解を深めていくしかないと思う。［40歳代・埼玉］

家庭科教員が声をあげることは第一ですが，指導主事等も行政面の働きをしてほしい。その他，生徒の生活経験の乏しさから実習時間を確保したいのですが，1人で40人の生徒に実習し，満足のいくものにするには本当に大変です。ＴＴや実習教員の配置を切望します。実習中手を切っても保健室に連絡できず（生徒の手当てのお願いのためTELを入れる時間も確保できない），生徒に1人行かせるような状態です。［50歳以上・岡山］

③「家庭クラブ活動」や「家庭科担当者の情報交換の場」の仲間とともにアピールしよう

必要性をＰＲすることが大切。家庭クラブ活動やＨＰなどの実践力を養う取り組みについて他教科の教員に理解してもらう。［40歳代・愛媛］

県との意見交換の場がやはり必要です。家庭科教員が一校に一人という学校が多く，なかなか意見を言える機会がないため，地区や全県での取り組みが大切だと思います。［30歳代・長野］

小中高の家庭科担当者の情報交換の場を設定する。その中で，高校での増単の動きを出して全体で動いていく。一人の教員しかいない学校と他校の教員が協力しあえるよう，家庭科独自のホームページを設けて，指導上の悩みや疑問を共有し，

解決できるようにする。個々の教員が保護者及び同僚に向けて家庭科の学習について発信し，家庭科教育の大切さをＰＲしていく。[40歳代・岩手]

①新教育課程検討では進学校のみならず，学力向上が叫ばれ，家庭科単位減が出されている。②生徒の実態（なぜ，学力がつかないか！）より人事考課，新学習指導要領家庭の重点から「男女共同参画社会の推進」がはずれたことなどから，家庭科教師が意見を出しにくくなっている。（①②が問題点）　③家庭科教育の「男女共同参画社会の推進」の重要性をあらゆる機関にはたらきかける家庭科教師自身および，家庭科教育にかかわる団体がその役割をもつ。④生活・人間重視の視点から家庭科教育の研究を交流し，実践をアピールし，男女共同参画や，生活重視のためにはじっくり学ぶ時間確保の重要性を訴えていく。（個人，団体で）[50歳代以上・東京]

④「管理職」や「校長会」や「経済界」にアピールしよう

家庭科だけでなく，高校の教育全体の中で，これから社会に出てゆく高校生に何を教えるべきか見直す必要がある。結局経済界に対しては「モノづくり日本の基礎は家庭科でつくられる」とか，政界には「困難な時代を生き抜く学力を身につけるには家庭科から」とかアピールしてゆくこと，等しか思い浮かびませんが…。[40歳代・長野]

少子化問題，食育，食の安全，環境問題，振り込め詐欺など家庭科で教える内容は多岐にわたっている。また，自立するために必要な調理・裁縫・掃除なども家庭生活で教わらなくなってきている。生徒の生きる力を育てるために家庭科は必要だと言うことを，常に他の教科，管理職に伝えていくことが大切である。[40歳代・埼玉]

正しい情報を選び，健康や環境に配慮しながら，自分のまわりの人たちと共に生活を築いていけるような家庭科の教科内容を実施したいと考えてはいますが，そういう家庭科の意義を校長会が理解し，増単を実現できたらと思います。[50歳代以上・福岡]

⑤「マスコミ」の活用や「陳情」などの社会的アピールも必要なのでは

単位の設定には，生徒・保護者のニーズも反映されるので，社会全体が家庭科の学習内容について正しく理解（料理や縫い物中心でない）し，その重要性を認識し

てもらうことが重要。だから我々は，時代に即した授業を工夫し，それを積極的にアピールすることもしなければいけないと思っています。[40歳代・埼玉]

早くから2単位の学校が多いので，これ以上は減らない，むしろ選択制になったらどうしようと思うことがあります。大学受験科目であれば強いのでしょうが，いくら小論文に関係するといってもほとんど聞いてもらえません。今の授業を大切にし，生徒にとって"良かった"と思える時間にしたいと考えています。マスコミが"家庭科は大切です"と取り上げてくれると良いのですが…。[40歳代・石川]

社会的にあまり知られていないので，アピールも大切。特に，食生活の自立や，消費者問題など。[40歳代・東京]

単位減になっても，その存在感を示していかなければいけないと思う。生徒のいきいきした姿や活動を知ってもらうことや，もの言う教員になることも大事。担任へ生徒の様子をマメに知らせて，情報発信を怠らない。[50歳代以上・福井]

文科省への陳情，メールや文書等を通してお願いする。美しい日本の文化，命の再生にかかわる大切な教科であることを訴えるとともに，教育効果を目に見える形で残せないものだろうか。[50歳代以上・愛媛]

　これからの家庭科は，単位減により，さらによりよい授業づくりが求められていくだろう。それは，教科としての重要性を示す指標にもつながり，そこに派生する様々な問題をはらんでいることが明らかとなってきた。❶でまとめた教科イメージの変革は，家庭科のアピールとともに進めていかなくてはならない教師一人ひとりの課題であるといえる。
　選択科目は生徒の人気も高いので，内容の充実を行い，教科のアピールにつなげたい。そして学んだ生徒の感想が，将来の単位増に結びつく後押しになるようにしていきたい。たとえば男子進学校であっても，生徒は育児や被服実習についても学びたいと強く思っている。授業の展開次第で，生徒の興味関心の喚起に結びつけることが可能である。たとえば，学校全体に家庭科の実践がわかるよう，廊下掲示板を利用して生徒の取り組みを報告し，学校・家庭・地域に理解を求め続けていく地道な積み重ねも大切である(p.150)。なぜ今家庭科を

学ぶ時間数を増やす必要があるのか，実際の授業実践を公開し，家庭科を学習した生徒の様子をみてもらうこと等，教師自らが，主体的かつ積極的に，様々な方面にアピールしていくことが必要である。そのためには，地域とつながる授業づくりが礎となることであろう。

「21都道府県高等学校家庭科教員意識調査」の自由記述から，家庭科教師のさまざまなつぶやきが聞こえてきた。そして現在の家庭科が抱える問題点がみえてきた。それと同時に，そのような状況にあっても，一人ひとりの教師が魅力的な家庭科の授業づくりのために，生徒と向き合い，生徒たちの明るい未来をつくり，自立し共に支え合う力を培う家庭科の授業実践を，一生懸命つくり上げている姿もうかがえた。

全国の家庭科教師一人ひとりの心のなかの叫びや思いであるつぶやきを，一つの大きなうねりに変えて，新たな動きを起こす風を吹かせてみよう。このような時代だからこそ，家庭科に求められるものは増してきている。一人ひとりの家庭科教師の声や力は小さくとも，まず今できることから始めてみよう。さらに，必要となればその声や力を一つに集めて，みんなでスクラムを組んで，立ち向かっていこう(第Ⅲ部参照)。一人では無理だと思われた困難点も，みんなで知恵を出し合い立ち向かっていけば，必ずや解決策がみえ，前へと動き出していくことを確信している。

最後になりましたが，ご多忙のなか，本調査にご協力いただきました全国の高等学校家庭科の先生方に心からお礼申し上げます。

(鎌田浩子・川邊淳子)

家庭科の変わるイメージと重要性をアピールしよう

家庭科のイメージを変えよう
- 「家庭科を学びたい」生徒たちに注目
- 「自立する力」「生きる力」を身につける家庭科の特徴を知らせる
- 家庭科の学習をいかして,将来専門職につく生徒がいることを知らせる

様々なアピール方法を考えよう
- 家庭科授業のよさを積極的にアピール
- 家庭科教師の仕事の大変さをアピール
- 「家庭クラブ活動」や「家庭科担当者の情報交換の場」の仲間とともにアピール
- 「管理職」や「校長会」,広くは「経済界」までにもアピール
- 「マスコミ」の活用や「陳情」などの社会的アピールも検討

↑ 単位増に向けての取り組みとは…

家庭科の授業づくりに必要なこと
―家庭科を学ぶ本当の意味―

教科の本質に迫る教育内容の検討
―何を教え学ばせるのか―
- 2単位のなかで生徒に必ず学ばせたいことをまず精選
- 他教科で学習してきた知識などと横断的に学習する

十分に取り入れられない実践的・体験的な学習活動
- 課題解決能力育成のために様々な学習方法を取り入れることは重要
- 生徒に学習内容を定着させるためには繰り返し学習が不可欠

魅力的な授業に欠かせない教師の力
- 教員自身のしっかりした教育理念のうえでの実践をもって臨むことが重要

効果的な授業実践への挑戦
- 生活を自立的に営む力,問題解決能力の育成の重視
- ホームプロジェクトや学校家庭クラブに取り組む

↓ **ジレンマ** 正直,上から「がんばれ!がんばれ!」と言われるとまだまだ頑張らなければならないのか,と苦しさを覚えるが,生徒の声を支えに,何とか日々もちこたえようと努力している

家庭科を教えるうえで今抱えている困難点

進学・受験重視の教育制度の影響
- 大学などの進学状況はそのまま高校の評価となる傾向が高まる
- 受験重視の高校では2単位履修が当たり前である

単位減が家庭科軽視と直結
- 受験教科でないことからくる家庭科や家庭生活の軽視
- 家庭科は学問でないという見方

教員一人ひとりにかかる負担増
- 教員減となり余裕がなく多忙
- 他教科も担当する辛さを他の教員にわかってもらえない
- 相談相手がいなくて孤独

変わる生徒像
- 基礎的な生活能力がついていない
- 生活をみつめ,考え,行動する力が弱い

やりたいこともできない授業
- 時間的な余裕がなく,教科書の内容をおさえることがやっとである
- 生徒と深くかかわれる授業ができない

図Ⅱ-4-1 「21都道府県高等学校家庭科教員意識調査」自由記述にみる高校家庭科単位減をめぐる現状と課題

第Ⅲ部
これからの家庭科

1. 新しい家庭科をどうつくる

1. 新しい家庭科の学びをデザインする

❶ 学びの時空を広げる―時間軸と空間軸

　家庭科を学ぶ目の前の高校生の「今」は、どう表現できるだろうか。図Ⅲ-1-1は、高校生の「今」を象徴的に図式化したものである。時間軸でみるなら、過去に約16年の人生の歴史があり、これから先についてはぼんやりとしかみえないものの、将来やりたいことやキャリア、恋愛や結婚、さらに高齢期まで見通そうとする関心が芽生えてくる時期である。また、空間軸でみるなら、高校生は、自分と家族を中心に友人、先生、親しい他の人たちのなかで生活している。そしてその生活は社会、国、さらには世界の経済、政治、文化の影響を直接的、間接的に受けている。

　家庭科を学習するに当たり、今自分がどのような時点・地点にいるかについて、高校生自身が自覚的であることが必要だろう。衣食住の学習、家族や福祉の学習のいずれも、今を起点に過去にさかのぼったり、未来を展望したりするなかで様々なことがみえてくる。同様に、身近な自分自身や家族から地域、日

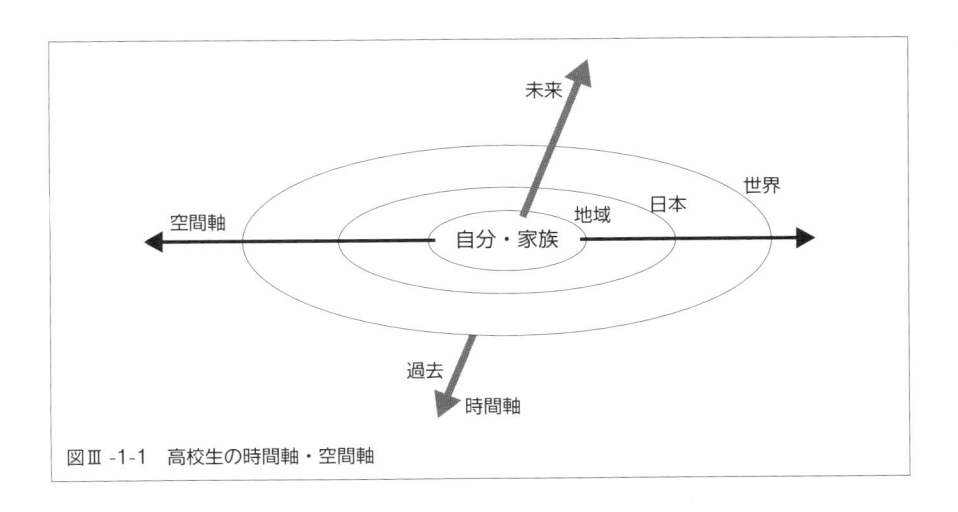

図Ⅲ-1-1　高校生の時間軸・空間軸

本，さらに世界へ関心を広げると，様々な事象や相互の関係がみえてくる。少子化や高齢者・福祉，環境，消費，食や生活経済など生活の諸問題の状況を分析したり，地域や社会とのかかわりを考えたりするためにも，この視野の広がりは欠かせない。住生活の学習を例にとるなら，時間軸を垂直にさかのぼると日本や世界のこれまでの住居の歴史となり，未来に目を向ければ，これからの住まいや住宅問題の視点が拓けてくる。また空間軸を水平に広げると，自分の部屋や住まいの設計から地域のまちづくり，日本の住宅政策，さらには世界各地の住居や地球環境の問題へとつながっていく。

　これはものごとをマクロからミクロへ，あるいはその逆へと自在にとらえる「知の構造」を意味している。この時間軸，空間軸を常に意識して教師が学習の展開を考えることで，生徒は自分自身を取り巻く生活問題について，広い視野から学ぶことができる。

❷　生活主体がめざす課題と学習領域・学習題材

　第Ⅰ部-1(p.11)で，生活主体がめざす課題(つけたい力)として以下の4点を提起した。

a. 知識や技術を活用して生活を自立的に営む
　　知識や技術を生活にいかし，自らの生活のなかで実践する
b. 平等な関係を築き協働して共に生きる
　　性別や年齢，障がいを超え人権の思想に基づいて，ジェンダーや福祉の視点から，人と力をあわせ共に生きる。
c. 生活に主体的にかかわり課題を解決する
　　身近な生活の課題から社会につながる課題まで，消費や環境などの視点から，改善や解決に向けて主体的に取り組む
d. 生活を楽しみ味わい創る
　　生活を楽しみ，美的，文化的，歴史的な意味を理解し，新しい生活を創造する

　これらa～dと家庭科の学習領域とはどうかかわっているだろうか。
　表Ⅲ-1-1(p.96)は，その関係を示したものである。各学習領域は，大きく，人にかかわる「個人・家族の発達と福祉」(人の一生と発達，個人・家族と社会，子どもの成長と保育，高齢者の生活と福祉)領域と，モノやコトにかかわる「生活資源と暮らしの営み」(食生活，住生活，衣生活，生活資源と生活の経営)領

表Ⅲ-1-1 学習領域・学習課題と4つのパースペクティブ

学習領域 \ 学習課題	a. 知識や技術を活用して生活を自立的に営む	b. 平等な関係を築き協働して共に生きる	c. 生活に主体的にかかわり課題を解決する	d. 生活を楽しみ味わい創る
個人・家族の発達と福祉 / 人の一生と発達	健康な生活のマネジメント	ジェンダー・福祉・人権	環境・資源・消費者問題	生活文化の創造
個人・家族の発達と福祉 / 個人・家族と社会	↑↓	↑↓	↑↓	↑↓
個人・家族の発達と福祉 / 子どもの成長と保育				
個人・家族の発達と福祉 / 高齢者の生活と福祉				
生活資源と暮らしの営み / 食生活				
生活資源と暮らしの営み / 住生活				
生活資源と暮らしの営み / 衣生活				
生活資源と暮らしの営み / 生活資源と生活の経営				

＊学習領域と学習課題のタテ・ヨコの交点が学習題材

域の二つに分けられる。各学習領域は，a〜dの学習課題を横断してヨコの広がりをもつ。これに対して，4つの学習課題は，家庭科の学習領域を貫くタテ糸のようなものであり，a，b，c，dの学習課題をタテに貫く矢印は，各々の学習課題を見通す学習の視点（パースペクティブ）を示している。

すなわち，「健康な生活のマネジメント」は，学習課題a（生活を自立的に営む）を見通す学習の視点であり，「ジェンダー・福祉・人権」は，学習課題b（平等な関係を築き共に生きる）を見通す視点である。同様に，「環境・資源・消費者問題」は，c（生活に主体的にかかわる）を，「生活文化の創造」は，d（生活を楽しみ味わい創る）を見通す視点ととらえることができる。

このタテ糸（学習課題）とヨコ糸（学習領域）の交点に，様々な現代的な学習題材が考えられる。言い換えれば，生徒は各学習題材を縦横に関連づけながら学ぶことを通して，自らが織物を織り上げるように，生活主体としての力を身につけていくことになる。

表Ⅲ-1-2(p.98)は，カリキュラムをこのように学習領域と学習課題のマトリックスでとらえる基本概念[1]をもとに，交点の学習題材を具体的に検討して例示した表である。この二次元の広がりのなかに，学習指導要領の内容はほぼ網羅されていると考えることができるだろう。なお，ここに示した学習題材はあくまでも例示であり，実際の学習題材は，教師が，生徒や地域の実態などに応じて様々に発想し考えていくことが可能である。

2. 授業づくりの方略—探究的な学習をどうつくる

　前項でみたように，家庭科は，個人・家族の生活を取り巻く様々な問題を学習題材とし，それらを学ぶなかで，よりよい生活をつくる生活主体としての力をつけていくことをめざす教科である。また，学習題材へのアプローチとしては，高校生自身の現在を起点として，過去から未来への時間軸，自分から社会への空間軸でとらえる学習をデザインすることができる。

　どんなに今日的で興味深い学習題材を取り上げるとしても，ただ，教師が教科書や資料を解説し，生徒にドリルの書き込みをさせるだけですますのであれば，多少の知識の注入にはなっても，その学習は生徒にとっては「人ごと」であり，真剣に向き合い考えることにはつながらないだろう。応用力や実践力をつけることも望めない。

　では，生徒にとって「人ごと」でない学びとはどのようなものか。生徒が生涯にわたり必要な能力（コンピテンシー）を身につけ，思考力・判断力，生活力を鍛える（第Ⅰ部-1）には，授業のデザインはどうあったらよいだろうか。ここでは，次のような4つの方略（ストラテジー）を提案したい。

　　ア　典型としての学習のなかで，基礎と応用・活用をつなげる
　　イ　領域を超えて，子どもの学びの文脈をつくる
　　ウ　子ども自身の切実な生活課題に向き合わせ，協働の学びをつくる
　　エ　子どもの探究を促す問題解決型の学習サイクルを積み上げる

　以下，順次述べていく。

ア　典型としての学習のなかで，基礎と応用・活用をつなげる

　第Ⅱ部-4の教師アンケートに語られていたように，家庭科教師の大きな悩みは授業時間が足りないということである。ただでさえ家庭での生活体験が乏しい生徒を相手に，基礎的な知識・スキルの習得さえままならない状況があり，限られた時間数のなかでも，基礎をしっかり身につけさせたいとの思いを教師は抱えている。その一方で，知識・技術は活用してこそ意味があり，両者はそもそも連続したものである。時間の制約のなかで，基礎の習得と活用力を共につけさせるには，両者を切り離さず，基礎と応用・活用とをつなぐ典型としての学習を生徒に体験させることが重要になってくる。典型とは，一つを学ぶと関連のある学びにつながる，汎用性のある題材や方法を意味している。

　食生活の領域を例に挙げるなら，身近な季節の野菜を一つ選び，栄養価を調

表Ⅲ-1-2　家庭科の学習領域・学習課題と学習題材（高校の例）

学習領域		4つの学習課題（コンセプト）	a. 知識や技術を活用して生活を自立的に営む 健康な生活のマネジメント	b. 平等な関係を築き協働して共に生きる （ジェンダー）	（福祉／人権・その他）
個人・家族の発達と福祉	人の一生と発達	発達課題	・自立するとは ・ライフスタイルと生活設計 ・自分らしさと自尊	・人とかかわる（異性・同性・異年齢） ・セクシュアリティ ・ジェンダーと生き方	
		命と生活	・生と死の概念理解 ・誕生から死まで	・ターミナル・ケア ・心のケアとコミュニケーション	
	個人・家族と社会		・家事労働と職業労働	・家族の変遷 ・家族・性と法律 ・性別役割分業と性差別 ・性の多様性と自己決定 ・生活を支える社会福祉／社会保障	
	子どもの成長と保育		・妊娠・分娩 ・子どもの成長・発達 ・子どもと生活 ・遊び	・母性・父性・親性・次世代育成力（両性の子育て） ・子育てとジェンダー	・子どもの権利と福祉 ・子育てにおける社会の役割 ・家庭保育と集団保育 ・世界の子どもたち（南北問題等）
	高齢者の生活と福祉		・高齢期の身体的特徴と健康 ・自立支援と福祉三原則	・両性による家族ケア（病気／高齢／障がい）	・高齢社会の現状と社会福祉 ・ノーマライゼーション ・人間の尊厳と介護
生活資源と暮らしの営み	食生活		・人間と食べ物 ・食生活と健康（食品と栄養／食品の管理と安全） ・食事をつくる（計画と調理）	・ダイエット ・食事は誰がつくるか（食事づくりの主体）	・孤食，個食，共食 ・食と南北問題
	住生活		・人間と住まい（住まいとは何か／ライフスタイル・ライフステージと住まい） ・健康と住まいの科学（衛生／安全） ・住まいの設計	・家事労働と住空間	・住まいと人権 ・住宅政策と社会福祉 ・住まいとネットワーク
	衣生活		・人間と被服 ・健康と被服の科学（被服の機能／素材／構成） ・衣服の基礎的な縫製と管理技術	・ファッションとジェンダー ・被服史にみるジェンダー ・制服とジェンダー	
	生活資源と生活の経営	生活経済	・生活を支える経済とその管理 ・消費者の権利と責任	・消費行動とジェンダー	・消費者に関する法律と行政
		生活情報	・生活情報の種類と情報源 ・情報の収集／選択／判断	・メディアとジェンダー	・情報化社会とプライバシー ・情報ネットワークと福祉
		生活時間	・生活時間の設計と管理	・生活時間とジェンダー	

（荒井紀子編著「生活主体を育む―未来を拓く家庭科」ドメス出版，2005年，p.57，表3-2-3（北陸カ

c. 生活に主体的にかかわり課題を解決する よりよい生活をつくり改善する／社会的課題を考え発信する （環境／資源）（消費・その他）		d. 生活を楽しみ味わい創る 生活活文化の創造
・将来設計と職業 ・個人の生活と設計 ・生活目標とライフスタイル		
・命を脅かす環境問題		・地域の慣習／行事（通過儀礼／葬送儀礼／祭）
・持続可能な社会を目指す生活者 ・地域の生活とNPO活動		
・子どもを取り巻く環境と課題（早期教育／虐待／少子化／母子密着） ・家族と子ども観・子育ての歴史 ・他国他民族の子育て ・子育てネットワーク ・遊びの場としての環境		・児童文化（おもちゃ・絵本・アニメ他）
（バリアフリーな生活環境）→住生活		・高齢者から生活文化を学ぶ
・食と環境（食品汚染／食物連鎖） ・食料問題（自給と輸入） ・地産地消	・食品の選択と購入 ・食品の流通問題 ・食品添加物 ・遺伝子組換え食品	・食生活史 ・風土と食文化 ・テーブルセッティング ・嗜好と味覚
・住まいと環境 ・住民参加のまちづくり ・バリアフリーな生活環境	・住まいの建設と購入	・住生活史 ・風土と住文化 ・インテリア
・資源としての衣服（リサイクルとリユース） ・洗濯と環境	・被服の選択と購入 ・衣服とユニバーサルデザイン	・衣生活の変遷と被服文化 ・ファッションとおしゃれ ・衣服のリメーク
・生活と環境保全 ・グリーンコンシューマー ・生活用品とユニバーサルデザインン	・消費者の選択と意思決定	
・生活情報の活用と発信 ・メディアリテラシー		・情報ネットワークの活用
・クオリティ・オブ・ライフと生活時間		

リキュラム）をもとに一部修正して作成

べると共に，蒸す，揚げる，炒める，煮る，生で食べるなどあらゆる調理法で作ってみる，あるいは，炭水化物の学習で典型として小麦粉を取り上げ，グルテンの含有率を学び，グループごとにうどん，餃子の皮，パンを作り，献立につなげるなどが考えられる。住生活の領域であれば，動作と広さとの関係やバリアフリーの視点から浴室とトイレを典型として取り上げ，教室の床にテープを貼ってスペースをイメージしながら動作をシミュレーションして，使いやすい設計を考えること等も一例である。

　いずれにせよ，これらの学習で重要なのは，生徒自身がやってみたい，取り組みたいと思うテーマのもと，それを深めるための知識・技術を生徒自身がおのずと吸収し習得するしくみを，学習構造に組み入れることである。

　思えば生徒は自分たちの関心のある事柄については，学校の学びを遙かに超えて，インターネットをはじめ，彼ら独自の方法を駆使して情報を集め，楽しみながら学んでいる。学校での典型としての学びに使える時間は限られているが，それが生徒の関心や探究の想いとつながるなら，その先のさらなる応用，発展や実践にも，生徒は教師の想像以上に取り組むだろう。

イ　領域を超えて，子どもの学びの文脈をつくる

　学習指導要領や教科書の内容を初めから順番に教えようとしても，それらは，バラバラの知識や技術の詰まった小箱が並んでいるようなもので，学ぶ必然性がとらえにくく，生徒の主体的な学びを引き出すことはきわめて困難である。その一方で，一見無気力にみえる生徒であっても，自分の将来を見通したり，人とコミュニケートする力や自立の力をつけて，自分に自信をもちたいとの想いを抱えており，実際に毎日，人とつながり，食べ，装い，住み，生々しい生活の現場を生きている。教師は，生徒の暮らしの現実と家庭科の学習内容とをリンクさせながら，生徒にとって切実かつ自然な学びのストーリーを1年間，あるいは2年間のスパンでイメージし，学習の関連と学ぶ順番を大きくデザインするとよいだろう。

　表Ⅲ-1-2(p.98)の学習領域と学習課題の交点のどこから学習をスタートさせてもよい。たとえば「食」領域の自立にかかわる学習から出発したとしよう。その場合，食のテーマで4つの学習課題を横断して連続して学習を組むなら，栄養や調理等の食生活の自立(学習課題 a)だけでなく，家族の食事としての個食や孤食，高齢者への配食サービス等(学習課題 b)を取り上げたり，主体的な食行動にかかわる食品汚染や食料自給率，食物連鎖の問題(学習課題 c)などにつ

なげることができるだろう。

　また，学習をタテにとらえ，複数の領域に渡る領域縦断型の学習構造を考えることも可能である。たとえばジェンダーに敏感な視点を育てたいと考えるなら，学習課題b「ジェンダー」のタテ軸を意識して，「保育」領域で両性の子育て，「食」でダイエット，「被服」で制服のデザイン，「生活経営」で家事時間やワーク・ライフ・バランスなどの学習を関連づけることができる。また持続可能な社会づくりをめざすシティズンシップを鍛えたいのであれば，学習課題c「環境・資源」のタテ軸を意識して，「住」領域でまちづくりやバリアフリー，「保育」で遊び場所の調査，「被服」でリサイクルやリユース，「消費」でグリーンコンシューマーなどの学習のつながりをしくんでいくことも考えられる。

　子どもの関心や理解の文脈を大事にしながら，また学習の見通しを意識しながら，タテ・ヨコのマトリックスの学習題材をつなげて自在に学習内容，学習構造を創っていく。マトリックスの内容は，ほぼ学習指導要領や教科書の内容を網羅しているので，1年，2年の大きなサイクルのなかでストーリー性をもたせて学習を展開し，最終的に領域全体が網羅できるように学習をデザインしていく。このことは，教師にとっても発見の多い楽しい取り組みとなるだろう。

ウ　子ども自身の切実な生活課題に向き合わせ，協働の学びをつくる

　どのような学習であっても，教師がテーマを決めて主導すると，たちまち生徒は受け身になり主体的な学習が難しくなるのは，多くの教師が経験するところである。子どもの学びが深まるかどうかは，それが子ども自身にとって学びたい，学ぶ価値があると感じられるかどうかが大きくかかわってくる。

　幸いなことに，家庭科が学習題材とする「生活」や「暮らし」は，誰にとっても人ごとではない。生徒自身の日常に目を向かせ，最も気になっていること，問題を感じていることに気づかせ，そこから出発することが大事だろう。しかし，社会的な問題（児童虐待や育児放棄，消費者被害など）を取り上げる場合は，新聞を読み，そこから個人や家族を取り巻く問題を探るといった学習も考えられる。その場合であっても，どこかに自分自身をくぐらせる学びを組み込む必要があり，それなくしては生徒は「人ごと」から抜けることはできない。

　また家庭科は，人との出会いを組織しやすい教科である。保育や家族，福祉，環境，消費などの学習を通して，現実的にも，またイメージのなかでも，幼児や母親，高齢者や障がい者，そしてさまざまな家族や地域の人と出会い，想像する。生徒を現実の狭い世界から連れ出し，本章の初めに述べた時空の広がり

を実感させ，できるだけ現実の世界とつなぐ学びを組み入れたい。実際，教師は，乳児・母親，高齢者，福祉関係者，建築家を学校に招いたり，こちらから場所や人を訪ねたりの様々な工夫（第Ⅲ部-4参照）を行っている。しかしそれが困難な場合も，優れたドキュメンタリーや映画，写真集，書物など，生徒を世界に連れ出す方法はいろいろあるだろう。

　それとともに，外の世界だけでなくクラスの仲間とも，家庭科の学びを通して，あらためて出会わせたいものだ。生徒たちは，日常的にケータイを含め多くのやりとりを交わしながらも，関係は希薄なことが多い。人の目を過剰に気にし，傷つくのを恐れ，踏み込んだ話はしない。

　しかし，授業のなかで他の考えを読んだり討論したりすると，「今日は他の人の考えが聞けてよかった」との感想が多く，実はそうした協働性を求めていることがわかる。様々な学習題材で，じっくり話を聞き合い，コミュニケートする活動を学習に組み込むことが大事だろう。そこで考えたことを書かせ，それをもとに交流し，振り返らせる。また，一人で考える場面と仲間との間で考えを出し合う場面の両方を設定し，そこで発見したことが次のステップでいかせるような学習の流れを設定することも必要である。

　「人とかかわったからこそみえてくることや，わかることがある」「人と力をあわせたら，自分一人ではできなかったことができた」という実感を，学習体験を通して生徒につかませたいものである。

エ　子どもの探究を促す問題解決型の学習サイクルを積み上げる

　問題解決や探究型の学習というと，生徒に調べさせ，発表させるといった学習の方法や型に目がいきやすい。レポートが提出されればそれでよしとして，内容が浅くてもしかたがない―と考える教師も多いかもしれない。しかし，あえて言うなら，探究型の学びで大事なのは結果（提出物）ではなく，むしろ「学ぶプロセス」である。生徒がその学習のなかで，何に気づき，どれだけ深く多角的に考えることができたか，また探究する楽しさや手応えをつかむことができたかが重要であり，このことが，生徒の思考力や批判的リテラシーを鍛えることにつながる。

　一般に問題解決のステップは，①問題に気づく，②問題の現状を把握し分析する，③問題を特定する，④解決方法を考え選択肢を出す，⑤複数の選択肢を多角的に検討する，⑥決定し実行する，⑦結果を振り返る―の各段階（p.18図Ⅰ-1-5)から成る。このうち，特に思考力や判断力（批判的リテラシー）が要求され

る場面は，③④⑤である。

　解くべき問題（何が問題か）を明らかにし，その解決のためのあらゆる選択肢を考えた後，どの方法がよいかを一人であるいは協働で，あらゆる角度から検討する。思いこみを排し，その選択をすることの意味や価値，結果について，技術的な側面，人の関係性の側面，家庭や社会への影響，さらには将来的展望の側面などからじっくり考える―生徒の思考力や批判的リテラシーが鍛えられるのは，まさにこうした場面である。

　問題解決のステップをすべて丁寧に踏んで1サイクルを丸ごと体験するなかで，生徒は問題解決や探究的な取り組みがどのようなものかを理解していく。

　こうした学習の機会を多くとりたいものだが，少ない授業時間のなかで現実的には困難だろう。ただし，アの典型学習で述べた如く，丸ごと1回体験すれば，あとは生徒自身が自分の問題に応用して自発的に学んでいくことは可能である。よって，問題解決的な学習は，毎回1サイクルすべての段階を踏む必要はない。テーマをしぼって③④⑤の要素を取り出し，1～2時間の学習を設定してもかまわない。学習題材や授業時間に応じて，探究的な学習を臨機応変に組み込んでいこう。

　なお，生徒の思考を促すうえで重要なのは，教師の「問い」である。思えば生活の問題の多くは，もともと「正解」があるわけではなく，ある条件のなかでベターな方法を探し，意思決定していくものである。各ステップにおいて，「なぜそう思うのか？」「その背景には何があるのか？」「その方法をとるとどの点がよいのか？」など，学習場面に応じた問いを工夫することにより，生徒が多角的に思考をめぐらし，判断する機会を様々な場面でつくることができるだろう。

　次の第Ⅲ部-2では，本章で述べてきた理論が，実際の家庭科の授業づくりのなかでどう展開されるかについて，実証的に検討していきたい。

　具体的には，生徒に獲得させたい4つの学習課題（つけたい力）のいずれかに焦点を当てるとともに，授業作りの4つの方略―「ア　典型としての学習のなかで，基礎と応用・活用をつなげる」「イ　領域を超えて，子どもの学びの文脈をつくる」「ウ　子ども自身の切実な生活課題に向き合わせ，協働の学びをつくる」「エ　子どもの探究を促す問題解決型の学習サイクルを積み上げる」のどれかを重点的に取り入れた授業づくりの様々な事例を紹介していく。　　　　　　　　（荒井紀子）

【参考文献】
1）荒井紀子編(2005)生活主体を育む－未来を拓く家庭科．東京：ドメス出版．42-64

2. 新しい家庭科の授業

　本章では，前章で述べた学びのデザイン論を踏まえ，新しい家庭科の授業を紹介する。第Ⅰ部-1で提起した生活主体がめざす4つの課題（a〜d）を見通す学習の視点（パースペクティブ）に基づいて，それらをどのように授業化できるのか，具体的に提案する。その際，前章で述べた授業づくりの4つの方略（ストラテジー）とのかかわりとともに考察する。

表Ⅲ-2-1　各授業の位置づけと授業づくりの方略（ストラテジー）

学習領域	学習課題	a. 知識や技術を活用して生活を自立的に営む	b. 平等な関係を築き協働して共に生きる	c. 生活に主体的にかかわり課題を解決する	d. 生活を楽しみ味わい創る
個人・家族の発達と福祉	人の一生と発達				
	個人・家族と社会		3　ウ 4　ウ	5　エ	
	子どもの成長と保育				
	高齢者の生活と福祉				
生活資源と暮らしの営み	食生活	1　アウエ 2　エ　(6エ)		1　アウエ 6　エ	(6エ)
	住生活			コラム	
	衣生活			7　イ	
	生活資源と生活の経営			8　ウ 9　ウ	

＊表中楕円内の番号は授業のテーマを，「ア〜エ」は授業づくりの方略を示す。

【授業のテーマ】
1. 文化祭で模擬店を実現させよう
2. テーマをもって朝ごはんを作ろう
3. デートDVについて考えよう
4. 家族との関係を問い直し自分の思いを発信しよう
5. 安心して心豊かに暮らせる社会とは
6. キズりんごを活用しよう
7. 環境に配慮した衣生活を考えよう
8. ヴァーチャルな消費とのかかわりを考えよう
9. 消費行動をクリティカルに振り返ろう
コラム　グリーンカーテン作りと家庭科

【授業づくりの方略（ストラテジー）】
ア　典型としての学習のなかで，基礎と応用・活用をつなげる
イ　領域を超えて，子どもの学びの文脈をつくる
ウ　子ども自身の切実な生活課題に向き合わせ，協働の学びをつくる
エ　子どもの探究を促す問題解決型の学習サイクルを積み上げる

表Ⅲ-2-1は，各授業の位置づけと授業づくりの方略を示したものである。学習領域と学習課題の交点に，それぞれの授業テーマを配置した。楕円内部の1〜9は授業のテーマであり，ア〜エは授業づくりの方略を示している。また，授業のヒントやアイデアをまとめたコラム(p.123)も同様に位置づけた。

　学習領域と学習課題は，1対1対応とは限らない。「1．文化祭で模擬店を実現させよう」「6．キズりんごを活用しよう」のように，複数の学習課題にまたがる授業や，「5．安心して心豊かに暮らせる社会とは」のように「個人・家族の発達と福祉」に関連する全領域を網羅的に含んだ授業もある。「3．デートDVについて考えよう」に生活経営の視点を導入することで，「個人・家族の発達と福祉」と「生活資源と暮らしの営み」を関連させた展開も可能である。さらに1は，複数のストラテジーを意図した授業構想となっている。

　本章で紹介する9つの授業およびコラムは，実際に高校で実践した授業をそのまま掲載した事例のほか，実践の結果を踏まえて部分的に修正したもの，さらに提案授業の計画案も含まれている。

　授業の紹介は，次の項目で構成した。
- ●題材名
- ●生活主体がめざす学習課題・授業づくりの方略(表形式で提示)
- ①授業設計の視点
- ②授業の概要(授業目標や対象，計画など)
- ③授業の様子・生徒の反応／授業の可能性

「授業設計の視点」には，授業を構想するにいたった社会的背景や教員のもつ問題意識，生徒の生活実態などを整理した。なお，提案授業の場合には，「授業の様子・生徒の反応」のかわりに，どのような「授業の可能性」があるか多角的に考察している。

　また，いくつかの授業では，「学びの構造図」を示している。これは，生徒がどのような学習の視野をもち，どのように学習を深めていくか，授業の流れを生徒の目線で確認できるように二次元で図解したものである。「学びの構造図」の読み取り方については，コラム(p.109)を参照されたい。

　提案授業については，提案者が多様な可能性について言及しているが，読者によっては別の可能性が想定されるだろう。実践事例も同様である。読者が新しい視点で紹介した授業のイメージを膨らませ，これからの授業づくりにいかしていただけたら幸いである。

(鈴木真由子)

1. 文化祭で模擬店を実現させよう

生活主体がめざす学習課題	授業づくりの方略（ストラテジー）
a. 知識や技術を活用して生活を自立的に営む c. 生活に主体的にかかわり課題を解決する	ア 典型としての学習のなかで，基礎と応用・活用をつなげる ウ 子ども自身の切実な生活課題に向き合わせ，協働の学びをつくる エ 子どもの探究を促す問題解決型の学習サイクルを積み上げる

❶ 授業設計の視点

　食生活の外部化が進み，経済のグローバル化を背景にした安価な外食産業が定着した。効率重視のもと，誤ったコスト削減によって食の安全性が問われる重篤な事故も発生するようになった。そのようななか，北陸を中心に展開している焼肉店で食中毒事件が発生した。死亡者を含む大事故となり，メディアも連日大きく取り上げた。

　事件を重く受け止めた学校は，文化祭での模擬店の実施を見合わせると発表した。文化祭で実施する模擬店を楽しみにしていた3年生にとって，この事態は切実な問題となった。これは，ある高校の実話に基づいている。生徒から不満をぶつけられた教師は，この問題状況を授業化できるのではないかと考えた。生徒が抱えた解決すべきリアルな問題は切実感に満ちている。

　この提案授業は，どうすれば文化祭で模擬店を実現できるのか，学校を説得するために自分たちは何をしなければならないか，仲間とともに解決策を考え，実践する展開となっている。

　ポイントは，食の安全や衛生管理にかかわる知識や調理技術を身につけることが，問題解決の大前提になっている点である。言い換えれば，「生活を自立的に営む」ための学習課題である知識・技術の習得が，生徒にとっては問題を解決するための"手段"としての意味をもつのである。その"手段"をフル活用することが，学校との説得力のある交渉を可能にする。

❷ 授業の概要

①題 材 名：文化祭で模擬店を実現させよう
②授業目標：●食の安全や衛生管理にかかわる基本的な知識・調理技術を身につける。
　　　　　　●問題状況を批判的に考え，仲間と協働して解決に向けて多様な方法を検討し，実践する。

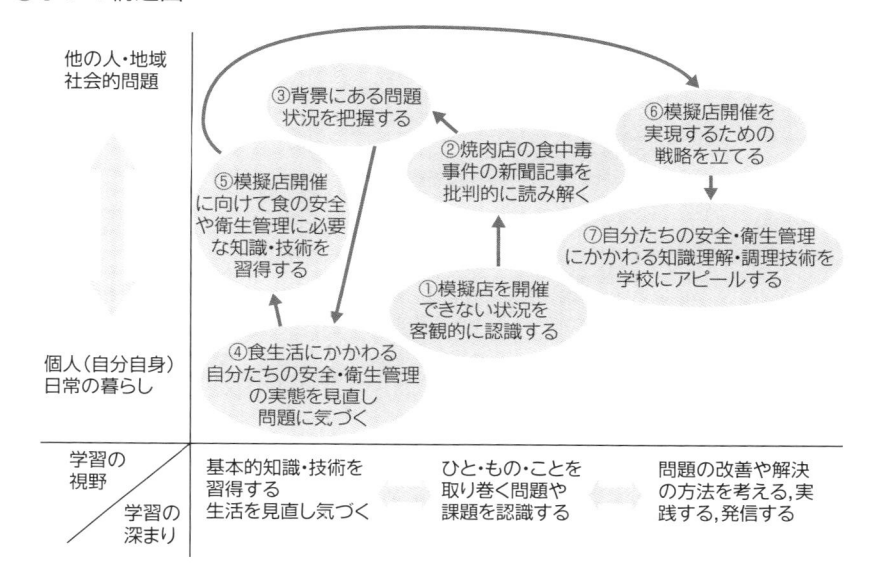

③対　　象：高校3年生
④学びの構造図

```
他の人・地域
社会的問題
  ↑
  │   ③背景にある問題        ⑥模擬店開催を
  │   状況を把握する          実現するための
  │                           戦略を立てる
  │        ②焼肉店の食中毒
  │   ⑤模擬店開催 事件の新聞記事を
  │   に向けて食の安全 批判的に読み解く
  │   や衛生管理に必要      ⑦自分たちの安全・衛生管理
  │   な知識・技術を         にかかわる知識理解・調理技術を
  │   習得する               学校にアピールする
  │        ①模擬店を開催
  │        できない状況を
  │        客観的に認識する
  │   ④食生活にかかわる
  │   自分たちの安全・衛生管理
  │   の実態を見直し
  │   問題に気づく
  ↓
個人（自分自身）
日常の暮らし

学習の   基本的知識・技術を    ひと・もの・ことを    問題の改善や解決
視野     習得する              取り巻く問題や        の方法を考える，実
         生活を見直し気づく    課題を認識する        践する，発信する
   学習の
   深まり
```

⑤授業計画：6～8時間

時程	内容・学習活動	問題解決のステップ
第一次 1時間	◆学園祭での模擬店開催が中止になった • 中止の理由は何だろう • どうすれば，模擬店を実現できるのか • 学校側の中止理由を客観的に把握する ◆焼肉店の食中毒事件が背景にあることを知る • 何が起きたのか，なぜ起きたのか，事件について理解する • 新聞記事を批判的に読み解く	問題に気づく 現状を把握し，分析する
第二次 3時間	◆食生活にかかわる自分たちの安全・衛生管理は大丈夫なのか見直す • 手洗いの簡易実験で衛生状態を体験的に把握する • 調理作業の工程表を作成し，どこに課題があるのか，どのようなリスクが考えられるのかグループごとに記入し，発表する ◆模擬店開催に向けて，必要な知識・技術を身につける • 飲食店に求められる法的責任や義務を知る • 安全性や衛生管理の実態をチェックしながら，工程表に沿って調理実習をする	問題を特定する 解決方法を考え，選択肢を出す／選択肢を多角的に検討する 決定し，実行する

| 時程 | 内容・学習活動 | 問題解決の
ステップ |
|---|---|---|
| 第三次
1時間 | ◆模擬店開催を実現させるための戦略を立てる
・どうすれば学校を説得できるか多様な視点で方法を考える
［例］ ⅰ．食の安全や衛生管理の知識を習得したことを知らせるために，レポートを作る
　　　ⅱ．ポスターやアピール文，チラシを作って賛同者を募る
　　　ⅲ．一連の調理作業を録画してプロモーションビデオを作る
　　　ⅳ．関係者の前で，実際に模擬店をシミュレーションし，試食してもらう　など
◆個人・グループ・クラスでできることを考え，どのような効果が期待できるのか，手間やコストを多角的・批判的に吟味する | 問題を特定する
解決方法を考え，選択肢を出す

選択肢を多角的に検討する |
| 第四次
1～3
時間 | ◆個人・グループ・クラスで考えた方法で，自分たちの安全・衛生管理にかかわる学習成果を学校にアピールする
◆アピールの結果を振り返り，評価する | 決定し，実行する

結果を振り返る |

※この授業は，2011（平成23）年8月に福井大学で実施された家庭科の教員免許更新講習で3人の受講生が協同で作成した原案をもとに筆者が構想したものである。

❸　授業の可能性

　この授業は，複数のパースペクティブおよびストラテジーを含みもっている。
　第一次・第二次では，解決すべき問題の背景にある食中毒事件に基づき，食生活にかかわる自分たちの安全・衛生管理を振り返り，必要な知識・技術を習得する。食にかかわる自立的なマネジメントを身につけることに結びつく。食生活や調理に関する基礎的な既習事項に，食の安全や衛生管理といった観点を応用的に加味し，それらを"模擬店を実現させる"ために手段として活用する展開である。
　さらに，第三次・第四次では，シティズンシップを育む効果が期待される。
　生徒にとっては，まさに解決すべき切実な生活課題である。問題解決のステップを丁寧に位置づけ，解決のためにあらゆる可能性を探り，生徒にとっての身近な社会である学校と対峙する。生徒たちが主体的に考え，アクションを起こすことで社会が変わる・変えることができるのだと実感できたら，大きな自信を得ることになるだろう。
　第四次は多様な展開が考えられるが，家庭科の授業から切り離し，課外活動や特別活動，ホームルームの時間を充ててもいいだろう。場合によっては下級生や保護者等の第三者を巻き込んで，学校を挙げてのムーブメントを起こせるかもしれない。

（鈴木真由子）

column

学びの構造図

「学びの構造図」は，教師が構想した授業の流れを確認したり，生徒の思考や活動のプロセスをイメージしたりするための手立てとして，北陸地区家庭科カリキュラム研究会が協議を繰り返し，実践的な検討を裏づけに生み出したものである。

「学びの構造図」には，学習課題や学習内容が，学習の展開プロセスに沿ってタテ軸・ヨコ軸の二次元で示されている。「学習の視野」をとらえるタテ軸には，私的領域である個人（自分自身）や日常生活から，公的領域である地域・社会生活を配置し，「私」と「公」の間で学習のベクトルがどのような視野をもっているのか，その方向性を図示できるようになっている。視野のスケールによっては，私的領域と公的領域の中間に，生徒にとってセミパブリックな領域であるグループ・仲間（クラス・学校生活）を位置づけることも可能である。

「学習の深まり」をとらえるヨコ軸には，J.デューイの省察的思考を基本原理とした問題解決過程を大きく3つに分けて配置している。左から右への深まりが一般的であろうが，授業ではときに逆方向へのフィードバックも入る。学習の視野も深まりも，つねに可逆的に配置されるのが家庭科の特徴であり，大きな魅力でもある。

学びの構造図は，授業者だけでなく参観者にとっての"地図"としても機能する。以下に，p.115で紹介する「子ども虐待」について考える授業の構造図例を示す。こうして図示することで，構想した授業を相対化し，授業目標と想定される生徒の学びの姿が合致しているのか否か確認することが可能になるのである。

▼「子ども虐待」について考える授業の【学びの構造図】事例

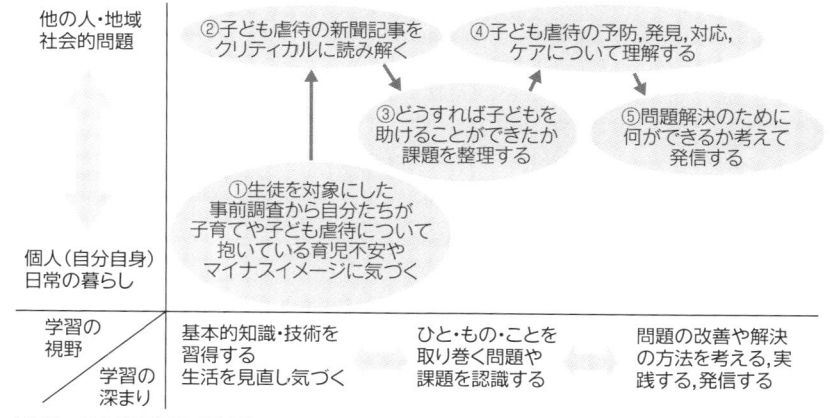

学習の視野 ＼ 学習の深まり	基本的知識・技術を習得する 生活を見直し気づく	ひと・もの・ことを取り巻く問題や課題を認識する	問題の改善や解決の方法を考える，実践する，発信する
他の人・地域 社会的問題		②子ども虐待の新聞記事をクリティカルに読み解く	④子ども虐待の予防，発見，対応，ケアについて理解する
		③どうすれば子どもを助けることができたか課題を整理する	⑤問題解決のために何ができるか考えて発信する
個人（自分自身）日常の暮らし	①生徒を対象にした事前調査から自分たちが子育てや子ども虐待について抱いている育児不安やマイナスイメージに気づく		

（参考：荒井紀子編著（2005）生活主体を育む－未来を拓く家庭科．東京：ドメス出版．60-64, 160-161／北陸家庭科授業実践研究会（2009）子どもの思考を育む家庭科の授業．東京：教育図書．10-11）

2. テーマをもって朝ごはんを作ろう

生活主体がめざす学習課題	授業づくりの方略（ストラテジー）
a. 知識や技術を活用して生活を自立的に営む	エ 子どもの探究を促す問題解決型の学習サイクルを積み上げる

❶ 授業設計の視点

　現在，若者における朝食の欠食が問題となっている。そのため，健全な生活習慣の確立には，幼い頃からの意識づけが大切として，現在，小学校での食育に力が入れられ，朝食については小学校家庭科で扱う題材とされている。しかしながら，実際に朝食の欠食が急激に増加するのは，15～19歳の年代である。

　高校生353名に朝食に関する実態調査（2008年）をした結果[1]，25.2％が朝食を食べないことがあると回答していた。朝食を欠食する理由として，女子では「時間がないから」が多かったが，男子では「食欲がわかないから」が48.8％で最も多かった。また，共食者がいないことが欠食に影響していた。朝食を食べている者についても，2割が「ごはんだけ」「パンだけ」の食事内容だった。朝食を毎日食べる者と欠食することがある者の体調不良状況を比較したところ，朝食欠食者の方が「身体がだるい」「頭がぼんやりする」「イライラする」が高く，学校生活への影響が心配される結果であった。さらに，朝食欠食者では，4割が「朝食を食べるべきだ」と思っておらず，朝食摂取意識が低いことがわかった。

　今日，高校進学率は97％であり，学校で食育を学ぶ最後の機会になると予想される高校生に，実生活に即して考えさせ，朝食に対する正しい知識と朝食摂取意識を養うことが必要である。そして，高校を卒業して一人暮らしになった場合，食の自己管理をするためには，意識だけではなく技術をともなった実践力を身につけておく必要がある。また，内閣府の食育推進基本計画では，国民の60％が「食事バランスガイド」を参考に食生活を送るようになることをめざしており，現在一般社会のさまざまな場面で活用されている。学習指導要領に「食事バランスガイド」の記載はないが，高校では，家庭科の授業以外で食育が実施されることははなはだ限られている。家庭科の授業を通して，高校生が「食事バランスガイド」を理解し活用できるようになることは，食育における家庭科の存在意義を発信するためにも重要であろう。

　そこで，必修教科である高校家庭科の授業に，「食事バランスガイド」を取り入れた「朝ごはん」授業を設計し，食生活の自立をめざした。

❷ 授業の概要
①題 材 名：テーマをもって朝ごはんを作ろう
②目　　標：「食事バランスガイド」を参考にして朝ごはんを作る。
③授業計画：6時間

時間	内容・学習活動	備　考
2時間	1．今日の朝ごはんの記入 2．朝食の欠食率と食べない理由を考える 3．朝食欠食の身体的影響 4．「カードを使った朝ごはん選び」 5．食事バランスガイドからみた理想の朝ごはん 6．今日の朝ごはんの振り返り	ワークシート 資料：欠食率 身体の図解化 朝ごはんカード
2時間	1．朝ごはんづくりの「テーマ」を班ごとに決める 　［例］・短時間でできる 　　　　・食欲がないときでも食べられる 2．食事バランスガイドを参考にして献立を考える 3．調理実習の計画，プレゼンの準備	班活動
2時間	1．調理実習 2．プレゼンテーション 　各班，「テーマ」にそって，朝ごはんを披露し，プレゼンをする 3．試食，片づけ	OHC

　4．「カードを使った朝食ごはん選び」では，食事バランスガイドの理解を深めるために，食事バランスガイドを活用して「朝ごはんカード」を作成した。食事バランスガイドは，**表1**(p.112)のように1日で摂る食事のめやすを料理単位で示し，1つ2つなどの単位（SV：サービングの略）で提示している。「朝ごはんカード」(p.112)は，高校生が朝食に食べそうな料理や食品を40品選び，B4用紙1枚にイラストを描いて，はさみで切り分けてカードになるようにした。そして，一つ一つのカードに，食事バランスガイドの5区分の，主食をA，副菜をB，主菜をC，牛乳・乳製品をD，果物をEとして，それぞれの食べる目安量に合わせて，**図1**のように，1つ2つといったSVを小さく記入した。授業では，この「朝ごはんカード」から，自分が理想的だと考える朝食メニューを選択して，はさみで切り，学習プリントにのりで貼らせてから，カードに記入されているA〜EのSVの数を合計させて，食事バランスガイドにおける朝食のめやす（約1/3日分）と比較させた。

　次時では，実践力を養うために，班ごとに朝ごはんに対するテーマを決めて，食事バランスガイドを参考にして栄養バランスのよい朝ごはん献立を考える。

表1 食事バランスガイドの基準値と高校生の1日分のめやす

料理区分		1つ(SV)の基準値	高校生の1日分のめやす(SV)	
			男子	女子
A	主食	炭水化物 40g	7～8	5～7
B	副菜	野菜重量 70g	6～7	5～6
C	主菜	たんぱく質 6g	4～6	3～5
D	牛乳・乳製品	カルシウム 100mg	2～3	2
E	果物	果物重量 100g	2～3	2

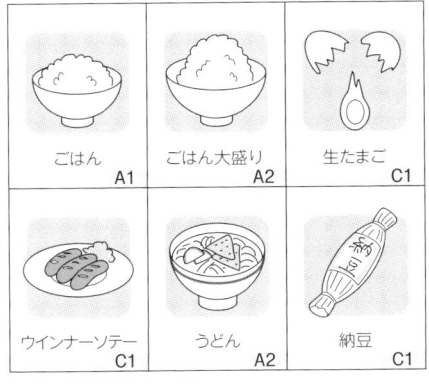

図1 朝ごはんカード

（ごはん A1／ごはん大盛り A2／生たまご C1／ウインナーソテー C1／うどん A2／納豆 C1）

それを実際に調理実習で作り，班ごとに自分たちのテーマに対して，工夫した点や出来栄え等をプレゼンして皆で共有し，朝食作りの参考とさせる。

❸ 授業の様子・生徒の反応

「食事バランスガイド」を使った朝ごはん授業を10クラスに実施した。ワークシートの自由記述には，以下のような感想が挙げられた。

- できるだけ理想に近いかたちで食べられるように食事バランスガイドなどを活用していければと思います。（2年生女子）
- なるべく主食を多くとり，バランスのよい朝食を食べようと思う。食べる物がないときは自分で作る！！（2年生男子）
- ふだんの朝食に，カンタンなものでいいから乳製品や果物を取り入れようと思う。（2年生女子）
- 今まではほとんど朝ごはんを食べてなかったけど，今日朝ごはんの勉強をして，朝は早起きして朝ごはんを食べようと思う。（1年生女子）
- 毎日，早寝早起きをして朝ごはんを食べたいと思った。忙しくても主食だけは食べる。（1年生女子）
- ふだんはあまり朝食べないので，しっかり食べたいと思いました。（3年生男子）

(野中美津枝)

【引用文献】
1) 野中美津枝, 局百花, 溝口理沙. (2010). 若者の朝食欠食に関する実態調査：大学生と高校生の比較. 家庭科教育実践研究誌, 9, 1-8.

3. デートDVについて考えよう

生活主体がめざす学習課題	授業づくりの方略(ストラテジー)
b. 平等な関係を築き協働して共に生きる	ウ 子ども自身の切実な生活課題に向き合わせ，協働の学びをつくる

❶ 授業設計の視点

　漫画，アニメ，ケータイを含むインターネットなど，メディアが発信する恋愛や性の描き方は，ときにジェンダー・バイアスを含み，ときに過激でセンセーショナルである。ティーン向けの雑誌には，読者の恋愛経験や相談，性情報があふれており，生徒に大きな影響を与えていると考えられる。

　若者に対するインタビューにより，恋愛や性について他者に悩みを相談できない，デートDVに気づいていないといった問題が確認できた。いわゆるDV防止法の対象となるDV(ドメスティック・バイオレンス)は，日本では配偶者間に制限されているが，実際には婚姻前のカップル間にも歴然と存在している。望まない性交渉の相手(レイプの加害者)は顔見知りが多い[1]。もちろん高校生も例外ではなく，デートDVの被害者あるいは加害者になる可能性は否定できない。また，生徒への事前アンケートから，性知識が不十分で確実性に欠けること，性に関する情報源や恋愛に対する意識に性差があること，性に関する知識だけでなく恋愛に関する心理や行動について知りたがっていること等が明らかとなった。

　そこで，まず高校生自身がこうした実態を知ることで，問題状況を認識する必要があると考えた。また，恋愛のパートナー間で起こる"不適切な関係"を主体的にとらえることを助けるため，高校生の日常場面を想定したカップルのロールプレイを取り入れる。その際，立場を入れ替えることでジェンダー・バイアスの存在に気づかせたい。そうした意識が支配―被支配に基づく人間関係を肯定するデートDVに結びつくことを理解する機会としたい。

❷ 授業の概要[2]

①題 材 名：デートDVについて考えよう
②授業目標：●性に関する自分たちの知識や意識の現状を理解する。
　　　　　　●他者(恋人)との関係において，相手を尊重することの大切さに気づき，自立した関係について考えることができる。

③対　　　象：福井県立F高校(職業系高校)3年生33人
④授 業 日：2010年11月29日　　⑤授 業 者：市川薫
⑥授業計画：全2時間(2時間連続)

時程	内容・学習活動	問題解決のステップ
導入 20分	◆アンケートの結果を読み取る ・性に関して知りたいこと／情報源／知識 ◆理想の恋人関係を考える ・恋人がいたらどのような関係になりたいか考える ・ワークシートに記入して発表する	問題に気づく 現状を把握し分析する
展開 65分	◆ロールプレイをする ・男性が女性を束縛する会話文を代表者が読む ・二人の関係について気づいたことを発表する ・男女の立場を逆にした会話でロールプレイをする ・気づいたことや考えたことをワークシートに記入する ◆アンケート(恋愛意識)の結果を知る ・恋愛意識の何が問題か,なぜ問題だと思うのか,追究する ・デートDVについて知る ・新聞記事からデートDVを理解する ・事件の被害者の気持ちを推測する ・デートDVの原因を考える ・ワークシートに記入して発表する	問題に気づく 問題に気づく 現状を把握し分析する 問題を特定する
整理 15分	◆デートDVにならない平等・対等な関係を築くにはどうすればよいか考える ・個人で考えてワークシートに記入する	解決方法を考え,選択肢を出す

【ロールプレイ会話文　■男子が加害者の場合】(女子が加害者の場合は,紙面の都合で割愛する)

―学校の帰り道,ケン(K)とアミ(A)は何やら険悪なムードです―
K：何で夕べのメールに返事くれんかった？
A：だって,友だちと電話してたから…
K：ふぅん。俺,今度の土曜日,久々に部活ないんやって。お前は？
A：私はミキたちと買い物行く約束しちゃった
K：ええ？　俺…久々の休みだよ！　何だよそれ…
A：ごめん…
K：買い物,断れよ！
A：でも…友だちとの約束だし…
K：断れねーのかよ！　さっきから,友だち友だちって,俺より友だちの方が大事ってことか？
―ガッシャーン―(物に当たる)
K：あー！　イラつく！
A：わかったよ…断るから…

❸ 授業の様子・生徒の反応

　生徒の発言から,恋愛に対する意識に性差があることに驚いていた様子がうかがえた。授業後の感想にも関連した記述が散見され,思いこみによるギャップの存在を認識していたことが推測できる。また,過半数の生徒が「相互の意思を尊重し,対等なコミュニケーションをとる」ことの必要性についてワークシートに自分のことばで記述していた。
　ロールプレイで設定した場面は,生徒の日常生活で起こる身近なものであり,

生徒にとってリアリティがあった。そのため，デートDVがけっして特別なできごとではなく，生徒自身が加害者・被害者になる可能性を実感できたと思われる。

❹ 関連したテーマ「子ども虐待」との類似性(p.109コラム参照)

「子ども虐待」は，デートDVと同様に現代社会における重篤な問題であるが，授業実践の蓄積はけっして多くない。実践を躊躇させている背景には，テーマ自体がもつ困難性が存在している[3]。

子ども虐待は，家族内部のみで解決することが困難な社会的問題であり，公的領域の関与が不可欠といえる。社会参加や人間関係を調整するコミュニケーション・スキルの習得は，孤独で孤立した子育て環境を回避し，共に生きる他者(家族，地域社会，行政等)との協働関係において，子どもを育てる方向へ導くことが期待される。児童虐待防止に向けた相談・援助関係諸機関の役割等について理解し，必要に応じて支援を求める"相談力"を身につけることは，子育ての不安を取り除く一助となる。

こうしたテーマにおける"解決すべき問題"は個別性が高く，絶対的な正解がない。解決方法として挙げた選択肢は，少しでも条件が変われば連動して優先順位も変動する。その問題が誰にとってどのような"不適切な関係"であるのか，尊重すべき価値は何なのか，想像力を働かせて考え，それを他者に伝え，共有し，さらに批判的に問い直すことが重要である。

上述のロールプレイのほか，実際に起きたデートDV／子ども虐待事件の新聞記事を分析的に読み解き，課題を抽出する授業展開も有効であろう。事実と推測を峻別して時系列で整理したり，未然防止の可能性を追究したりする活動を通して，生徒が主体的に問題と向き合えるのではないだろうか。

(鈴木真由子)

【注および引用文献】
1) 内閣府が2011年2～3月に政府として初めて実施した性暴力被害に対応した無料電話相談「パープルダイヤル」では，「1年以内の強姦(ごうかん)・強制わいせつ」は540件，うち57％が「加害者は顔見知り」であった(内閣府専門調査会報告)。
2) 市川薫「性における関係性の構築と家庭科」2010年度福井大学大学院教育学研究科修士論文 46, 53-56, 67-68
3) 鈴木真由子・岡本正子・岡本真澄(2011)高等学校家庭科教育における子ども虐待の取り扱い―教員へのヒアリングを通して―. 生活文化研究, 50冊, 75-84

4. 家族との関係を問い直し自分の思いを発信しよう

生活主体がめざす学習課題	授業づくりの方略(ストラテジー)
b. 平等な関係を築き協働して共に生きる	ウ　子ども自身の切実な生活課題に向き合わせ，協働の学びをつくる

❶　授業設計の視点

　中高生は，自己や社会と葛藤し，親や教師に反抗的な態度を取りながら自立へ向かう時期である。生徒に親や大人，社会への不満や悩みをたずねると，「他人や自分の過去と比べないでほしい」「勉強の話ばかりしないでほしい」「勝手に部屋に入ってきてほしくない」「自分の趣味を批判しないでほしい」など，多くのことが挙がる。子どもたちは発したい思いや不満がありながらも，親の過度な期待に応えようとして追い詰められることもある。一方，親の背景にはしつけや教育に対する社会の重圧があり，知らず知らずのうちに過剰なしつけや教育により，子どもを追い込み子どもの心を蝕んでしまうことがある。自分や身近な友だちの不満や悩みを取り上げながら，自己をみつめ，家族との関係を問い直し，大人に対し思いや要望を発信する学習を構想した。

　また，本実践はシティズンシップを育むことも意図した。シティズンシップのとらえ方はさまざまであるが，「既存社会への適応に終わらず，多様な価値観の対立や利害を調整し，新たな社会創造のため主体的に参加する資質」とし，それらの要素を以下の学習内容に意識的に組み込んだ。

❷　授業の概要[1, 2]

①題　材　名：家族との関係を問い直し自分の思いを発信しよう

②授業目標：●自己をみつめ，家族との関係を問い直し，現在の思いや要望を大人へ表出・発信する。
　　　　　　●自己や家族にかかわる問題を，個人の視点だけでなく社会的な視点からもとらえることができる。

③授業計画

　第一次では，親へのアンケートや教育雑誌の分析を通して，今日の社会における教育や子育てについての現状や，親の思いや悩みを知る。同時に，自分たち子どもの思い・言い分とのずれや矛盾に気づく。第二次では，さらにクラスで大人への思いや不満を出し合い，自己の内面や家族との関係をみつめ直す。

▼授業計画

時程	内容・学習活動
第一次 2時間 親の思いや子育ての現状・背景	1．親の子育てに関する悩みを知る ● 事前に生徒の親にアンケートをとり，まとめたものを資料「親の悩みを知ろう」とする 2．教育雑誌を分析する ● 教育雑誌のコンセプトを知る ● 各班で異なる教育雑誌を分析する（5人×8班） ＜分析の観点＞　雑誌のキーワード，雑誌の読み手，コンセプト通りに作られているか，批判・疑問・感想 ● 使用した教育雑誌とコンセプト 『プレジデントFamily』「子どもを元気にする。親も元気になる。」／『プレジデントBaby』「0歳からの教育マガジン」／『AERA with Kids』「のびのび」「賢い子を育てる」／『Dream Navi』「子供の夢実現を応援する教育情報誌」／『edu』「ママの笑顔が子どもを伸ばすきもちがラクになる子育て雑誌」 3．分析結果をミニホワイトボードにまとめ，班ごとに発表する 4．発表を聞いて教育雑誌についてわかったことや意見をまとめる
第二次 2時間 自分たちの思い・子どもの状況	1．前回の雑誌分析を振り返る 2．親や大人への不満を紙片に書く（無記名で一人数枚） 3．不満を黒板にマッピングしながら分析する（p.119参照） ● 集めた「不満」から，教師がいくつか取り上げる（不満例：部屋に勝手に入らないで，他人・きょうだい・昔の自分（親）と比べないで，進路を押しつけないで，購買を復活して等） ● ＜縦軸：社会―個人，横軸：文句・わがまま―要望＞（黒板）に位置づけながら，クラス全体で意見交換する ● 不満のマッピングを通して，提案する要望は黒板の右上部分（社会―要望）の位置にある問題を取り上げることを確認する ● 要望したいことを，付箋に一人3項目書く 4．日本の子どもの状況と子どもの権利条約を理解する ● 相談相手の有無，孤独感，自己肯定感，家でほっとするか等の資料をパワーポイントで提示し，他国と比較しながら日本の子どもの状況をデータから読み取る ● 自分たちと重ね合わせ相対化する ● 子どもの権利条約（子ども訳版）を理解する（特に意見表明や社会参加について）
第三次 4時間 要望の発信	1．要望をまとめる ● 前時に書いた各自の要望をもちより，類似する要望を書いた生徒同士で班をつくる ● 要望をグルーピングして要望書を作成する（例：購買を復活してほしい，早弁を認めてほしい，数学のテストをもっとやさしく（平均点が低すぎる），部活の時間を延長，人と比べないでほしい等） 2．要望を大人へ発信するにはどうしたらよいか，方法を検討する ● 宿題として，要望書を二人以上の大人に見せて意見をもらう ● 大人からの意見を班で紹介し合い，さらに説得力が高まるように練り上げ，発信相手や発信方法を考える（大人からの意見例：もっと具体的に，比べて何が悪いなど） 3．要望を発信する 4．班ごとに要望内容・発信方法等を発表し評価し合う ● 発表形式は手作りパワーポイント（A3用紙で紙芝居形式） ● 要望とその理由・解説，大人からの意見，発信方法，発信結果

＊6時間で実施してみたが，8時間程度使えるとよい

思いや言い分を表出していいのだと思えるようになる。また，日本の子どもの状況や子どもの権利条約について知ることで，自分たち子どもを取り巻く社会状況を理解する。第三次では，それを不満にとどめず要望として発信し，社会を形成する一員として大人と対話を行う。

❸ 授業の様子・生徒の反応

第一次の教育雑誌の分析では，「『子どものため』でなく『親の願望』」「子どもの気持ちをわかっていない親目線ばかり」「勉強や受験のことばかり」「雑誌を買う親の自己満足」など，否定的な意見が多かった。

第二次の不満をマッピングする活動(p.119)では，生徒によって要望かわがままかという判断や理由づけが異なり，「部屋に勝手に入らないでほしい」などの不満に対しては率直な意見が活発に飛び交った。他国と比べて，日本の子どもたちは孤独感が強く自己肯定感が低いというデータには関心を示した。自分の内面と重ねながらデータを見ている様子だった。

大人視点の教育雑誌への批判や，自分の抱える大人への不満を出し合うことによって，生徒は自分の葛藤と向き合ったり，不満を仲間と共有したり，親との関係を相対化したりすることができるだろう。表出できたことにより，解放された様子が見受けられた。大人への要望や思いを発信する学習では，「どうせ言っても変わらない」といった諦めが生徒にあるので，教師が少々挑発的に発信を促したり，問いかけたりして働きかける必要がある。

授業時間が十分とれない場合は，第一次や第二次のみを行うこともできる。また，高校で行う場合は，第一次から「現代の子育てや教育をめぐる問題と背景」と展開することもできる。

（綿引伴子）

【注】
1) 執筆協力者：中田淳平。本授業案は，中田淳平「シティズンシップを育む家族学習」(2011年度金沢大学教育学研究科修士論文)で実施された授業をもとに再検討し修正した提案である。
2) 実践した授業では，金沢大学学校教育学類附属中学校・橋本正恵教諭の協力を得た。

▼第二次で行った不満のマッピングの様子（板書と意見交換）

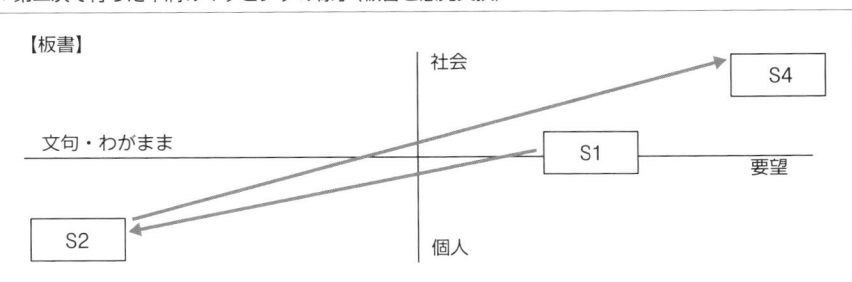

【板書】

```
                    社会
                                              ┌────┐
                                              │ S4 │
                                              └────┘
 文句・わがまま                       ┌────┐
 ─────────────────────────────────────│ S1 │──────── 要望
                                      └────┘
 ┌────┐
 │ S2 │
 └────┘
                    個人
```

【意見交換】
教師：たとえば，勉強中に勝手に部屋に入って来て勉強しとるかーって言うのは，どこらへんにいくと思う？　じゃぁS1さん出てきて。どこに貼る？
＜S1：タテ軸は中間，ヨコ軸は要望寄りに貼る＞
教師：じゃぁ説明して。
S1：やめてほしいから要望。で，社会か個人かって言ったら中間かなって。
教師：これに異論がある人いますか？
S2：はい。
教師：じゃぁS2さん。
＜S2：一番左下（個人──文句・わがまま）に移動する＞
S2：まず社会と個人の縦関係でみたときは，社会の問題っていうのはさっき誰かが言っていたように，バスとか，公共の場のことが社会的な問題だと思います。だからこれは個人の家で起こることやから個人で，個人の個人の個人だから1番下にもってきました。で，ヨコ軸の関係でいくと，要望か文句やわがままかというと，私は文句やわがままで，要望ではないと思います。なぜなら，私的には，ちゃんとまじめに一途に勉強やっている人もいるかもしれないけど，さぼる人もいると思うんですよ。だから，親としては自分の子どもがどちらのパターンかちゃんとわかってないといけないから，ちゃんとやっとるか見たくなる気持ちもわかるし。
S3：親としては？
生徒全員：はははははは（笑）
S3：思いっきり親目線やん。
S2：親としてはそりゃ見たいやろうし，私としても，親がたまに見に来てくれて，「あー，ちゃんとやってるね」って言ってくれると，「うん，やってる偉いでしょ？」みたいな感じで，褒められるとモチベーションも上がるから，私としては見てくれたほうがいいと思います。
教師：どうもありがとう。S2さんの説明聞いたら，なるほどなーと思ったかな。見てくれたら嬉しいっていう面もあるし，そもそも心配なのはしょうがないよと，当然やと。そやから子どもとしたら我慢せんなんと。じゃあもう一人。S4くん，これ移動する？
＜S4：一番右上（社会──要望）へ移動する＞
生徒全員：はははははは（笑）
S4：やっぱりこれはやめてほしいっていう思いで，要望だと思います。で，縦関係なんですけど，やっぱり学校とか，いろんな人もそう思っているから個人の問題ではないと思います。

5. 安心して心豊かに暮らせる社会とは

生活主体がめざす学習課題	授業づくりの方略(ストラテジー)
b. 平等な関係を築き協働して共に生きる	エ 子どもの探究を促す問題解決型の学習サイクルを積み上げる

❶ 授業設計の視点

　高校に入学したばかりの生徒にとって，生涯を見通した自分の生活設計をすることは，容易ではない。しかし，家庭科を学習するに当たり，生徒は，今自分は人生のどのような時点，地点にいるのかについて自覚することが重要である。そのことにより生徒は，自分自身を取り巻く生活問題について，より広い視野をもって学ぶことが可能となる(p.94)。

　「国民生活選好度調査」結果によると，個人の幸福感を高めるためには，「政府や職場の支援」や「社会の助け合い」に比べ，「家族との助け合い」「自身の努力」「仲間との助け合い」など，身内での手立てを有効と考える傾向がみられた[1]。しかし，助け合いが期待されている家族の一世帯当たりの人数は，2.42人と過去最少となっている。4人以上の世帯は減少する一方で，3人までの世帯が増加する傾向にあり，特に一人暮らし(単独)世帯は，3世帯に1世帯と，最も多い[2]。このため，家族がこれまで担ってきた子育てや介護などの家族の福祉的機能を十分に果たすことができなくなってきている。地域社会や国・地方自治体の支援により，誰でも安心して，心豊かに暮らせる共生社会を実現することが今まで以上に求められている。

　授業では最初に，アメリカの心理学者ドナルド・E・スーパーが提唱したライフキャリアレインボー(p.122)の考え方に触れ，入学後間もないこの時期の生徒に，自分は人生のどの時点にいるのかを意識させたい。さらに，人生においては，ライフキャリアレインボーの7つの役割，①子ども，②学生，③余暇を楽しむ人，④市民，⑤職業人，⑥配偶者，⑦家庭人があり，時間軸のなかでどのくらいの時間と厚みでそれらの役割を経験していくかにより，人それぞれのライフキャリアレインボーが築かれるということを理解させる。そして人生にはさまざまな生き方や課題があることに気づかせたい。

　次に，多くの生徒たちが将来直面するであろう，子育て，高齢者の介護，障がい者支援などの事例を提示する。グループで社会保障や地域の支援が必要になる様々な場面を想定したケーススタディに取り組む。その具体的な解決方法

を考えるなかで，家庭や地域の一員としての自覚をもって共に支え合い協働して共に生きることの重要性について認識させたい。同時に解決方法を考えるプロセスを通して批判的リテラシー(p.17)を育成することをめざす。

❷ 授業の概要
① 題　材　名：安心して心豊かに暮らせる社会とは
② 授業目標：人生には様々な生き方があり，人々が共に支え合って生きることが重要であることを理解する。
③ 対　　　象：高校1年生
④ 授業計画：5～6時間

時程	内容・学習活動	備考
1～2時間	◆ライフキャリアレインボーから様々な人生を考える ・自分は人生のどの時点にいるのか ・今の自分にはどのような役割があるのか ・将来，進学した，学校をやめた，結婚しない，仕事をやめた，親が亡くなったらキャリアレインボーはどうなるのか ・20年後，50年後の自分はどうありたいのか ◆社会保障制度について ・生活を支える福祉や社会的支援はどうなっているか知る	資料 ライフキャリアレインボーの図
2時間	◆ケーススタディ（グループ） ・事前に用意したA～Gの中から一つのケースを選び，どのような支援策があるか調べ，グループで解決策を話し合う （Aさん・30代女性）　就業したい。3人の子どもを育てながら生活していくためにはどうする （Bさん・40代男性）　リストラに遭い，貯金を取り崩しても大学生と高校生の子どもの学費は出せない （Cさん・50代女性）　父母・夫・子どもの5人暮らし。同居している母が倒れ介護が必要になった。父母以外，仕事がある。介護はどうする （Dさん・30代男性）　共働きで，小学生の子どもが二人だけで自宅で留守番中に大地震。交通機関はマヒし自宅に帰れない （Eさん・20代男性）　フリーターで独身。国民健康保険に加入していない。医療費は全額自己負担か。将来，年金はもらえるか （Fさん・20代女性）　産休が終わり職場に復帰したいが保育園がいっぱいで入れない （Gさん・50代男性）　働き盛りに交通事故で車いすの生活になった。どのような支援があるのか	ワークシート インターネット 模造紙 新聞
2時間	◆ケーススタディの発表 ・それぞれのケースについて調べたり話し合ったことを発表する ◆まとめ ・誰もが安心して暮らせる社会にするために考えたことや今自分にできることをまとめる	模造紙 振り返りシート

▼資料　ライフキャリアレインボーの例

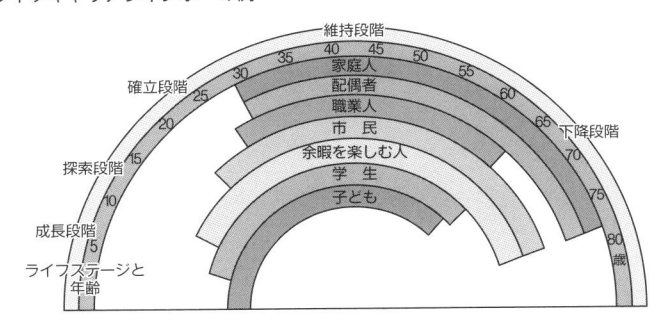

（図：ライフキャリアレインボー。維持段階、確立段階、探索段階、成長段階、下降段階。役割：家庭人、配偶者、職業人、市民、余暇を楽しむ人、学生、子ども。ライフステージと年齢：5, 10, 15, 20, 25, 30, 35, 40, 45, 50, 55, 60, 65, 70, 75, 80歳）

▼資料　ワークシート　Ａさんの例

家族・親戚・友人の協力	地域・近所の人の支援
・実家の親に子どもを預ける ・離婚した夫に協力してもらう ・専業主婦の友人に子どもを預ける	・ふだんから仲良くしておく ・家庭の事情を伝えておく ・子育て支援サークルに相談する
その他	社会的支援・社会福祉
・宅配の弁当を頼む ・貯金を使う	・ハローワークで仕事を探す ・地域の子育て支援センターを利用する ・育児・介護休業法を利用し勤務時間を短縮 ・（資産がない場合）生活保護を申請する

（中央：Ａさん）

❸ 授業の可能性

◉ケーススタディにより，ライフステージのさまざまな場面で必要となる支援について，「人ごと」ではなく自分や将来の家族のこととしてとらえ，共生社会についてより真剣に調べ，話し合いを深めることができる。

◉リスク管理など不測の事態へのマネジメントが期待できる。

◉家族や社会の一員として自分に何ができるのかという「社会への役立ち感」を深めることができる。

◉グループでの話し合いで「どのような支援があるか」「どれを選択するか」を多角的に検討することにより，批判的リテラシーを育む(p.17)。

◉ケーススタディを深めるために「どのような支援策があるか」を班で調べた後，中間発表を入れ，他の班のコメントをもらう。再度，各班で「解決策」を話し合うことにより，問題解決学習のサイクルを２周実施することもできる。

（新山みつ枝）

【引用文献】
1) 内閣府，国民生活選好度調査結果(2011年度)
2) 平成22年国勢調査より「人口等基本集計結果(平成23年10月公表)」

📁 column
グリーンカーテン作りと家庭科

　近年,「地球温暖化」がクローズアップされている。人類と動植物との共存,地球的な規模の環境問題の解決に向けて,家庭科ではどのような実践が考えられるだろうか。その一例として,植物の生態活動による大気中の二酸化炭素を減少させる作用に着目した,グリーンカーテン作りについて記したい。

　グリーンカーテンは,「つる植物」の習性を活用したもので,外壁の蓄熱防止―ヒートアイランド防止のほか,騒音防止などにも及び,環境省をはじめ,地方自治体,企業,ＮＰＯ法人など,屋上緑化・ビオトープ作りなどとも連携し奨励されているものである。自分たちで植物を育て日陰を作ることで,電気に頼らない省エネを体験を通して学ぶとともに,家庭科の住生活領域の学習を中心としながら,以下のように,領域横断的な多様な学習が考えられる。

　①**衣生活領域**　葉や野菜・花などによる染色
　②**食生活領域**　栽培・ミニ農業体験,収穫の一連過程での調理実習
　③**住生活領域**　日なた・日陰の気温と風・騒音対策(その検証も含む)
　④**保育領域**　　観察・世話(ケアリング)の効果,達成感

　総合的な学習の時間や特別活動の時間とあわせて実行することもでき,また地域の人の協力を得たり,地域の活動と連動したりといった,学校と地域を結ぶ学習としても可能性は大きい。

[グリーンカーテンに適した植物の例]
　●つる植物…きゅうり・ゴーヤ・朝顔・風船カズラなど
　●花や草……ポトス,しのぶなど

[グリーンカーテン作りで準備するものの例]
　●苗,培養土,肥料,プランター,軽石,ネット,支柱,ひもなど

▶グリーンカーテン　　　　　　　　　　　　　　　(写真:アフロ)

6. キズりんごを活用しよう

生活主体がめざす学習課題	授業づくりの方略（ストラテジー）
c. 生活に主体的にかかわり課題を解決する （a. 知識や技術を活用して生活を自立的に営む） （d. 生活を楽しみ味わい創る）	エ 子どもの探究を促す問題解決型の学習サイクルを積み上げる

❶ 授業設計の視点

　りんご産地の教師から，「近隣のりんご農家から毎年キズりんごをたくさんいただくので，生徒といっしょにジャムを作っている」と聞いた。たくさんのキズりんごをどう活用するかを生徒たちといっしょに考えたら，問題解決型の学習など，さまざまな授業の可能性があるのではないかと思った。

　また，キズりんごについて考えることは，日本の農業や地域の課題，消費者としての意識・行動を考えることにもつながるだろう。地域の問題を分析し，対話を通してそれぞれの立場や利害を調整し，地域社会の創造に主体的にかかわる資質，すなわちシティズンシップを育む学習になると思われる。

❷ 授業の概要

①題　材　名：キズりんごを活用しよう

②授業目標：●キズりんごの活用のしかたについて考え実行する。
　　　　　　●キズりんごの背景を分析することで，地域や農業の問題，消費者としての意識や行動について考える。

③学びの構造図

　図中の1～8の番号は，④授業計画の「内容・学習活動」の番号と一致する。

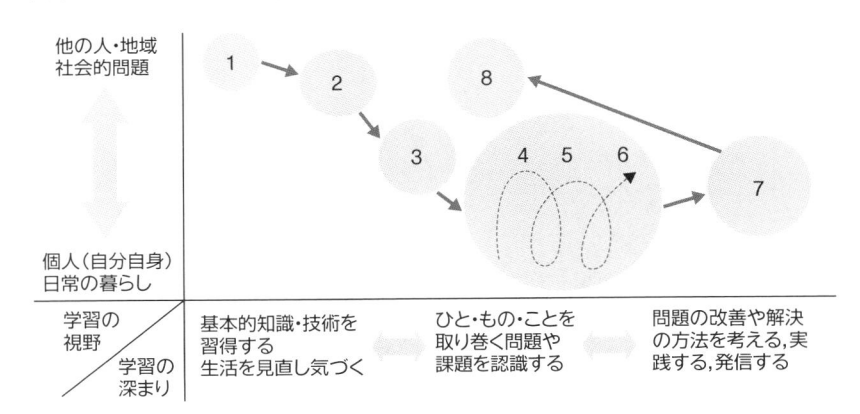

④授業計画

次のような問題解決型の学習が構想できる。「問題解決のステップ」については第Ⅰ部-1(p.18)で述べている。この授業案では，ステップ④⑤が2回繰り返される。4の④⑤はグループでの検討，5の④⑤はクラスでの検討である。

問題解決の ステップ		内容・学習活動
①問題に気づく	1	近くの農家の方からたくさんのキズりんごをもらったことを知る
②問題の現状を把握し分析する	2	農家の方はなぜキズりんごをくれるのか，ふつうはどう対処しているのか，それはなぜか，考える（キズりんごは売れない，味は変わらなくても売れない，売れても安価なので赤字になる，そのため廃棄処分する，処分費用がかかる…）
	3	キズりんごを売れるようにするにはどうしたらよいか考える（自分たち消費者の姿勢を変える，販売ルートをつくる，キズりんごから商品を作って販売する…） ［ここまでの学習で，農家の苦労，農業や地域の課題，流通や消費者の意識・行動の問題などに気づく］
③解くべき問題を特定する	4	今回は，キズりんごをいかす工夫を考えることにする。場合によっては，商品化に向けた試作とする まず，グループごとに，キズりんごをいかす工夫を考える
④解決方法を考え選択肢を出す ⑤複数の解決方法について多角的に検討する		ⅰ．目的を何にするか考える ［目的の例］農家の方へお礼，地域の高齢者施設・保育所へプレゼント，調理実習で使用，文化祭などの行事と関連づけて活用・販売，地域の市場で販売，地域の企業とのコラボレーションで商品化… ⅱ．目的に応じて作ってみたいもの，活用してみたいものをたくさん出し合う ［例］ジャム，ジュース，コンポート，ワイン煮，ドライフルーツ，りんごチップス，アップルパイ，パイ以外のケーキなど ⅲ．グループごとに，目的，その理由，いかす工夫，つくるものを決める
④解決方法を考え選択肢を出す ⑤複数の解決方法について多角的に検討する	5	クラスとして何をつくるか検討する グループごとに，4のⅲを発表する 検討する観点を出し合う（エコ視点（むだを少なく等），品種に合う料理，自分たちの技能，プラス・マイナス（誰にとって，どんな），重要度等）
	6	作り方について情報を収集する。試作し，結果により再検討する
⑥決定し実行する	7	本実習を行い，決めた目的にしたがって行動する ［例］ジャムを作り農家の方へお礼，アップルパイを作り文化祭で販売，企業への売り込みなど… パッケージやPRチラシ(広告)，メッセージなどを考える
⑦結果を振り返る	8	かかわった人の話や売上状況等から成果を確認する 商品化に向けて農家や企業といっしょに考えることにつなげることもできる。その場合は，あらたに問題解決のステップ①から始める

❸ 授業の可能性

- ④の授業計画では,「解くべき問題」をクラスで一つ特定しているが, グループごとに決めて取り組むこともできる。その場合は,「キズりんごを売れるようにするにはどうしたらよいか考える」―「キズりんごをいかす工夫を考える」―「解決策を検討する」―「決定し実行する」を, グループごとの活動にする。たとえば, キズりんごを売れるようにするには,「販売ルートを開拓する」と考え, これを「解くべき問題」とするグループは, 農家やJA, スーパーなどで調査しながら販売ルートを模索する。また, グループによっては,「自分たち消費者の姿勢を変える」や「キズりんごから商品を作って販売する」ことを「解くべき問題」とし, その方策を考える。

- ④の授業計画と同じく「解くべき問題」はクラスで一つに決めるが, キズりんごをいかす工夫をグループごとに考え, グループごとに実行することもできる。その際, 中間報告会を設定し, グループ間でアドバイスし合う機会を設けると, さらによりよい方策に練り上げることができるだろう。

- 短時間で行う場合は,「内容・学習活動」の 2, 3, 6, 8 を省略したり, 4 を, グループでなくクラス全体の話し合いで決めたりする方法もある。

- 梅, 梨, 柿, トマト, 海産物等, それぞれの地域の特産物や, 廃棄されている食物を用いることができる。また, 食以外にも地域のなかで無駄にされているものや厄介もの扱いされているものの活用について, 本実践と同様の学習にできる。たとえば, 間伐材, 竹, 果物の皮や種, 木の実などが考えられる。学校行事や総合的な学習の時間と連携することもできるだろう。

- 地域や農家の人と交流し, 企業と連携して商品化の可能性を探るプロジェクトにすると, 産業や地域の活性化にもつながる。

- 「学びの構造図」(p.124)の 4, 5, 6 に記したらせんの点線矢印は, 次のような意味で用いた。4, 5, 6 の活動をするなかで, 自分のこととして考えたり, 社会の問題として考えたり(タテ軸), また, 問題を認識したり解決策を考えたり(ヨコ軸), 学習の視野や深まりが行き来することを表している。

- この授業の「生活主体がめざす学習課題」は「c. 生活に主体的にかかわり課題を解決する」であるが, ④の授業計画の場合,「a. 知識や技術を活用して生活を自立的に営む」や「d. 生活を楽しみ味わい創る」も含められる。構想する授業により, a や d に重点を置くこともできる。

(綿引伴子)

7. 環境に配慮した衣生活を考えよう

生活主体がめざす学習課題	授業づくりの方略(ストラテジー)
c. 生活に主体的にかかわり課題を解決する	イ 領域を超えて，子どもの学びの文脈をつくる

❶ 授業設計の視点

　不要な衣服の再利用について生徒にアンケートを実施した結果，約70％の生徒が再利用していないと回答した。衣生活と環境に関する講義の後には，「環境に配慮しているのはいいことだけど，知っている人があまりいないと思う」「CO_2 を減らすと言っても，目に見えないからきちんとできているか難しい」との感想をはじめ，自分自身の衣生活に対し，購入段階での衝動買いや日々の衣服の管理について「改善の必要を感じた」などの意見まで，それぞれの視点からの考察がみられた。

　我が国の既製服化率はきわめて高く，大部分の衣服はメーカにおいて製造され，消費者の手に渡る。CO_2 削減に向けて，いろいろなもののリサイクルが進んでいるが，ペットボトル・アルミ缶・古紙などのリサイクル率が50％を超えるのに比べ，衣料品は20％以下と低い現実がある。日本では年間約250万トンの繊維製品が消費され，再使用・再利用される衣料を除いても，150万トンはごみになっている。

　持続可能な発展を果たすためには，生産者だけでなく，消費者の行動・ライフスタイルの変化が必要であるといわれており，循環型社会の形成に向け，環境に調和したライフサイクルのあり方を考える必要がある。

　今回の授業では，「購入時」と「不要になった衣料」という側面だけでなく，地球規模での資源の問題から製造工程における環境汚染，廃棄からみえる自分自身の衣生活という視点で，衣生活と環境問題の二つに着目して，領域を超えて授業の構想を行った。

❷ 授業の概要

①題 材 名：環境に配慮した衣生活を考えよう
②授業目標：●既製服のライフサイクル全体の環境負荷を段階別に理解する。
　　　　　　●不要衣料のリサイクルの現状を理解する。
　　　　　　●衣料品の環境的側面を理解し，衣生活を通じて環境に調和したライフスタイルのあり方を考える。

③対　　　象：東京都立M高校(普通科) 2年生
④授　業　日：2009(平成21)年 3月　40分授業×3時限
⑤授　業　者：川村めぐみ
⑥授業計画

　今回の授業のねらいはテーマに対するまとめだけではなく，話し合いをまとめる力を育むこともねらいとしたものである。通常の授業グループではなく，くじ引きなどでグループをつくる段階からスタートさせた。教師のスタートの合図に合わせ，意見交換から，まとめ・発表を決められた時間内で行うという授業形態をとった。「ラベルトーク」という手法(今回は付箋で代用)を用い，グループワークのなかで問題解決のための様々な発見やアイディアを出し合った。正答はないテーマに対して，一人ひとりが自分自身の生活を振り返り，みつめ

時間	内容・学習活動	準備物・留意点
1時間	◆衣生活のライフサイクルと環境負荷について知る ・環境問題に関する世界の動きや国内の環境への取り組みについて理解する ・1枚のTシャツの製造過程における環境負荷の事例を提示し，繊維製品のリサイクルまでの流れや，アパレル業界の環境への取り組みについて知る ・衣生活に関するアンケート調査を実施する	衣生活に関するアンケート
1時間	◆グループワーク：環境に配慮した衣生活を提案しよう ①5人1組になる。班作り（5分） ＊班作りから時間カウントは始まっている ＊付箋を色分けし，好きな色をとらせ，同じ色でグループを構成させるなど，ある程度のまとまりを作っておくと時間がかからない。制限時間があるので，生徒も人間関係の好き嫌いは言っていられない ②各グループの司会・記録・発表者を決める（5分） ③自分たちの班の小テーマを決める（10分） ④③で決めたテーマに沿って，各自が環境に配慮した衣生活について，新時代の衣生活の在り方として5つ提案し，ラベルに記入する（10分） ⑤④のカードを班内で発表し合う（1人2分） ⑥作成されたラベルを類似した提案にグルーピングする（10分） ⑦グルーピングしたものに見出しをつける（5分） ⑧グルーピング間の関係を明確にする（5分）	アンケートの結果（配布資料） グループディスカッション（ラベルトーク） ＊ラベル（付箋）を利用し，時間制限に沿って話し合いを進める。教師はタイムキーパーを務める
1時間	◆全体発表：グループで話し合った結果を発表する 　前時でまとめた各班の話し合いの結果を模造紙にまとめ，発表をする ・発表のためのまとめの時間(10分) ・発表(1班5分×4グループ) 質疑　2分×4 ・振り返りシートの記入	模造紙 マジック 振り返りシート

直す授業になれば，という思いで設定した授業である。

　初めてのグループディスカッションの授業でもあり，各自の提案は，今までの経験や条件に縛られない自由な発想で考える方がおもしろいことを伝え，お互いの意見を尊重し合い，相手を傷つけずに自分の意見を伝える等，いくつかの話し合いのルールを設定し，教師がタイムキーパーとなり進行した。班では，司会者が手際よく全員の意見を聞くように配慮を求めて進めた。

❸　授業の様子・生徒の反応

　1時間の講義終了後の振り返りシート(p.130)では，生徒から衣料製品に対する環境的側面や企業の取り組みについて，「知らなかった」「驚いた」との感想が多く出された。具体的には「Tシャツを1枚作るのに，2万Lもの水が必要だと聞いてとても驚きました」「服を生産する過程でたくさんのCO_2が排出されているので，服の生産量を減らせばいいと思う」「昔より電気使用量が少なく使える洗濯機が出ているなら，消費者は積極的にそれに変えていくべきだと思う」等の意見が出た。

　また国や政府に対して，「日本は国としてCO_2排出量を減らすと目標にかかげているが，実際，生活のなかで，CO_2を意識することはない。身近な取り組み等，メディアを通じ国民に知ってもらうべきだ」との記述もみられ，衣生活における環境的側面からの知識や情報の不足を実感していた。

　2時間目のラベルトークでの話し合いの結果は，衣服の着用の段階でのCO_2排出量の多さの実態から，「洗濯はまとめ洗いをする」「着たから洗うではなく，汚れたら洗う意識改革」などの提案があった。衣服の購入の段階では，「衝動買いをなくす」が最も多く，廃棄の段階を含め「服の廃棄を有料化すればよい」「企業が最初から生産する数を減らして，ムダをなくせばいいと思う」という意見や，「服をつくる・修理するなどの技術があれば捨てなくてすむ」など技術の獲得の必要性についても意見が出た。

　最後に，振り返りシートに「衣生活という小さなくくりのなかでも，日常生活を送るうえで困難な点が山積していることを知った。広い視野で物事をみつめ，考える必要性を感じた。ラベルトークを通じて，意見を出し合うことの重要性に気づき，自分自身に問うことができた」とまとめた生徒もいる。

❹　授業の可能性

　あらためてこの授業を振り返ると，流行という側面でしかとらえていなかった衣生活を再考した生徒が多かった。購入時についてはその必要性についてよ

▼生徒がまとめた振り返りシートのイメージ

20世紀から学ぶ21世紀のエコ

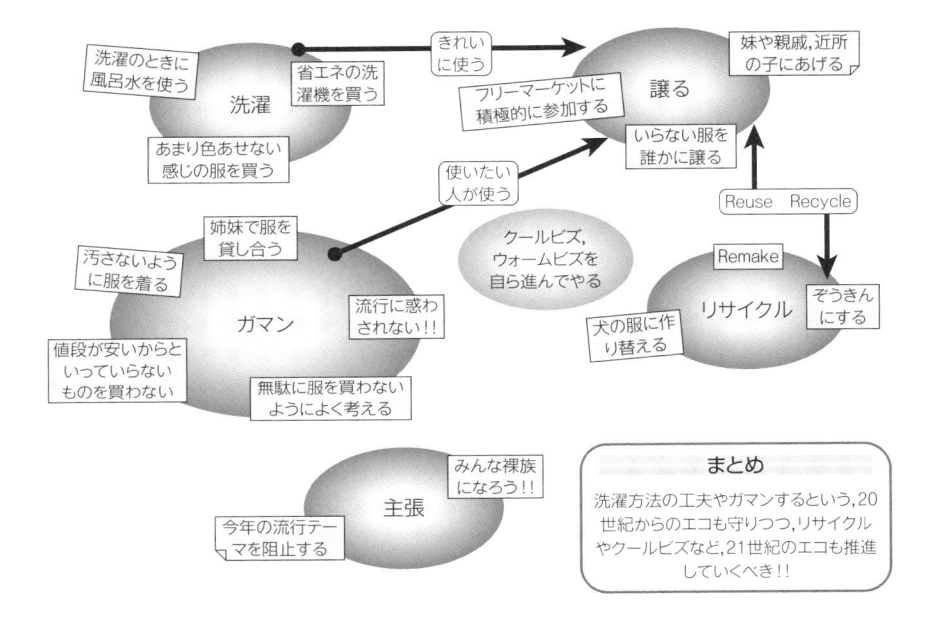

洗濯
- 洗濯のときに風呂水を使う
- 省エネの洗濯機を買う
- あまり色あせない感じの服を買う

→ きれいに使う
→ フリーマーケットに積極的に参加する
→ 使いたい人が使う

譲る
- 妹や親戚、近所の子にあげる
- いらない服を誰かに譲る

Reuse　Recycle

ガマン
- 姉妹で服を貸し合う
- 汚さないように服を着る
- 流行に惑わされない!!
- 値段が安いからといっていらないものを買わない
- 無駄に服を買わないようによく考える

クールビズ、ウォームビズを自ら進んでやる

Remake

リサイクル
- 犬の服に作り替える
- ぞうきんにする

主張
- みんな裸族になろう!!
- 今年の流行テーマを阻止する

まとめ
洗濯方法の工夫やガマンするという、20世紀からのエコも守りつつ、リサイクルやクールビズなど、21世紀のエコも推進していくべき!!

く考えることや，手持ちの衣服との組み合わせ，着用の頻度によっても購入以外の方法があることに気づいた。日々の洗濯についても，汚れの状況に関係なく洗濯する習慣についてふれた生徒もいた。

　衣服は大量生産・大量消費に加え，流行の速さや安価で購入できる現状から，消費文化として発展してきた経緯もあり，環境という側面から自分のライフスタイルまでを考察するには縁遠い背景があった。しかし今回の授業を通し，生徒は人の意見を聞くことで，共感を覚えたり，考えたりすることの多い時間であったようである。衣生活と環境への気づきだけでなく，人の意見を聞くことの大切さに，驚きや新鮮さを感じたと記述した生徒も多数いた。

　時間があれば，導入の「衣生活のライフサイクルと環境負荷について知る」については，各自の調べ学習としたい。また，被服実習につなげ，グループ製作としてリメイクファッションショーへと展開することも可能ではないか。

（川村めぐみ）

8. ヴァーチャルな消費とのかかわりを考えよう

生活主体がめざす学習課題	授業づくりの方略(ストラテジー)
c. 生活に主体的にかかわり課題を解決する	ウ 子ども自身の切実な生活課題に向き合わせ，協働の学びをつくる

❶ 授業設計の視点

　インターネットで扱えるデータの大容量化，高速化が進展した結果，さまざまなインターネット上のマーケットが形成された。デジタルコンテンツのなかには，無料で提供されているものも少なくない。それらは高校生にとって身近なサービスの一つとなっている。漫画やアニメ，ゲームといった消費文化が宣伝材料として用いられる場合も多いため，消費文化への関心がそれらのサービス利用につながる可能性も高い。

　こうした状況のもと，インターネットを介したデジタルコンテンツに関連した消費者トラブルは増加し続けており，インターネットの端末である携帯電話（ケータイ），スマートフォンの急激な普及が，これに拍車をかけている。

　ここでは，奥谷めぐみ氏が考案・実践した授業を提案する。消費者としての高校生がこれらのサービスとどのようにかかわるのか，批判的に考える授業である。授業では，事前に実施した消費文化とのかかわり方およびデジタルコンテンツの利用状況の実態調査結果を批判的に読み解く。クラスの調査結果からみえてくる問題点や課題を出し合い，自分や他者に与える影響や，社会とのかかわりについて検討する展開である。

　授業は，多様な意見や価値観に触れる機会でもあるグループディスカッションを軸に進行する。そうした活動を通して，生徒が自分の意見や考えを表現する力を身につけさせることもめざしている。他者との交流によって，生徒は自分自身を相対化し，自らの行動を省察的に決定することの価値を再確認する。その積み重ねが，批判的思考の育成につながると考える。

❷ 授業の概要

①題　材　名：ヴァーチャルな消費とのかかわりを考えよう
②授業目標：●クラスの実態から，メディアを通して活用しているデジタルコンテンツが消費生活に与えている影響を理解する。
　　　　　　●デジタルコンテンツにかかわるトラブル事例をシミュレーションし，消費者としてどのような行動が求められるのか批判的に

考える。
③対　　　象：神奈川県立O高校(普通科)1年生40人
④授 業 日：2011(平成23)年5月20日　　⑤授 業 者：奥谷めぐみ
⑥学びの構造図

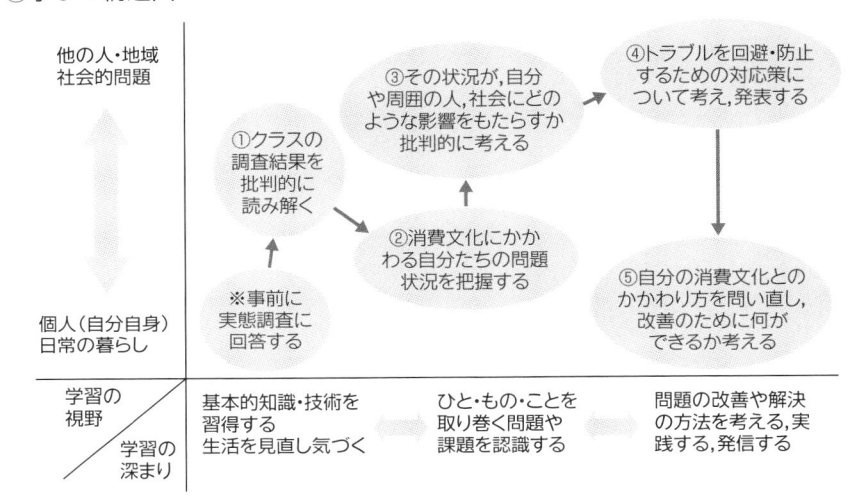

```
他の人・地域
社会的問題
　　　　　　　　　　　　　　③その状況が，自分　　　④トラブルを回避・防止
　　　　　　　　　　　　　　や周囲の人，社会にどの　するための対応策に
　　　　　　　①クラスの　　ような影響をもたらすか　ついて考え，発表する
　　　　　　　調査結果を　　批判的に考える
　　　　　　　批判的に
　　　　　　　読み解く
　　　　　　　　　　　　　　②消費文化にかか
　　　　　　　　　　　　　　わる自分たちの問題
　　　　　　　　　　　　　　状況を把握する
　　　　　　　※事前に　　　　　　　　　　　　　　⑤自分の消費文化との
　　　　　　　実態調査に　　　　　　　　　　　　　かかわり方を問い直し，
個人(自分自身)　回答する　　　　　　　　　　　　　改善のために何が
日常の暮らし　　　　　　　　　　　　　　　　　　　できるか考える
```

学習の視野	基本的知識・技術を習得する 生活を見直し気づく	ひと・もの・ことを取り巻く問題や課題を認識する	問題の改善や解決の方法を考える，実践する，発信する
学習の深まり			

⑦授業計画：全2時間(2時間連続授業)

◉メディアの発展とデジタルコンテンツサービスが身近になっていることを自覚する

時程	学習項目	準備物・留意点
10分	◆消費文化のかかわりとデジタルコンテンツの利用状況について知る	アンケート結果(配布資料・スライド提示)
30分	◆利用状況から感じたこと，考えたことについて周囲の人と意見交換をする ・自分が予想していた実態とどのような違いがあるか ・自分の利用状況はほかの人と比べてどう異なるか ◆自分・人の意見をワークシートに記入する ◆自分自身の意見や，意見交換で感じたことを発表する ◆メディアツールとサービスの利用状況，消費文化とのかかわり方から，課題や問題点を考える ・自分のまわりのメディアやサービスはどのように変化するか ・どのようなサービスを利用することが有効であると考えるか ・インターネットコンテンツが普及することで自分の生活や社会ではどのようなことが起こり得るのか ◆自分・人の意見をワークシートに記入する	意見交換のポイント(人の意見を否定しない・しっかり話を聞く)を提示 グループディスカッション
10分	◆グループディスカッションのなかで，出された意見を発表する	

● トラブルの事例と対応策を考える

時程	学習項目	準備物・留意点
10分	◆消費文化との接触状況やインターネットを利用して困った事柄から，トラブルや課題を整理する	トラブルに遭遇したことがある人は積極的に発言するよう促す
35分	◆起こり得るトラブルについて，その原因とまわりの人への影響について推測する ・自分がトラブルに巻き込まれる可能性はあるか ・ほかのサービスなどで，このようなトラブルが起こる可能性はあるか ◆自分・人の意見をワークシートに記入する	
	◆具体的なトラブル事例とテレビCMをトラブル防止の対応策の一つとして提示し，個人や社会でどのような対策が可能かを考える ・CMの事例が適切な対応であるかどうかについても検討する	トラブルを起こしているサイトとは明確な関連性がないことを事前に示す
	◆各グループで出された対応策を発表して，相互に共有する	全体で共有できるようスライド，黒板を使う
5分	◆トラブルを拡散させないために自分にできることは何か，出された対応策に対して意見交換を行い，ワークシートに記入する ・個人でできることが社会的な改善につながることを理解する	

❸ 授業の様子・生徒の反応

　授業前に実施したデジタルコンテンツに関する実態調査の結果，生徒はごく日常的に利用していた。また，消費文化の担い手でもある生徒は，消費者(購入者)であると同時に店舗への販売や友人間での売買も経験しており，トラブルも起きていた。過半数の生徒がオンラインゲームで遊んだことがあり，リアルマネートレードを経験している生徒もいた。インターネット・デジタルコンテンツを利用していて困ったこと，気になっていることとして，「どこからお金がかかるのか境目がわからない」「有料のコンテンツでお金を消費しているが，実感が薄いので，つい使い過ぎてしまう」「mixiで自分の顔写真を載せているのが気になる」などの記述もみられた。

　消費文化とのかかわり方が消費者トラブルを誘引する可能性について，自分たちの利用実態に基づくデータやグループディスカッションにおける意見交換を通して理解できたと思われる。リスクをともなう利用の具体的な問題点を把握することが，デジタルコンテンツなどのヴァーチャルな消費におけるトラブルの防止に有効であろう。

(鈴木真由子)

9. 消費行動をクリティカルに振り返ろう

生活主体がめざす学習課題	授業づくりの方略（ストラテジー）
c. 生活に主体的にかかわり課題を解決する	ウ 子ども自身の切実な生活課題に向き合わせ，協働の学びをつくる

❶ 授業設計の視点

　日本の子どもたちは，社会的問題への関心が総じて薄く，高校家庭科では，これからの社会を担う高校生に市民性を養うことが大切である。生活に主体的にかかわり課題を解決する力を育成するためには，子ども自身に生活問題に向き合わせ，当事者としてとらえさせることが必要である。特に消費者問題については，現在，消費者市民社会の実現に向けて，消費者の責任として批判的思考を身につけ，環境や社会への影響を自覚することが求められている。

　高校生は，自己を中心とした身近な生活環境にしか目がいっておらず，自分の消費行動を省みて，社会や環境への影響を考える機会がほとんどない。そのため，授業を通して消費者問題が自分とかかわっているという自覚をもたせるとともに，問題解決への意識をもたせる必要がある。そして，自分の消費生活に留まらず，消費者問題を消費者・企業・行政といった社会システムにおける構造的な問題点から考えることによって，批判的思考を養い，広い視点で問題解決をめざしたい。

　具体的には，消費者と社会構造や環境に関する身近な問題を取り上げて，消費者・企業・行政の三者の立場で何が問題であるのかを冷静に判断して原因や解決策を考えることにより，消費生活分野の批判的思考を養う授業を実践したい。できれば，調べ学習を導入して十分時間をかけたいところであるが，「家庭基礎」2単位では時間的余裕がないのが実状である。そこで，本授業は，高校生が消費生活分野における批判的思考や問題解決を考えやすい事件を取り上げて，50分授業のなかで生徒が主体的に考え課題を解決する力を育成することを試みた。

❷ 授業の概要
①題　材　名：消費行動をクリティカルに振り返ろう
②目　　　標：消費行動が環境や社会に与える影響から社会構造を批判的に考え，自らの消費行動を省みることができる。

③授業計画

時間	内容・学習活動	備考
5分	①自分の消費行動を知る 　事例A．コンビニで牛乳を購入（消費期限が長い牛乳と短い牛乳の選択） 　事例B．再生紙ノートの購入（グリーンマークの有無と値段の異なるノートの選択）	個人
10分	②自分の消費行動のメリット・デメリットを考える	個人→グループ
20分	③事件から問題点を考える（消費者・企業・行政の立場から） 　事件A．コンビニにおける値引き販売制限と食料廃棄問題 　[資料]　事件の記事，コンビニの廃棄実態，日本人の食事の廃棄と世界の飢餓人口 　事件B．再生紙の古紙配合率偽装問題 　[資料]　事件の記事，日本の紙消費量と海外の森林伐採，紙に白さを求める消費者	グループ
10分	④環境に配慮した社会構造を考える（消費者・企業・行政の立場から）	グループ
5分	⑤自分のこれからの消費行動を考える	個人

　消費者の批判的思考を養うために取り上げた問題は，身近な消費行動と関係の深い事件として，A．コンビニにおける値引き販売制限と食料廃棄問題，B．再生紙の古紙配合率偽装問題，である。実際に起こったこの二つの事件は，それぞれ表1(p.136)のねらいから取り上げ，授業設計をした。

　授業の最初に，授業で扱う消費者問題を当事者としてとらえさせるために，事例を通してふだんの自分の消費行動の実態を把握させておく。そのうえで，食料廃棄や森林伐採といった実際に起こった事件の資料をもとに，消費者行動と環境問題の関係や企業・行政とのかかわりについて問題点と解決策を考えさせた。ワークシートは、授業の展開に沿って記入欄を設け，消費者・企業・行政の立場でそれぞれ問題点と解決策を書くように枠を設けた。

❸ 授業の様子・生徒の反応

　50分授業で2クラスに実践した結果，「①自分の消費行動を知る」の二つの事例で選択した生徒の消費行動は，「事例A．コンビニで牛乳を購入」では，約9割が消費期限の長いものを選択し，「事例B．再生紙ノートの購入」では，95％がグリーンマークのついていない安いノートを選択していた。

　生徒が授業の最後に書いた感想の自由記述をみると，最初に事例を通して自

表1 消費生活分野における批判的思考を養うために取り上げた問題

A．コンビニにおける値引き販売制限と食料廃棄問題

事件の概要	コンビニに毎日納入される弁当やおにぎりなどの商品は，消費期限・賞味期限の2時間程前に，すべて廃棄されている。廃棄された商品の原価相当額は，全額を加盟店が負担することになっている。こうしたしくみのもとで，2006年，公正取引委員会は，コンビニエンスストアS社は加盟店に対し，廃棄処分が迫った食品の値引き販売を行わないように制限していると指摘した。公正取引委員会は，値引き販売の制限によって，加盟者は，経営判断に基づいて廃棄による原価負担を減らす機会を失っていると判断し，排除命令を出した。
導入のねらい	コンビニは24時間営業で，多くの生活用品が揃えられているという便利さだけをみている消費者は，食品廃棄の悲惨な実態まで意識していない。自分の都合だけで購入することが食料廃棄につながっていることに気づかせ，消費者の行動が企業や社会に与える影響を考えることによって，批判的に考え行動することの重要性を考えさせる。

B．再生紙の古紙配合率偽装問題

事件の概要	2008年，製紙会社が再生紙の古紙配合率を偽装していた問題が浮上。年賀はがきが，日本郵政グループ指定の古紙配合率40％を大きく下回っていた。年賀はがきを納入していた5社すべてが配合率を偽っており，最も少なかったのは，古紙の配合が1％であった。さらに，コピー用紙などの再生紙でも，古紙配合率が公表数値より低かった。偽装が広がっていった背景の一つには，再生紙に高い品質が求められ，競争が激しくなっていることがある。古紙を増やすと紙のきめが粗くなり，消費者の需要に沿うことができない。また，日本人の紙の消費量は，世界平均の4.5倍であり，紙の大量消費が，海外の森林伐採を招いている。
導入のねらい	ふだんから紙の大量生産・大量消費にかかわっている消費者は，これが世界の環境問題につながっていることを意識せずに消費行動をしている。そのため，自分の紙の消費行動が環境問題につながるということを，授業を通して気づかせ，消費者・企業・行政の三者間で，企業や行政の社会的責任や，環境に配慮した消費行動とはどういうことか，それぞれの立場で，問題解決の方法を考えさせる。

分の消費行動をおさえていたことによって，「賞味・消費期限の長いものを求め過ぎていた」「環境に配慮した生活を送っていないことに気づいた」と，自分自身の消費行動を省みていた。そして，「日本は，多くの資源をむだにしていることがわかり悲しくなった」「消費者・企業・行政がそれぞれ問題点をみつけ解決していくべきだと思った」と社会構造を批判的にとらえていた。また，75％の生徒が「これからは消費者の目線でなく，地球に住んでいる一人として環境と向き合っていきたい」「これからは環境に配慮した商品を購入したい」など，自分のこれからの消費行動についてどうしたいかを具体的に記述していた。

(野中美津枝)

3. 家庭科を学ぶおもしろさ，楽しさを演出しよう

　生徒にとって家庭科は，「おもしろく，役に立つ」教科である。大学生に高校時代の教科の好き嫌いをたずねた調査では，芸術に次いで「好き」の割合が高く（コラムp.158），高校生対象の調査でも，リラックスでき，役に立つ教科，家に帰って家族と最もよく話題にする教科ととらえられている[1]。

　家庭科は子どもにとって，なぜおもしろいのだろうか。大きく4つの点が挙げられるだろう。

　第1に，家庭科は自分の手指を使って生活に役立つものをつくることができる。手指と大脳はつながっている。手指を活発に動かすとき，脳も活性化していることは，様々な実験や研究で明らかになっている。子どもの手指が不器用になっているという言説は，食や衣などの日常の生活を自分で整えたり家事にかかわったりする子ども自身の体験が乏しくなり，技を習得したり工夫し知恵を絞る機会が著しく不足していることを意味する。家庭科は，「手指を動かし頭を使う」ものづくりの楽しさを体験する機会を，学校教育として保証することができる教科である。

　第2に，家庭科では調理を中心に，五感をフルに使う体験を子どもに与えることができる。見る，聴く，触れる，味わう，匂いを嗅ぐ。特に新鮮な食材に触れ，嗅ぎ，味わうことは醍醐味がある。たとえば，中学や高校での「鰯の手開きとかば焼丼づくり」のような実習は，魚を手でさばくときのぬめりや小骨の感触と，かば焼きの甘辛い匂いや旨みの味わいが，確かで楽しい経験として生徒の心に永く残るだろう。

　第3に，家庭科は生徒が日々の生活問題に取り組み，改善や解決を考え実行することをどの教科よりも大事にしている。こうした活動に一人ではなく仲間と取り組む機会も多い。問題の解決について知恵を絞って考えることは，解決がみえたとき，大きな達成感につながる。

　第4に，家庭科は生涯を見通し，身近な生活から社会へと視野を広げる学習が可能である。生活をテーマとして人と出会い，社会に目を向け，そして将来へと射程をのばしていくことで，今とこれからを考えることができる。

こうした家庭科の魅力を十分に引き出すためには，**第Ⅲ部-1**で述べたような授業の工夫が欠かせないが，それだけでは不十分である。学習の探究心を刺激し，居心地のよい場としての家庭科室や調理室等の環境の整備や演出，地域の人々との連携や発信が欠かせない。学校教育のなかで，「食べる，着る，住まう，創る」というリアルな「生活」を学習の内容と活動を通して取り込むことのできる教科は，家庭科をおいて他にはない。だとすれば，生徒の生活感を刺激し，それを存分に発揮させる場として，家庭科室をとらえることが必要なのではないだろうか。

本章では，家庭科のおもしろさを存分にいかすための，様々な環境の整備や演出のヒント，外部とのネットワークについて国外，国内の実例を紹介しながら考えてみたい。まずは，外国の家庭科について知ることから始めよう。

1. 世界の家庭科を訪ねてみよう

個人や家族の生活について学ぶ家庭科は，世界のさまざまな国でそれぞれの生活文化や社会制度，家族観に応じて個性豊かになされている。欧米，なかでも米国，イギリス，北欧諸国(スウェーデン，デンマーク，ノルウェー，フィンランド)では，19世紀半ば以降，学校教育の普及のなかで女子教育として出発し，その一部は20世紀に入り，女子のキャリア教育として短大や大学の家政学へと発展した[2]。また義務教育レベルでは，基礎的な生活教育として，男女共学の教科へと転換していった。その時期は国によって異なるが，たとえば北欧のスウェーデンでは，1920年代に公民科(シビック)において家庭生活の学習が男女共学で行われていた[3]。一方，開発途上国は，植民地時代の統治国の影響を深く受けている。たとえば，フィリピンでは米国の家庭科が，またシンガポール，香港，インド，南アフリカ共和国，ガーナ等の国ではイギリスの家庭科が導入され，現在もそれらの国の教科書が使われるなど，影響力は大きなものがある。日本の家庭科は，第二次世界大戦の終結後，GHQの指導の下に1947年に誕生したが，米国の家庭科をモデルとして，民主的な家庭を創り上げる人(Home Maker)を育てる教科としてスタートしたのは周知の通りである。

世界の家庭科に目を向け，本で調べたり，実際に訪問したりすると，それぞれの国が生活をどうとらえ，何を大事にしているかがみえてくる。授業の内容や方法の発見だけでなく，学校建築の空間のとらえ方や家庭科室の設計，さら

にそこでの生徒の学びをみると，こんなことも可能なのだと目を開かれることが多い。ここでは，米国と北欧の家庭科について，特に日本の家庭科と異なる特徴的な点について紹介する。　　　　　　　　　　　　　　（荒井紀子）

❶ 米国の家庭科

　米国の教育行政は州自治であり，教育制度や教科の必修・選択，単位数などは，州やその下の行政区によって異なる。家庭科は，中学校では男女とも必修，高校では男女とも選択の州や地区が多い。多くの州ではカリキュラムガイドを作成しているが，法的拘束力をもたせていない州が多い。

　長年米国では国レベルのカリキュラムは存在せず，州，基本的には各学校や教師に裁量権が与えられてきた。しかし，1990年代以降，学力向上をめざす教育改革のもとで，国レベルのカリキュラムとして各教科のナショナルスタンダードが制定された。ナショナルスタンダードは，法的拘束力をもたないが，州がカリキュラムを作成したり，学校や教師が活用したりするための枠組みを提供している。

　教科書は検定制度がなく，民間により自由に多数出版されている。厚さ2〜3cmのハードカバーで，カラフルな写真や図が盛り込まれている。家庭科も含めたすべての教科書は，個人のものでなく学校の備品である。各教科の教室に置かれたり，授業のある学期間，生徒に貸与したりして数年使用される。常に机の上に置かれているわけではなく，他の教材や資料と同様に必要なときに所定の場所からもってきて使用するのが一般的である。

　教師は，上記のナショナルスタンダードや州カリキュラムガイド，教科書の他，学会や民間団体などが作成するカリキュラムガイドや指導書，資料なども含めたなかから自由に選択し，目の前の子どもたちを思い浮かべながら授業や年間計画を構想している。

①どの授業も少人数でゆとりある室内環境

　家庭科に限らずすべての授業は，20人前後で行われている。写真1, 2(p.140)はアイオワ州の公立中学校であるが，広々とした教室や廊下であり，ゆったりとした環境のなかで教育が行われている。多くの学校の調理室は，写真3(p.140)のように，流し，調理台，コンロまたは電磁調理器，オーブン，食器洗浄機などの1グループ用の設備がコの字型の中にセットされており，家庭で使われているキッチンシステムと同様のものである。食事用のテーブルは，調理台とは別に教室内に置かれている。

写真4は中学校の家庭科室の廊下に設置されているガラスつき掲示コーナーである。生徒の作品や学習の成果，家庭科教師からのメッセージなどが掲示されている。ガラスつきなので，生徒の作品等を壊されたりすることなく安心し

▲1　中学校の家庭科の授業風景

▲2　中学校の広い廊下

▲3　調理室

▲4　家庭科室廊下にある生徒作品等の掲示コーナー

▲5　妊娠または子育て中の生徒が家庭科を学んでいる様子

▲6　自分の子どもを連れて学校のイベントに参加

(写真1～3：アイオワ州の公立中学校，4：メリーランド州の公立中学校，5，6：メリーランド州の公立高校)

140　第Ⅲ部　これからの家庭科

て展示できる。家庭科の学習の様子を校内の生徒や教師に理解してもらう機会となっている。

②妊娠・出産を支援する家庭科

　米国では，妊娠している生徒や出産して育児をしている生徒も退学することなく高校で学んでいる。米国の多くの高校では，家庭科の選択必修科目を置いて，その上に選択科目を積み上げていくことが多い。選択科目が多く置かれ，人気のある教科である。生徒たちは，自分の関心や進路に関連ある科目を自由に選択し受講している。履修対象者を妊娠・育児をしている生徒に限定した選択科目授業が設定されている学校も少なくない。

　写真5は，出産して子育て中の高校生が，子どもの発達と親の対応について学んでいる様子である。別の学校では，同様の生徒対象の授業で，将来設計について学んでおり，具体的な職業をみすえた学習をしている。生徒の現実を受け入れ，生徒たちがまさに今抱える問題から立ち上げた学習といえる。これらの授業の多くは，家庭科教師が中心となり担当している。他の授業でも，ダイエットやデート，虐待，家庭内の暴力など，生徒の生活現実をリアルに題材化することが多い[4]。写真6は，学校のイベントの日に，生徒が自分の子どもを連れて参加したときの様子である。

③地域の親子の協力を得て行う保育の授業

　米国の家庭科は，歴史的に職業教育の一環として位置づけられてきたため，キャリア教育が重視されている。地域によっては，高校と短大(コミュニティ・カレッジ)が提携しており，短大で取得する保育士資格に必要な科目のいくつかを高校で開講している。米国の大学では単位(講義)当たりの授業料を支払う必要があるため，高校で単位を取得することにより経済的負担が軽減されるのである。写真7～9(p.142)はその授業の一部である。学校のある地区に在住しており生徒の学習に協力してくれる親子を学期ごとに募る。学期中，週2～3日，1日約2時間，幼児が親に連れられて通ってくる。幼児の送迎は親が行う。たとえば，生徒たちは，子どもたちと活動するグループ，その活動を観察・分析するグループ，次回の活動を計画するグループの3グループになり，順番に行う。学校には，幼児用の教室や家具，玩具，遊具などが用意されている。写真10(p.142)は，観察・分析グループのブースである。このブースから子どもたちの様子や活動グループの取り組みを観察する。

（綿引伴子）

▲7 地域の親子の協力を得て行う保育学習の様子 　　▲8 音楽に合わせて身体を動かす

▲9 校内に遊具を設置　　▲10 観察・分析グループのブース
(写真7〜10：メリーランド州の公立高校)

❷ 北欧の家庭科
①北欧の家庭科カリキュラム

　北欧(スウェーデン，デンマーク，ノルウェー，フィンランド)の家庭科は，国により多少の違いはあるが，その多くが義務教育段階(1〜9学年)の4〜8学年に必修，8〜9学年に選択で男女共修の科目として置かれている。内容は食教育が重視され，食分野を中心に消費者や家庭経済，住居管理や環境分野の学習が組まれている。次頁資料は，スウェーデンの家庭科，"Hem-och konsumentkunskap"(家庭・消費者科学)の学習目標(2008年シラバス)[5]をまとめたものである。

　家庭生活を自力で，また他と協働して営む力をつけさせると共に，民主主義や男女平等の視点を体験を通して理解させることが明記されている。また，地域や地球規模で環境保護を考え，思慮深い消費者として知識や意思決定力を身につけること，歴史・文化への理解，さらに，家庭や社会の変化に創造的に対応する能力が求められている。自主協働を根底にすえ，生活を中心に置いて生

活の側から社会への視点の広がりや，過去から未来へ，地域から地球への時間的，空間的な広がりを意識した視点から教科がとらえられており，自律的に行動する市民としてのシティズンシップを育てる教育がめざされていることがわかる。

② 食の学習を大事にする家庭科学習

家庭科学習は，前述のシラバスの項で述べたように，健康的でバランスのよい食生活を営む力や，消費者として商品や情報を判断し意思決定する力，環境に配慮した生活を実践する力を身につけさせることを重視しており，理論と体験を通してこれらを身につけられるよう学習が組み立てられている。

特に力を入れているのは食分野の学習で，これらと消費者学習や環境の学習をかかわらせて授業が展開されることが多い。食品の表示や食材の選択・購入，食の安全性と添加物，包装，リサイクル，さらに給食の残渣をコンポストで肥料にし，それを用いて学校の菜園で無農薬野菜を栽培したりする。また，季節

▼スウェーデンの「家庭・消費者科学」の学習目標（2008年シラバス）[5]

- 家庭の仕事を自分自身で行ったり，他と協力して行う能力を身につけ，自信をもって思慮深い行動をとれるようになる
- 民主主義と男女平等の原理を実践すると同時に，家庭生活や人間関係のなかで，その原理の重要性を理解する
- 家庭生活の諸活動が，地域規模，地球規模で，健康や経済，環境とどう相互に関係するのかを理解し，関心をもつ
- 食事を準備し整えるスキルを身につけるとともに，地域社会や健康，コミュニケーション，文化的な観点から食の重要性を理解する
- 家庭をつくり大切にするための知識を身につけるとともに，文化，経済，健康の観点から家庭環境を考えることの重要性を理解する
- 個人と家庭資源を基礎に家計を立てることを学び，情報や広告を精査・評価し，思慮深い決定に基づいた行動をとる
- 人が共に暮らすさまざまな方法について知識を身につけ，歴史的・文化的伝統が家庭生活に及ぼす影響について理解する
- 家庭生活を創造的に営む能力を身につけ，異なる状況や変動する家庭の資産・資源に対応して活動する能力を磨く

（出典：Syllabuses for the Ccmpulsory school, Revised version 2008,Swedish National Agency of Education, 2009）

に応じて，授業時間に生徒自身がリンゴや各種のベリー，キノコ類などを学校の近隣や森で採集してジャムや干しキノコ等の保存食を作る学校もある(写真12)。

　これらの野菜や保存食も活用しながら，最も多くの時間が調理実習に充てられており，実習を通しての学びを重視するのが北欧の家庭科の大きな特徴である。1回の授業時間は学校により多少の違いはあるが，一般に実質120〜150分程度である。実習回数が日本よりも多いこともあり，実際に授業を参観すると，男女を問わず，包丁やオーブンを使い慣れている印象を受ける。実習後の片づけもさぼる生徒はみあたらない。手早く調理台やレンジはもちろんのこと，シンクまでもきれいに拭き上げて教室に戻っていく。調理後の試食は，キッチンの横の白木のテーブルにランチョンマットを敷き，花を飾り，ときにはキャンドルを灯してテーブルセッティングをし，食器を並べる(写真11)。特別なことではなく，家庭でするようにごく自然に行っている。すでに述べたベリー摘みやキノコ狩りと同様，生活を美しく飾って楽しむという北欧の生活文化が学校のなかにも息づいている。実習内容は，単品調理を作ることもあるが，一般にパンやヌードル，魚か肉を一皿，スープやサラダ，それに簡単なデザートを1品，つまりフルコースを仕上げる学習が行われている。実習後に簡単なレポートを仕上げるのは日本と同様である。必ず毎回，小麦粉からパンやピザ，ヌードルをつくる点が興味深い。スウェーデンのある教師は「たとえ家に現金がなくても，粉とミルクさえあればおいしいパンを焼いて食べることができる，その力をつけさせたい」と語っていたが，確かにその目標に沿った学習が展開されているといえるだろう。

③住まいとしての学校

　北欧(スウェーデン，デンマーク，ノルウェー，フィンランド)の学校を訪れたときの共通した印象は，「家庭の住まいのような居心地のよさ」である。多くが平屋か，せいぜい2階建てで廊下が広く，生徒たちがランチを食べたり話したり寛いだりできるスペースが，ホールだけでなく廊下の隅や踊り場のあちこちに設けられていることが多い。木製の備えつけのベンチや簡素なソファーの置かれたこれらのスペースは，休み時間だけでなく，授業中でも，社会科や家庭科等の調べ学習やグループ活動で使われている。

　また，教室の窓にはカラフルな布のカーテンがかかり，観葉植物が置かれるなど，家庭との落差が少なく，居心地よい場所となるよう配慮されている(写真13)。

▲11 中学1年生の試食風景：テーブルにはランチョンマットを敷き，花を飾ったりする

▶12 学校の近所で摘みとったリンゴから，ジャムやアップルパイをつくる

▲13 小学校の教室：クラスごとにオレンジやグリーンなどのクラスカラーがあり，カーテン，カーペット，ソファ，棚の色がコーディネートされている．自宅のリビングルームにいるようなリラックスした感覚になる

3. 家庭科を学ぶおもしろさ，楽しさを演出しよう　145

思えば学校は，生徒が早朝から午後まで過ごす場である。学習をしたり，休み時間は遊んだり体を動かしたり，食事をしたり，排泄をしたり，ゆっくり本を読んだり，ときには休養をとったりする。つまり，生徒は学校で「生活」しているのであり，学校は生徒たちにとって昼間の「住まい」なのである。その意味で，学校が居心地のよい場所，来たくなる場であることは重要だろう(**写真14**)。これらはさほど予算のかかることでなく，ある意味でコンピュータや電子黒板よりも必要性は高いともいえる。そうした空間を保証することは，カリキュラムで述べたような，体験を重視した子ども主体の学びや自主自立，連帯を重視する北欧の学校教育の基本理念とも深くかかわっているといえる。

④少人数の実習を可能にする家庭科調理室

　家庭科室も，日本と欧米では大きく異なっている。日本の調理室は，40人が一度に実習する形態がほとんどで，5～6人を1グループとして調理台を囲んで作業ができるよう，アイランド型調理台が8台程度設置されているのが標準である。これに対し，北欧の調理室は，基本的に，前項の米国と同じく，家庭の台所と同様のＩ字型かＬ字型のシステムキッチンが配備されている。白木が多く使われ，機能的で美しい。調理は一つのキッチンを二人がペアで使う場合がほとんどである。二人なので，各自がこなさなければならない仕事量が多く，実際，生徒たちはてきぱきとよく動く。何よりも生徒たちの表情が総じて穏やかで楽しそうなのが印象的である(**写真15，16**)。

▲14　高校の階段脇に設けられたテーブルとベンチ：休み時間の他，各教科の調べ学習など，常に生徒が利用している

▲15　小学校5年生男子の調理後の様子：手も体もよく動き，手早く片づけていく

▲16　中学2年生の実習風景：モダンで機能的なシステムキッチンを2〜3人で使う。一人ひとりの作業量は多く，毎回パンは自分たちで焼く（写真11〜16はすべてスウェーデン）

3．家庭科を学ぶおもしろさ，楽しさを演出しよう

スウェーデンの学校はクラス人数が約30名前後で，家庭科学習はさらにクラスを二つに分けて最大15名程度で行う。したがって，多くの学校で調理室は二つ配備されている。スウェーデンの家庭科教師は，調理実習を一人で担当する場合，生徒数は14〜15名が限度でそれ以上は無理であると考えており，そのことを常日頃，他の教師や校長などの管理職に伝えているという。つまり，それ以上の人数であれば，仮に怪我人が出ても責任をもてないし，何より生徒の学習の質を保証する点からみても問題である―この認識を家庭科と他教科教師が共有しているとのことであった。とはいっても教師は転勤し，管理職も入れ替わる。そのため，家庭科教師は，毎年カリキュラム編成会議でそのことを粘り強く主張し，まわりの理解を求めている。「家庭科教師はタフでなければやっていけない」―これは訪問した複数の公立学校の教師が共通に発した言葉であった。こうした家庭科教師自身の持続的な努力と，それを受け止める学校文化や教職員，管理職の意識や理解が，少人数の授業や使いやすい調理室の設計，各校二つの調理室配備等を可能にしているといえるだろう。

（荒井紀子）

【注および引用文献】
1) ベネッセ教育研究所(1998)モノグラフ・高校生．Vol.54．高校生の教科観―受験の学力・生活する学力．120-122
2) 荒井紀子(2002)北欧における家政学の発展過程および1990年代の家庭科教育の動向と課題―市民の育成とジェンダーの視点を中心に―．福井大学教育地域科学部紀要第Ⅴ部41．2-4
3) Karin Hjalmeskog(2000)Home Economics in 100 Years : A Case of female Education. Home Economics in 100 Years. The Royal Danish School of Education.
4) 綿引伴子(2004)英米のカリキュラムはどうなっているのだろう．衣食住・家族の学びのリニューアル．日本家庭科教育学会．東京：明治図書．116-121
5) Swedish National Agency for Education(2009)Syllabuses for the compulsory school, Second edition. 15-16

2. 家庭科を開こう

　前項では，米国や北欧の家庭科についてみてきた。いずれの国でも，生徒自身に日常の暮らしをみつめさせ，生活的にも精神的にも自立するための学習が丁寧に組まれていた。日本においても家庭科は，生活を学校のなかに持ち込んで具体化していける教科であり，身近な生活のさまざまな文化を，知識や技能・技術を通して学ぶことのできる教科である。家庭や学校ばかりでなく，家庭を取り巻く地域・諸環境のなかでも学ぶことができ，学んだことを地域に還元することもできる。男女とも，自分の生き方にかかわる学習や，家族・家庭に関する学習，そのなかで生きる子ども・高齢者についても学習できる。そして，自分の現在の生活とこれからの生活の創造に役立つ教科でもある。

　この学習を，校内・校外・地域に，積極的に公開してみてはどうだろう。生徒のふだんの学びをまわりに伝えたり，生徒自身にあらためてその学びを気づかせたりもできる。また，地域の方に生徒の学びに参加してもらったり，家庭科関連の部屋を家庭科の延長の活動の拠点とすることも考えられる。

　このようにして「家庭科を開く」ことで，家庭科の学びが広がり深まるだろう。人とつながり，ものとつながることで，おもしろさや楽しさが増幅することにもなろう。「家庭科を開く」ことにはさまざまな効用がありそうである。

　ところで，高校の家庭科専任教員の割合をみると，家庭に関する学科を設置している高校を除き，約7割の学校が一人以下であった(p.57)。問題なのは，専任がただ一人であっても，1教科としての分掌の仕事は，担当者が多人数いる他教科と同じであるということである。また，教科の特徴として，実験・実習を行っているため，その準備，片づけ，関連実習室の管理等もあり，負担感には大きいものがあるといえよう。「第Ⅱ部-4.家庭科教師のつぶやき」(p.73)にも多く記述されているとおりである。

　とはいえ，これからの時代には，これまで述べたように，生徒の幅広い学びのために，そして家庭科の魅力を伝えていくためにも，家庭科を積極的に開いていくことが必要であろう。教師の負担を増やさないでそれを行うために，どう知恵をしぼるかがキーポイントである。

　では，どのようにして開いていったらよいかを具体的に考えてみよう。

❶ 家庭科室等を作品の展示スペースに

　生徒たちの作品発表の場として，家庭科室や家庭科室の外側の廊下の壁等を

利用することは，作品を評価する観点や家庭科からの発信の観点からも有効であり，生徒や他の教員への発信にもなる。ディスプレイの方法は，幼稚園や小学校のほか，まちの専門店やデパート等を参考にして，興味・関心がわくよう

▲1　刺し子のコースターの陳列例

▲2　研究レポートの展示例

▲3　授業内容の展示例

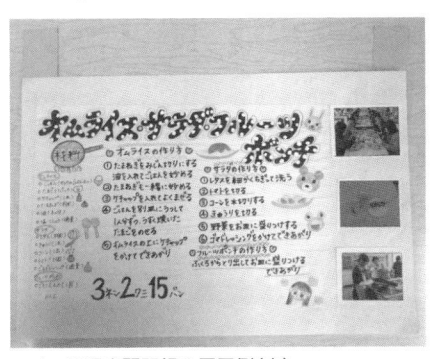

▲4　調理実習記録の展示例（表）

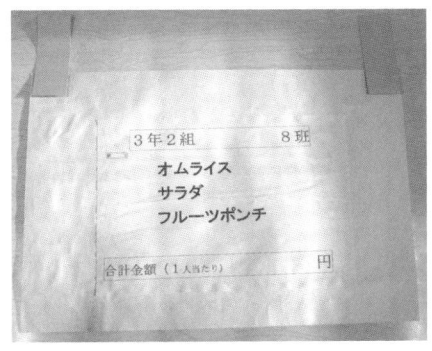

▲5　調理実習記録の展示例（裏）：すぐ展示できるように裏にテープを貼って提出させる

◀6　裏にテープを貼って提出させ，壁に展示した例

な楽しい雰囲気にするなど工夫ができそうだ(写真1～3)。

たとえば，調理実習記録，被服製作作品，保育学習で作った壁面構成の作品，住居の図面，ホームプロジェクトの記録などを展示してみたらどうだろう。作品の提出方法を展示スタイルに，提出場所を展示場所にしておけば，教員の負担も少なく，無理なく簡単に展示できる(写真4～6)。授業中に展示を進めていくことができれば，生徒のやる気を引き出すことにもつながるだろう。

❷ 家庭科室等にリアリティを持ち込もう

家庭科の学習題材は，現実に身近な生活のなかで行われている内容が多い。したがって，それをそのまま家庭科室に持ち込むことにしたらどうか。実際の子どもの手形や大人の手形を壁に貼ったり，子どもの足形や大人の足形を床に貼ってみる(写真7・8)。基礎縫い練習の実物見本や新しく地域に建築されたマンションの写真や間取り図などを貼ってみる。高齢者擬似体験のゴーグルや足につけるおもり，杖等をなにげなく置いてみたりする。家庭科の授業に関係する絵本，文庫本，ハンドクラフト，ファッション，クッキング，お菓子作り，リビングなどに関する本を集めた図書コーナーを家庭科室の中に作って楽しめるようにしておく。このように子どもの世界，家庭科の世界が広がるようにしておくと，生徒にゆとりのひとときを提供できるようにもなろう。生徒は興味をもって手に取ったりするだろう。学びが発生する瞬間である(p.152)。

部屋はなるべく明るくし，観葉植物等を置いてゆったりとした環境にすることも，生徒にとっての快適な場所作りの秘訣であろう。これらのしつらえ，管理を，興味をもつ生徒，家庭クラブ役員，部活動の生徒たちと実施すれば，コミュニケーションも取れるし，センスを磨き合うことにもなるだろう。

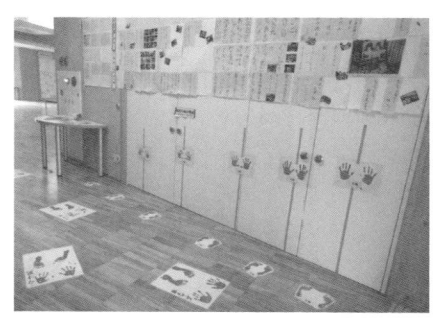

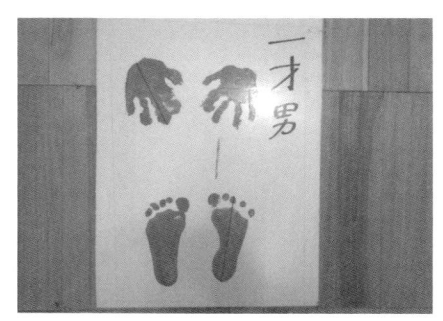

▲7・8 幼児の成長に応じた手形や足形を床や戸棚，壁に展示した例

【家庭科関連の部屋のレイアウト例】

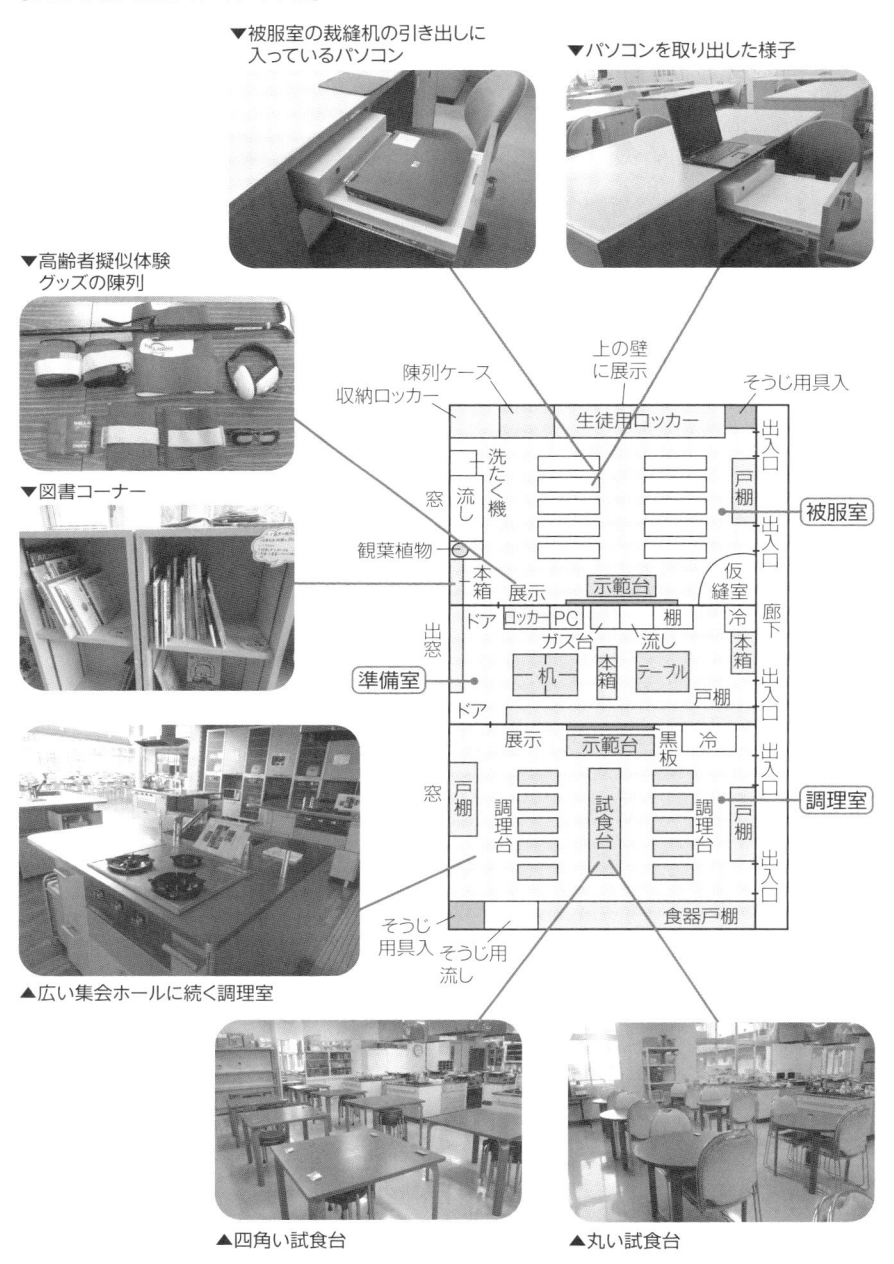

▼被服室の裁縫机の引き出しに入っているパソコン

▼パソコンを取り出した様子

▼高齢者擬似体験グッズの陳列

▼図書コーナー

▲広い集会ホールに続く調理室

▲四角い試食台

▲丸い試食台

❸ 家庭科室等を生活工房に

　高校には，一般に部活動や学校家庭クラブ活動がある。多くの学校に，調理に関係する部，手芸・ファッションに関係する部，それらを両方含むような家庭科部などが存在している。まず，それらの拠点を積極的に家庭科室に置くようにしたらどうだろう。調理や被服製作等生活にかかわる内容の実践の場所を学校に持ち込み，活動する生活工房にしよう。

　学校において，主役は生徒である。家庭科に関連する部活動から，生徒がいきいきと活動しているエネルギーを家庭科に取り込んでいこう。もともと家庭科関連の部で活動する生徒は家庭科が好きである。その情熱，熱意を家庭科に取り込まない手はない。

　管理する家庭科関連の部屋を，整然ときれいにしておきたい，授業に支障がないようにしておきたいという気持ちを教師は誰でももっている。ただそれを優先するあまり利用を家庭科の授業に限り，他の部活動，ホームルーム活動等，生徒たちに貸すことに消極的ということが少なくないようである。しかし，生徒たちが望むなら，家庭科の延長の活動の場合（ここのチェックは必要だろう），授業以外でも開放していくのも一つの手である。家庭科学習の可能性を外にアピールする機会ととらえる等，発想の転換を図ってみてはどうだろうか。

　そして，生徒がいきいきと活動している姿を，ときには管理職や他の教員にもみてもらうとよいだろう。担任教師が，生徒の新たな一面を発見し，生徒理解にもつながるということもあるだろう。

　もちろん，部屋の使用上のルールはきちんと決めてそれを遵守させながら，使用させることはいうまでもない。

◀家庭科部の活動

❹ 地域の活動の拠点に

　高校の家庭科では，授業のなかばかりでなく，部活動や学校家庭クラブ活動等を通して，地域で様々な学びや活動をしている事例もある。高齢者の生活，乳幼児の生活を実際に見聞きし，交流し体験する場として，高齢者福祉施設，児童福祉施設の訪問は，生徒の視野を広げ学びを拡大し深めている。これらの施設の情報を得るために，地域の社会福祉協議会や市役所，町役場等の福祉関係者と連絡を取り合って活動の輪を広げている例は少なくない。これらが広がっていけば，自ずと家庭科を開くことにつながるだろう。

　地域にかかわる活動内容例としては，以下のようなものがある。

　子どもとの交流活動として，幼稚園・保育所・小学校・児童館・学童保育施設への訪問，そこで交流した園児，児童，保護者を文化祭・体育祭へ招待する。子どもとの交流活動でプレゼントを渡す場合は，遊具，玩具，絵本，布絵本，リサイクルおもちゃ，ポシェット，巾着袋，エプロン，マスコット，壁掛けやクッキー，クリスマスケーキ等がある。実際に玩具を作って保育園に持参し子どもといっしょに遊んだ生徒は，「子どもにとおもちゃを作っていくうちに子どもの気持ちを思い出した。子どもたちは，予想以上にとても喜んでくれて，教えた遊び方以外の方法で工夫して遊んでいた」「授業でこんなに感動したことはなかった。子どもたちが笑顔でいられる社会を作りたい」[1]等と感想を伝えている。高齢者，障がい者との交流活動としては，クリスマスカード・年賀状の送付，高齢者福祉施設・デイサービスセンター・障害者福祉施設訪問，社会福祉協議会・福祉施設の行事への参加があり，交流した方を学校行事に招待して会食をする等のイベントも行っている。年賀状を送付したところ，思いがけなく返事が来て，生徒が感激したという事例もある。

　高齢者との交流活動で渡す場合のプレゼントには，膝掛け，巾着袋，エプロン，マフラー，コサージュ，刺し子ふきん，エコバック，ランチョンマット，コースター，カレンダー，壁掛け，携帯ストラップ等がある。1年間に3回は施設へ行き，特定の高齢者と交流することで人間関係をつくっていった例もある。

　また，地域の方との交流として，親子料理教室，伝統文化の伝承も加わって，高齢者と吊し雛の製作，消費者センターの方による消費者教育講座，外国人・大使館の方による料理・食文化講習会の実施もある。環境負荷の少ない生活ということでかさ布を利用したエコバッグ，巾着袋，アームカバー等の製作をし，普及活動をした例もある。

このように，生徒を交えた活動は，どんどん広がっていて，これらの生徒を指導する教員も，生徒がさまざまな方と交流し達成感や役立ち感を得，成長していく姿を確信をもって見守っている。

　また地域には，様々な経験をもっていて，ボランティアとして学校教育にもかかわってくださる保護者や多くの人材がいらっしゃる実態もある。その掘り起こしをして，学びの場に迎えて授業をしていただければ，教育効果を上げることにつながるであろう。地域の料理，パン作り，手芸等さまざまな部門の専門家から専門的知識や技術の授業を受けることも，生徒や教員にとって学びが広がり意義深いものになる。

　家庭科の必修科目や選択科目の授業に専門学校の教師陣に来ていただき，授業をしてもらうこともできるだろう。きもの専門学校，料理教室，料理専門学校，製菓専門学校，建築設計事務所，介護専門学校，生命保険文化センター等に連絡して講師を依頼すると，生徒の進路先にかかわるということもあってか，実現の可能性は高い傾向がある。保護者や地域の人材の発掘に関しては，管理職の了解のもとに，保護者向けには，PTA会報やPTA役員会，総会等で趣旨を説明し募集するとよい。地域の人材について連絡先がわかっている場合は，直接連絡をとって協力を依頼したり，学校や家庭科のホームページ，地域の広報誌や社会福祉協議会の広報誌等で募集してもらうように依頼することもできるだろう。

　地産地消の視点から，地域の農業生産者や漁業者の話を聞いたり，農業体験，料理体験をしたり，食品業者や外食産業と提携して，調理を行う等，地域社会の方々の力を借りることで社会とつながった学習展開も期待できる。

◀専門家が講師のパン作り講習会

たとえば，東京・浅草の高校の特別講座で，金太郎飴や雷おこしの会社社長による職業人としての心構えや，すし職人の方から伝統文化の観点から生き方などをお話しいただく講演会を開いたりしていたが，さらに視点を変え，家庭科の食文化の授業として話を聞くというのもよいだろう。料理研究家によるクリスマスのシュトーレン，草餅，和菓子，パン，バレンタインのチョコレートケーキの講習会という事例もある。このようなその道の達人でなくても，たとえば，地域のお母さんと赤ちゃんを学校に招き，保育学習を充実させている例もある(p.170)。

❺　家庭科の学習を発信しよう

　❹で挙げたような様々な活動を，校内の生徒や教員に発信する方法としては，前述の展示ばかりでなく，イベントの前後に「家庭科だより」やちらし等を作成して配布したり，掲示板に貼ったりすれば，活動している様子が全校に伝わり生徒の励みにもなり，一石二鳥である。イベントの打ち合わせや学校家庭クラブの委員会の開催等を放送で伝えるなど，活動している姿を知らせることも家庭科を開くことにつながるだろう。家庭科の仕事を，家庭科準備室でなく，なるべく職員室で行って，家庭科の多岐にわたる内容を，他教科の教員にもみえるようにし，理解を深める手だてとすることも一方法であろう。

　地域や保護者の方に対しては，工夫ある魅力的な授業，実習を公開することも直接に家庭科を発信することになる。廊下等での陳列では，内容や数が限られることもあるので，空き教室を新規に借り受けて，家庭科の作品を陳列したり，活動の写真を貼ったりすることも発信になろう。

　さらに地域に対しては，前述の社会福祉施設等や市役所，町役場の福祉課等と連絡を取りながら，施設に出向いてそこで活動をすると共に，その施設の広報活動に協力して，地域に発信することもできる(p.178)。

　また，学校のホームページのなかの授業や部活動，学校家庭クラブ活動の部分や教師のブログなどを利用して，保護者や地域に発信する方法もある。さらにマスメディアに活動情報を伝えるなどして，積極的に発信していくと，家庭科を開いていくのに非常に効果的である。実践したことを**第Ⅲ部-4-1，2の取り組み**(p.159〜177)のように，機会をとらえて丁寧に発信していくことが家庭科の理解につながっていくのではないだろうか。

（亀井佑子）

【引用文献】
1) 全国高等学校長協会家庭部会，普通教育に関する家庭科調査研究委員会．(2008)．平成19年度特色ある普通教育としての家庭科の実践－特色ある教育課程の編成

【写真協力】
福井市立至民中学校
東京都立忍岡高校
千葉県立鎌ヶ谷高校
川村めぐみ（文化学園大学）

【参考文献】
1) 全国高等学校家庭クラブ連盟．(2005)．学校家庭クラブ活動とホームプロジェクト実践事例集(第2集)－今から始める人のために－．東京
2) 東京都立台東商業高校．(2005-2007)．平成17年度，18年度，19年度自己の人生を考える特別講座．東京

column
生徒は家庭科が好き！

家庭科には他教科の教員が羨むような教科の魅力が強みとしてある。図1は，高校時代の教科の好き嫌いを示している。「とても好き」と「やや好き」をあわせた家庭科の「好き」の割合は，芸術に次いで堂々の第2位である。ちなみに小学校・中学校における教科の好き嫌いをみても，家庭科は，中2で1位，中3で2位（1位の保健体育とはわずか0.1ポイントの差！）と高い好感度を示す。小・中・高と子どもたちの教科の好き嫌いの傾向は変わらない。

教科の好き嫌いは学習意欲に直接的に結びつく。たとえ，「座学からの解放」が家庭科の人気の主な理由であったとしても，「実践的・体験的な活動を通して」学ぶところに家庭科の教科としての独自性がある。時間をかけてきちんと知識・技術を身につければ，生徒は「わかった」「できた」という思いを高めて，自信をもって実践できる。

家庭科教師は，生徒が「実践できない」「実践しない」と嘆くことがある。子どもたちに実践力の前提となる知識や技能・技術が身についていないというより，やはり身につけるための授業時間数が徹底的に不足しているといえるだろう。

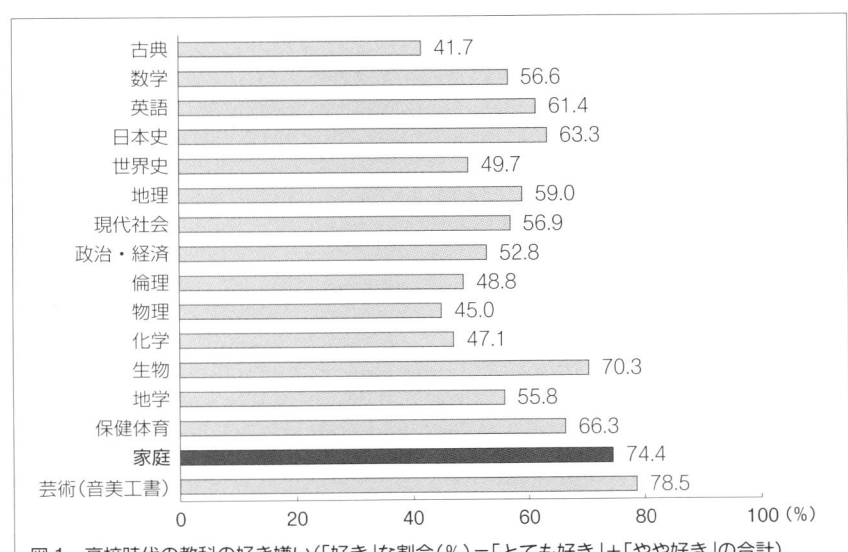

教科	好きな割合(%)
古典	41.7
数学	56.6
英語	61.4
日本史	63.3
世界史	49.7
地理	59.0
現代社会	56.9
政治・経済	52.8
倫理	48.8
物理	45.0
化学	47.1
生物	70.3
地学	55.8
保健体育	66.3
家庭	74.4
芸術（音美工書）	78.5

図1 高校時代の教科の好き嫌い（「好き」な割合(%)＝「とても好き」＋「やや好き」の合計）
（ベネッセコーポレーション「進路選択に関する振り返り調査～大学生を対象として」全国4年生大学生に郵送，サンプル数6,463名，2005年1～2月調査データより著者作成）

4. 地域とつながり，学びのネットワークをつくる
―地域連携は家庭科から

　生徒がいきいきと学ぶ姿は，家庭科の魅力や可能性を雄弁に物語る。そうした生徒の様子は他教科の教員や管理職，保育・高齢者施設，地域行政等を家庭科のよき理解者に導き，協働関係を築くパートナーに仕立てる。

　以下，乳幼児や高齢者といった主に人とのかかわりについての学習場面で，地域とつながり，学びのネットワークをつくり，拡げていった事例を紹介する。家庭科"発"の地域連携を，学校をあげての魅力的な取り組みに拡大した事例，一人の家庭科教員の具体的な連携の手順や方法，行政と学校(家庭科)が協働でつくり上げる学びの可能性について述べる。

　それらは，苦悩する家庭科教員が，周辺・地域に存在する様々な人，組織，情報，制度等とつながるための多くのヒントを示唆しており，家庭科の学びをより豊かにパワーアップさせる相乗効果を期待させる。

1. 学校をあげた大阪府立芥川高校の取り組み

❶ はじめに

　家庭科"発"の地域連携が実現・定着した事例として，大阪府立芥川高校(高槻市)を紹介する。同校は，1980年に開校された全日制課程・普通科の学校である。1学年平均8クラス，計24クラスで，生徒の過半数が4年制大学へ進学している(平成23年3月卒業生)。校訓は「自律・創造」であり，教育の3本柱として「希望する進路の実現」，「国際感覚の醸成」，「豊かな人間性の育成」が掲げられている。学校長のメッセージには「地域に根差し,地域に愛される学校」(公式ウェブサイト)とあり，地域連携が重視されている。

　創立30周年を記念して作成された平成21年度のパンフレットには，学校の特色の一つとして「豊かな体験活動」が挙げられている。その文面には「特別養護老人ホームや保育園での実習，地域の自然観察など様々な世代の人との交流や自然とのふれあいを通して命の大切さを学び，豊かな感受性を身につけます」とある。ここに写真入りで紹介されている「特別養護老人ホームや保育園での

実習（2年生全員を対象とした校外学習）」が，家庭科における体験・交流学習をベースにしていることはいうまでもない。

他にも，大阪府教育委員会に申請して特別非常勤講師を招聘したり，地域の幼稚園におけるインターンシップ実習を導入したり，地域在住の卒業生を子育て体験の先輩ゲストとして招待したり…。多様な体験活動とともに地域と密接につながった家庭科学習は，学校長のメッセージに掲載されているだけでなく，「特色ある授業」の一つとして，公式ウェブサイトで紹介されている。

❷ 芥川高校の実践

①家庭科学習の実際

家庭科担当の稲葉ゆかり教諭は，大阪府の「指導教諭（家庭科では3人）」の一人である。同校着任以来，地域とのつながりを図り，多様な学びのネットワークを拡げてきた。以下，家庭科学習の実際について整理する。

(ア)家庭科関連の教育課程

同校では，家庭科関連の必修科目として，2年生・3年生の2学年で「家庭総合」（各2単位，計4単位）を履修させている。また，文系の選択科目（学校設定科目）として，「発達と保育」（3単位：2011(平成23)年度30名2講座開講）を設置している。同校では，総合的な学習の時間が2年生（2単位），3年生（1単位）に位置づけられており，3年生は「課題研究」として開講されている9講座のなかから各自の興味・関心に則って履修する。2011(平成23)年度には家庭科関連の講座として「手仕事をしよう」（2講座50名）が開講されている。

(イ)平成23年度家庭科カリキュラム

◉家庭総合

学習のテーマは，"生きる力をつける""いろいろな人とかかわって生きる"であり，さまざまな体験学習が設定されている。2年生では，食生活，高齢者理解，子どもの発達と保育が題材として設定されている。特別養護老人ホームの訪問実習（学校行事）に向けたユニバーサルデザインの調理器具や食器を使ったインスタントシニア体験（写真1），日常食を利用した介護食の調理実習（写真2），保育園の訪問実習など，体験学習の内容が多様に含まれている。

2年生の1月には，阪神淡路大震災の話とともに炊き出し用保存食の調理も体験させている。大阪府では，消費期限が近くなった災害時備蓄用のアルファ米（炊き込みご飯）を，希望する府下の高校を対象に，毎年12月に配給している。備蓄用の保存食そのものが教材となるため，非常にリアリティがある。

災害時には，高校の校舎や体育館が避難場所として指定されており，学校の施設・設備・備品が大いに役に立つ。それらを使って，しかも実際の保存食を調理する体験(写真3)は，きわめて実践的といえよう。こうした活動によって，生徒は災害時に自らが炊き出しの中心的な担い手になる必要性を実感するとともに，地域における学校の役割についても理解していく。

◉発達と保育

　子どもの発達の特徴を理解させるほか，児童文化財の制作，スタイ(よだれかけ)制作やデコレーションケーキ作りなどの実習，乳幼児との交流など，多くの体験学習の機会が設定されている。地域の保育園や幼稚園との連携はもちろんのこと，大阪府の人材バンクと提携して学部講師を招き，布絵本・布かるた制作のサポートを依頼している。また，地域の乳幼児とその親(赤ちゃん親子ゲスト)を学校へ招待し，子どもを遊ばせたり，親にインタビューしたりする交流活動を取り入れている。学校のある高槻市の「高槻食育かるた」を参考にしたオリジナル布かるた「あくた食育かるた」(写真4)は，保育園実習をはじめ，学校に招いた乳幼児を遊ばせる際にも活用している(写真5)。

　また，2011(平成23)年度から新たに高槻市の子育て支援の一環として，地域の幼稚園で行われている就労支援型保育でのインターンシップ実習も開始された(写真6)。

▲1　インスタントシニア体験 　　▲2　介護食の調理実習 　　▲3　備蓄用保存食の調理実習

▲4　オリジナル布かるた 　　▲5　親子交流活動：自作のおもちゃを囲んで 　　▲6　インターンシップの様子

②地域連携の様子
(ア)経緯
　芥川高校の地域連携は，1996(平成8)年当時の家庭科担当高橋真子教諭が，1か所の高齢者施設への訪問実習を導入したことに始まった。幸いなことに，生徒の通学圏である高校周辺に特別養護老人ホーム，保育園，幼稚園が存在していたため，そうした立地条件を活用できた。
　スタートした直後は家庭科学習の一部という認識であったが，家庭科教諭の働きかけで徐々にその範囲が拡大され，生徒の学びが充実していった。実習先からの評判もよく，高い学習効果が期待できる。こうした地域連携は"地域における学校の存在意義"を示しており，芥川高校が学校を挙げて取り組むべき教育の課題であるとして位置づけられるにいたった。
　校外実習に向けての事前学習として，家庭科で高齢者理解，介護食の調理実習，インスタントシニア体験(2年生)，保健体育で車いす実習(2年生)を扱っている。今年度は家庭科で「傾聴ボランティア」をゲスト講師に招き，高齢者との交流に関する心構えやスキルについて事前に学習する機会を設けた。また，訪問を終えた直後の家庭科では，実習の振り返り(2時間)を行うほか，実習記録をまとめた報告書冊子を作成して施設に送っている。

(イ)生徒の学びと地域の反応
●校外体験実習関係者(2年生：「家庭総合」保育園実習，学校行事など)
　交流先の関係者からは，以下のような感想・要望が寄せられている。
　関係者の感想・要望から，生徒が地域社会としっかりかかわり，一定の役割を期待されていることがわかる。こうした体験実習がきっかけとなり，地域の中学校のイベントや高槻市の食育フェスタ，幼稚園フェスタなどに作品を提供したり，生徒がボランティア参加したりすることに発展している。

> ●子どもたちにとっても異年齢　特に高校生くらいの人と接することは少ないので，こういう機会は大切だし，おにいちゃん先生おねえちゃん先生が来るのを楽しみにしている。ぜひいろいろな子どもたちとふれあってほしい。(保育園)
> ●若い人たちとふれあうことがお年寄りにはとてもいい刺激になるし，楽しみにしておられる。特別養護老人ホームや高齢者施設について正しい知識をもってほしい。現場での介護をしっかりみてほしい。(高齢者施設)
> ●芥川の生徒さんはいつも元気で積極的に地域とかかわってくれている。すばらしい作品を展示してもらったり，ボランティアに参加してくれたりして助かっている。

（地域のイベント主催者）

●人材バンクからの特別非常勤講師（３年生：選択「発達と保育」）
　児童文化財の一つである絵本を布で制作しているグループが人材バンクに登録されており，そこから特別非常勤講師を招聘している(p.164写真7)。豊かな経験をもつ講師が丁寧に実習指導することで，生徒の学習意欲も高まり，レベルの高い作品が完成する(p.164写真8)。
　地域在住の外部講師は，授業の目的をよく理解し，大変協力的である。家庭科教諭とともに生徒を育てる使命感をもち，新しい教材を提案したり，時間を超過して指導に当たったりと積極的に授業に関与している。
●「赤ちゃん親子ゲスト・子育て体験の先輩」（３年生：選択「発達と保育」）
　地域に住む乳幼児とその親を学校に招いている(p.164写真9)が，ここでは子育てネットワークや任意のグループが協力している。また子育て体験の先輩として，卒業生も積極的に参加している。生徒も自分が将来「子育て体験の先輩ゲスト」として招かれたいと感じており，ロールモデルになっている。参加している親（先輩）たちは，後輩である生徒に様々な体験談や子どもに対する思いを語り，そうすることで自分やパートナーの子育てを振り返る好機としている。

(ウ)生徒の様子
　高齢者施設における体験実習(p.164写真10)に参加した生徒の感想を以下に挙げる。

●食事を見て，本当に細かいところにまで気をつかって調理されていることがわかった。
●配膳台から運ぶのは重労働でした。でも，お年寄りの方がありがとうって言ってくれて，いつもより働いた。
●最初何を話そうかと思ったけれど，事前の授業で聞いていた好きな食べ物の話をしたらいっぱい話してくれた。内緒やけどねって話してくれたこともあって，なんだか喜んでもらっているのがわかった。
●食器の後片づけや部屋を回っての声かけとか本当にいつも休みなしで働いていらっしゃる職員の方に感動しました。
●最初は精神的に疲れそうでいやだったけど，ぜんぜんそうではなくてやりがいも感じた。

　他にも「帰り際にありがとうっておじいちゃんに言われてうるっとなった」など，ふだん接したことのない高齢者との交流を素直に喜んでいる様子がわかる。

4．地域とつながり，学びのネットワークをつくる　**163**

次に，保育園実習(写真11)における感想を挙げる。

- ◉手を広げて「抱っこしてぇ」って来てぎゅって抱きつかれた。会ったばかりやのに信頼してくれて，なんかうれしかった。
- ◉帰りに泣かれて困った。そんなに慕ってもらえるなんてめっちゃうれしくて，子どもほしいなあって思った。
- ◉あかちゃんってなにもできないって思ってたけど，すごく動き回るし，一生懸命自分の意志を伝えてるのに感動した。
- ◉1歳でお気に入りのおもちゃとか絵本とかあるのがすごい。体が柔らかくてとても信じられないような姿勢がとれるのもびっくりした。
- ◉4歳児のパワーはすごかった。全然飽きんと遊んでて，めっちゃ疲れた。男の保育士さんがいることが，子どもにとっては当たり前みたいで考えてみたら昔の方が変やったんやと思えてきた。

生徒は，地域社会に暮らす高齢者や乳幼児と接するなかで，頼りにされたり，感謝されたりする経験を喜び，そうした自分の感情を受け止めている。また，これら体験的活動の発展形として，中学校のイベントに招かれたり，ボランティアとして参加したりする機会につながっている。役割が期待され，それに応えるといった体験は，やがて生徒の自尊感情を育む結果となるであろう。

▲7 特別非常勤講師による指導

▲8 エプロンシアター

▲9 親子交流会の様子

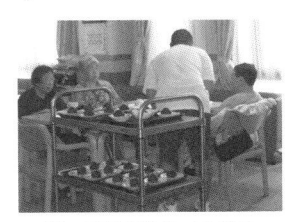

▲10 高齢者施設での様子

▲11 保育園実習でのお散歩の様子

❸ おわりに―芥川高校の取り組みからみえること

①担当教諭の情報収集・活用・発信

　同校の地域連携は，家庭科担当である稲葉教諭の情報収集・活用・発信力と人脈に依るところが大きい。自らが地域社会とつながり，生徒が地域でどのように生きるのか，地域のニーズを敏感にキャッチすることで結びつけている。

　いうまでもなく，府教委からの情報も合理的に収集・活用している。いつ，どのような申請をすることで何が得られるのか，それが学校や生徒，家庭科の授業にどう反映させられるのかを吟味し，うまく活用している。そうした日々の努力が，予算の獲得や備蓄用保存食の受給，人材バンクの活用，特別非常勤講師やボランティアの招聘などの成果として現れているのである。

　また，そうした成果を生徒や保護者，学内，学外(地域社会)へ向けて適宜発信していることが，次の成果につながるという好循環を生み出している。特に，保護者向けの公開研究授業を通して，学内，学外(地域社会)に家庭科の取り組みを発信することが，次へのステップにつながったといえよう。

②家庭科に対する理解者の拡大

　先述したように，学校長をはじめ多くの教員の理解によって，学校行事として校外実習が位置づけられたことは特筆に値する。

　特別養護老人ホームでの実習活動については，2年生全員を対象とする学校行事として位置づけられている。学年担任を中心としたプロジェクトチームが企画・運営に当たるが，校外実習の巡回指導は，家庭科教諭のみならず，学級担任を軸に全員態勢で臨んでいる。そのため，全教員が校外実習の教育的意義を理解し，その事前学習として家庭科が担う役割を知ることとなる。

　芥川高校は，平成17・18年度「いのちの大切さを学ばせる体験活動」，平成19・20年度「教育課程」(家庭専門科目「発達と保育」を中心とした授業提案等)の文部科学省研究指定校に選定されている。その結果，獲得できた予算を活用して学習環境を整えることが可能になったほか，家庭科の学習意義を学内外に広く伝えることもできた。

　同校の取り組みは，家庭科や生徒の学びにとって有益な情報の収集・活用・発信を続けることが，家庭科に対する理解者を増やすことを示している。アンテナを高く上げて今ある制度を見逃さず，人脈をフルに活用することが，そのための有効な手段であった。それらは，授業改善や生徒の学習環境の向上にも結びつく可能性を内包しているといえるだろう。

　　　　　　　　　　　　　　　　　　　　　　　　　　　(鈴木真由子)

2. 家庭科教員のネットワークのつくり方
― 富山県立砺波工業高校・永井敏美(さとみ)教諭に聞く

> 永井敏美教諭は，現在の勤務校・富山県立砺波工業高校(2004年〜現在)と前任校・富山県立井波高校(2005年度以降は南砺総合高校井波高校，1989〜2003年)で，乳幼児や高齢者との世代間交流を意図した実践をされてきた。勤務校が変わっても，校内の同僚や地域のさまざまな人たちとつながり，ネットワークを築いて精力的に取り組んでこられた。永井教諭の実践には，具体的手法で参考になるヒントがたくさんあるのではないだろうか。以下は，永井教諭へのインタビュー(2011年8〜10月)をまとめたものである(Nは永井教諭である)。

❶ 井波高校での取り組み―地域と結ぶ世代間交流学習[1,2]

> 井波高校は，1学年普通科3クラス，生活文化科1クラス(1996〜2004年)の小規模校である。生活文化科は家政系で5人の家庭科教員がおり，家庭科必修科目以外の科目も多く開設し，学校家庭クラブ活動等が活発に行われていた。

◉保育所訪問の実現と受け入れ施設増に向けて

Q：どのようにして保育所訪問を始められたのですか。

N：学年会議で，「時間割変更で2時限連続授業を設定し，保育所訪問をさせてもらえないか」と提案し了承されました。学年の担任のなかに同世代の男性教諭がいて，ちょうど乳幼児の父親でした。彼が保育所訪問に賛成して後押ししてくれたことは，実施に向けて大きな力となりました。まずは家庭科主任に相談し，次に管理職，保育所，町役場の管轄に相談しました。打診する手順を間違えないように慎重に"作戦"を立てました。しかし，保育所1か所の訪問では，高校生40人に対して園児数が少なく，時間も短いため，慣れてきた頃に終了の時間となっていました。それで，文部科学省委託研究事業「高校生保育介護体験事業」を機に，より充実した交流学習を企画したいと思いました。

Q：どのようにして保育所を増やしていったのですか。

N：「高校生保育介護体験事業」を一つの好機ととらえました。校内にボランティア推進委員会を設置したことにより，校内，施設，行政の協力が得られるようになり，受け入れ先が徐々に増えていきました。まず生徒の出身保育所を調査し，できるだけ出身保育所で実習できるように配慮しました。合併前の

砺波地区5市町村(現在は2市)の役所，20か所の保育所，私立幼稚園での受け入れが可能になるように，話を通す順序を間違えないように細心の注意を払って連絡をしました。12月の実施に対し，5月頃から連絡を取り始めました。初めは，学校の授業や部活動の理解，生徒の心身的負担，保育所の負担などを考慮して，通常の4限が終わる12時40分までの半日を2日間とお願いしました。これなら給食の準備や片づけを手伝い，園児が食べる様子を見学することができると思ったからです。しかし，市町村の窓口や保育所から，高校生もいっしょに昼食を食べたほうがよいという要望が出ました。学校で相談し，生徒の保護者に2日分の給食費(約400円)の集金の案内を出し，理解を求めました。給食が出ない保育所には生徒に弁当を持たせて，13時までの実習としました。このような状況を経て，初めは半日×2日でしたが，翌年は1.5日，3年目は2日間と増えました。出身保育所調査，保育所の受け入れ人数，出身保育所が含まれていない生徒には自宅からの通いやすさ，巡回指導のできる数などを考慮しました。

● 家庭科からボランティア推進委員会へ

Q：ボランティア推進委員会とは，どのような組織ですか。

N：井波高校で実施されている地域での交流活動を統括し，「特色ある教育活動」として支援するため設置されました。生徒指導部副部長が委員長を務め，教頭，2学年担当教諭，家庭科教諭(学校家庭クラブ顧問)，生徒会顧問らで構成され，町の社会福祉協議会とも連携を図りながら施設との交流やボランティア活動などの窓口となっています。家庭科教師だけでなく，担任，学年主任，管理職が手分けをして施設巡回指導を行い，生徒の様子について共通理解を図ります。

Q：先生はなぜボランティア推進委員会を立ち上げたいと思われたのですか。

N：井波高校は従来から授業や授業以外にも生徒会や学校家庭クラブ等で，地域の保育所や高齢者福祉施設での交流活動が盛んに行われてきました。しかし，いくつかの理由から，校内でのボランティア推進委員会の設置を管理職・同僚に働きかけました。一つは，普通科生徒の交流活動をより充実させたいと思ったのですが，私個人や家庭科教諭だけでは手が回らなくなっていたことです。当時，私を含めた5人の家庭科教諭はフル稼働状態でした。また，私は生徒が携わっている多くの活動を全教職員にわかりやすく整理して，共通理解を図りたい，協力を得たいという気持ちを強くもっていました。文部

科学省委託研究事業「高校生保育介護体験事業」の実践研究校の指定を受けたことにより，全教職員の協力体制が不可欠となりました。さらに，当時私はすでに同校に10年以上の勤務で勤務校異動の時期を迎えており，自分が異動しても事業が残るようにしたいと思いました。

Q：ボランティア推進委員会にしたことによるメリットはどのような点ですか。

N：それまでにも施設などとの交流がありましたが，最終的には，砺波地区5市町村(現在は2市に合併)の行政と高齢者・障がい者施設5か所と乳幼児施設20か所の協力が得られるまでになりました。この委員会を設置したからこそ，地域の協力が得られ実現できたことです。まちから依頼されるボランティア，学校から発信するボランティア体験学習の窓口が一つに整理され，担当部署・教諭が明確になりました。また，さまざまな教員が施設巡回指導にかかわりましたが，生徒の様子を多くの教職員が共有でき，活動への理解が深まりました。担当者同士で十分な意見交換を行い，家庭科の評価や学級指導にいかすことができました。ボランティア推進委員会は，2011年現在も存続しています。

●地域の協力を得て行う活動

Q：先生はそもそも，保育所訪問にどのような意味を見出していたのですか。

N：普通科の実習では，子育てや祖父母とのかかわりなど家族との生活のなかで経験することを，リアリティをもって感じさせ考えさせたいと思いました。施設訪問で高齢者と接したことで，祖父母とのかかわりをみつめ直したり，幼児との交流を通して自分の幼児期を振り返り，自分の成長の軌跡や家族との関係をみつめ直したりした生徒が多かったのです。また，人の一生を誕生から死までの時間軸でとらえ，今高校生である自分の位置というとらえ方をするようになり，これからの自分の生き方や進路を考えるようになりました。生徒のレポートに，幼児と高齢者の手の感触を書いたものがありましたが，その感触のなかに時間軸のリアリティがあるように感じました。まさに肌で感じているというか。

Q：高齢者・乳幼児施設訪問交流以外で，地域の協力を得ながら進めた授業や活動には，どのようなものがありますか。

N：外部講師による学習では，医師「生と死を考える──医療の現場から」（学年特別授業），車いす利用者である短大講師「障がいをもつということ」（学年特別授業），生後4か月の乳児とその母親「赤ちゃんを教室に呼ぼう」（家

庭科），県立盲学校（当時）教員「視覚障害者の支援と点字」（家庭科），聴覚障がい者への理解と手話の基礎（学校家庭クラブ活動）を行いました。また，保育園児を高校に招待して，体育大会で「ちびっ子レース」を行ったり，文化祭で手作り遊具での交流を図ったりしました。その他にも，行政や施設から依頼のあったお泊り保育や夕涼み会，運動会，バス遠足，キャンプの手伝い，施設の大掃除，クリスマス会，一人暮らしのお年寄りへ弁当作りと宅配，施設利用者と高校生の企画による車いすオリエンテーリングなど，実に様々なことを，希望する生徒たちといっしょに行っていました。

◉生徒や地域の反応・様子

Q：このような活動を通して，生徒たちに変化や成長はみられましたか。

N：学習前は，乳幼児や高齢者に対して接し方がわからず不安を抱える生徒が多くみられましたが，実際に接してみると，幼児は屈託なく手を引いて高校生を遊びに誘い，高齢者の方は訪問を楽しみにしてやさしく話しかけてくれたので，生徒の不安はたちまち解消され，一生懸命コミュニケーションを図ろうとする姿勢がみられました。新たな自分を見出して介護福祉士をめざす

▲1　3人の幼児をおんぶして

▲2　幼児といっしょにお遊戯

▲3　幼児とお話

▲4　幼児を膝の上に

生徒もおり，自己理解が深められる様子も見受けられました。
Q：2回以上訪問した効果については，どのように思われますか。
N：最初の訪問で消極的だったり，うまくコミュニケーションがとれなかったりした反省や課題をもって，2回目に施設を訪問すると，課題が改善されます。
Q：施設側の反応や評価はどうでしたか。
N：ほとんどの施設からは，実習の継続に対し協力的な意見が寄せられました。高校生との異世代交流が進んだことや高校生への理解ができたこと，職場に活気が生まれたことなどを評価してくださいました。

❷ 砺波工業高校での取り組み―乳幼児とふれあう授業[3,4]

> 砺波工業高校は，1学年機械科2クラス，電気科2クラス，電子科1クラスで，約95％が男子生徒である。「家庭総合」を2年と3年で履修している。3年の選択科目に「フードデザイン」が設定されている。家庭科教師は一人である。

●「赤ちゃんを高校へ招待する」にいたるまで

Q：砺波工業高校では，乳幼児との交流の場をどのように設定されたのですか。
N：異動した1年目は実施を見合わせました（2004年度）。生徒のことや学校の様子がよくわからなかったからです。しかし，幸運なことに，産休・育休に入る教職員が二人おられて，翌2005（平成17）年度に授業への参加をお願いして内諾を得ました。一人で40人の生徒を2学級ずつ担当していただいたので，大変だったと思います。2006（平成18）年度から現在の手法をとっています。
Q：「工業高校でなぜ？，また，できるのか？」と思う人もいると思います。
N：男子生徒にとって，乳幼児は自分とはかけ離れた存在で関心は高くありません。「なぜ工業高校なのに家庭科があるのか」といわれることもあります。そのため，生徒の乳幼児に対する苦手意識を取り除き，自分自身に向き合うために，乳幼児にふれあわせたいと思い，保育所の訪問（2時間）と赤ちゃんを高校に招待する実践（1時間）を取り入れることにしました。ある母親から「参加してみたいと思ったが，家族に反対されたので行くことができない」といわれたこともあります。生徒に「自分の奥さんが赤ちゃんを連れて工業高校に行くっていったらどうする？」とたずねると，たいてい「『絶対行くな！』っていいます」というので，「そうでしょう！ だから来てくださるお母さんや赤ちゃんに絶対失礼なことや危ないことがあってはいけないんだ

よ」といい聞かせています。
Q：管理職や同僚の理解は，スムーズに得られたのですか。
N：赤ちゃんの招待については職員会議に起案しましたが，特に異論はありませんでした。校内の理解が得られるように，担任，学年主任，管理職には授業をみにきてもらうように依頼しました。県内の別の高校では，赤ちゃんを招待する活動を始めるにあたって管理職に提案したところ，はじめは「必要ないのではないか」といわれたそうです。しかし，一度授業を参観した後には「生徒があんないい表情をするとは知らなかった。ぜひこれからも続けてほしい」と述べられるほどに変わって，学校の理解が得られるようになったと聞きました。

◉赤ちゃんを高校に招待する具体的な方法

Q：招待する赤ちゃんはどのように探すのですか。
N：赤ちゃんの招待を始めた頃は，自分の友人や知り合いなどを頼って，来てもらえる親子にお願いしました。でもだんだん，友人の年齢が上がっていき，お願いできる人をみつけるのが困難になったので，市内の子育て支援センターに協力を求め，センターを利用している親子に来てもらえるようになりました。
Q：子育て支援センターでは，どのような手続きをするのですか。
N：毎年，市役所の担当窓口と4か所の子育て支援センターにお願いにあがり，授業の説明の文書と参加承諾書用紙を預けます。子育て支援センターの職員から声かけをしていただき，行ってもよいと思われた方には参加承諾書を提出してもらいます。2週間後に，参加承諾書を取りに伺い，そのあとは直接授業協力者となる方と電話で話します。何人希望してくださるのか，2日間の日程調整はうまくいくのか，不安もありますし，初対面ですから私も当日はとても緊張します。子育て支援センターの保育士さんが，高校生に伝えたいことを親御さんといっしょに考えてくれるという協力も得られるようになりました。2010・2011（平成22・23）年度は，担任の男性教諭がファミリーで参加してくれました。また，前任校の井波高校で赤ちゃんを招く授業を受けた元生徒4名がママになって，子育て支援センターに預けた「お知らせ」のなかに私の名前をみつけて，参加してくれたりもしています。
Q：謝礼などの経費は，どのように工面しているのですか。
N：謝礼3,000円（税引後2,700円）と保険加入費用は，2005〜2007年度は文科省

「子育て理解講座」から，2008年度は学校の予算から，2009年度以降は富山県の事業「中高生赤ちゃんふれあい体験事業」から出しています。

●家庭総合・保育領域の学習内容

Q：家庭総合（4単位）の保育領域全体の学習内容について教えてください。

N：下表の学習計画で，乳幼児の心身の発達について理解することをねらいとしています。最終的には，様々な世代の人々の立場や気持ちを理解して，よりよい関係を築いていける言動を考える授業を構想しています。初めに乳幼児とのふれあいを行い，関心の低い保育領域学習への動機づけとしています。

▼保育領域「相手の心に届くことばを考えよう」の学習計画（15時間）

段階	テーマ	時間	内容
1次	乳幼児とふれあおう	4	①保育所で乳幼児の保育活動に参加する ②人形を使って沐浴体験をする。心身の発達について理解する ③親子を招待し，妊娠・出産・育児の話を聞き，赤ちゃんとふれあう
2次	親や保育者のかかわり方を考えよう	1	ハーロウ夫妻のサルの実験を紹介し，スキンシップの重要性を知る 「赤ちゃん成長の不思議な道のり」（NHK）を視聴し，子どものテレビの見方から保育者のかかわり方を考える
3次	子どもの遊びを考えよう	2	①子どもの頃の遊び体験を思い出しながら，遊びを通して身につける力について考える。「ドキドキヒヤリで子どもは育つ」（NHK）を視聴し，子どもへの適切な声かけを考える ②公園の遊具が撤去されている問題について考える
4次	親と子のコミュニケーションを考えよう	2	①「親を学び伝える学習プログラム」（富山県教育委員会）を利用し，親子の会話を考えながら，自分と親とのかかわり方をみつめ直す ②「子どもが育つ魔法の言葉」（ドロシー・ロー・ノルト）を読み，子どもへのことばかけについて考える
5次	ともに育む環境を考えよう	2	①「子どもとともに 子育てするなら富山やちゃ」（富山県教育委員会発行の高校家庭科副読本，作成に永井教諭も参加）を利用し，男女，家族，地域がともに子どもを育む環境について考える ②諸外国や日本の施策について知り，ワーク・ライフ・バランスについて考える
6次	「これからの私」を考えよう	1	「子どもとともに 子育てするなら富山やちゃ」を利用し，将来の自分にインタビューする設定で，これからの自分の生き方を考える
7次	高齢者との接し方を考えよう	3	①教師が想定した高齢者の日常生活（5つのケース）から，高齢者の気持ちを推察し話の続きを考える。次に，生徒自身が高齢者の日常生活を想定し，祖父母への接し方を考える ②認知症の高齢者と家族の会話を想定したロールプレイをし，適切な対応について考える。デイサービス生活指導員のアドバイスを受ける ③「プロフェッショナル 介護はファンタジー」（NHK）を視聴する。認知症の理解を深め，自分自身の人とのかかわり方を振り返る

（参考文献3より作成）

●当日の進め方と活動の様子

Q：実習当日はどのように進めるのですか。

N：実習は3年生4クラスを，2クラス連続で2回(日)行います。1クラス40名に対し，親子5～8組を招待しています。5～8組お願いしておけば，急なキャンセル時にも対応できます。途中で班の親子を入れ替えると，月齢の違う赤ちゃんとふれあえます。畳の部屋1室でグループをつくり，生徒が親子を囲んで親御さんから話を聞いたり，赤ちゃんを抱いたりします(写真5～8)。事前に，胎児の超音波画像や写真，ふだん遊んでいるおもちゃ・絵本等を持ってきてもらえるようにお願いしています。これにより，生徒との話のきっかけになったり，生徒に具体的な理解を促したりできます。

Q：実習中の生徒の様子はどうでしたか。

N：実習前は「面倒くさい」と思う消極派が多数います。しかし交流が始まると，赤ちゃんを目の前にしていつもはやんちゃな男子生徒も，自然とやわらかく

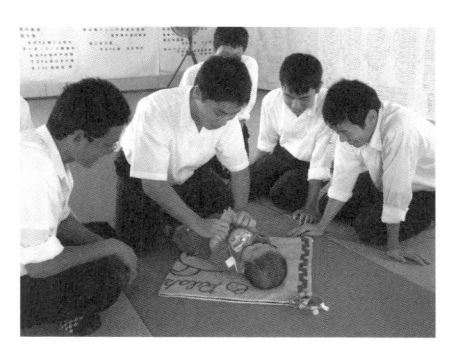

▲5　赤ちゃんを囲んで

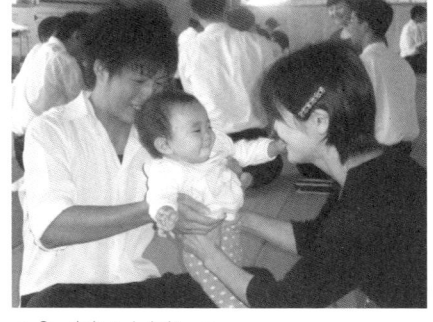

▲6　赤ちゃんをだっこ

▲7　赤ちゃんを囲んでお母さんとお話し

▲8　赤ちゃんの成長記録を囲んで

4．地域とつながり，学びのネットワークをつくる

やさしい表情になります。ふだんよりも進んで質問し理解しようとします。
Q：実習後の生徒の様子はどうですか。何か変化はみられますか。
N：生徒の多くは文章表現を苦手としていますが、実習後のレポートでは文字がぎっしりと並ぶようになり、感動の大きさがうかがえます。内容は、子どもが生まれるまでのことや赤ちゃんの成長、生活、親子の絆、自分の成長の振り返り、親への感謝、父親のサポート、親になることなど多岐に渡ります。
Q：保育施設に訪問に行く活動と赤ちゃんを招待する活動の違いはありますか。
N：移動時間が不要で天候に左右されず、移動の際の危険がないということでしょうか。40人を一人で引率するのはとても大変なことです。他校では保育所訪問の移動のときのみ他の先生が付き添われるそうです。井波高校にいたときは、管理職がいっしょに歩いて移動してくださったこともありました。
Q：この活動以外に、地域の方の協力を得て行っている活動はありますか。
N：7次②(p.172)では、デイサービス生活指導員の方に学校に来ていただいて、授業時に専門家からのアドバイスを受ける活動を取り入れています。体育大会でのちびっ子レースはすっかり定着しました。毎年、園児たちが見学に来てくれていましたが、保育所の先生に「競技の間に大きなグランドを子どもたちに走らせてもよいか」とたずねられたことがきっかけでした。その年はすぐにリレーのバトンゾーンの白線を利用して走ってもらい、翌年は手作りプレゼントを用意して首からかけてあげました。2007(平成19)年度に生徒会の担当となってからは、正式にプログラムに加え、高校生と園児が共にレース(2011年度はデカパンレース，写真9)を行い、あめ玉の入った手作りメダルを首からかけてあげています。毎年保育所のお便りに学校祭のプログラムをはさんでもらいお知らせし、子どもたちが遊べる空間を作っています。また、工学部(部活動)もミニ電車やロボットで遊べるコーナーを作っています。保育所訪問の経験が工学部の活動に反映されていると思います。授業の他に

▶9 デカパンレース

生徒会の生徒とデイサービスや保育所を訪問したり，身体障がい者のスポーツ大会の手伝いをしたりといった活動も行っています。前任校での経験から，今後自分が生徒会担当を離れても，これらの交流活動が継続できるように生徒会規約を改定し，家庭科主任が管轄する福祉委員会を設置しました。

● 参加者の反応と課題

Q：参加した親御さんたちの反応はどうですか。

N：前任校のときもそうでしたが，地域や施設の方の多くは「高校生は反抗期で怖い存在」と思っておられます。特に工業高校生に対してはマイナスイメージが強かったりもします。しかし，実際に接した生徒たちが素直であることや，子どもとかかわる活動の開始直後の表情と，活動終了時の表情があまりにも異なることなどで驚かれることがよくあります。

Q：赤ちゃんを招待する活動の課題はありますか。

N：協力してくださる方には，事前に「こんな話をしてほしい，メモにまとめてきてほしい，写真やおもちゃがあるといい，ずっと話をされなくても，生徒が写真を見たり，おもちゃで赤ちゃんをあやしたりする時間もとても意味のある時間，お母さんが赤ちゃんを抱っこしておられるのを見るだけでも学べるのでご心配なく…」と具体的に話します。しかし，グループにより差があり，「何を話していいかわからなかった。沈黙があり困った」といわれることがあります。

Q：どのように解決するのですか。

N：今年度は，子育て支援センターのアドバイスで，今後のあり方を検討するために，協力してくださっている市役所と支援センターに，授業を参観してくださるよう依頼文書を発送しました。当日は４名のセンター長や保育士の方が来てくださいました。活発にハイハイをして，高校生に話をしている母親から離れていく赤ちゃんをみてくださったり，話が滞っているグループに入って話をしてくださったりと，授業のサポートにも入ってくださいました。活動の様子を観ていただくつもりでしたが，私一人で手が回らないところを支援してくださり，とてもありがたかったです。今後，実習の様子を協力者に伝えたり，サポートしたりしていただけそうです。

● 学校内外への発信

Q：学校の内外へ家庭科をどのように発信してきましたか。

N：校外への広報を管理職に働きかけています。教頭が報道機関との窓口とな

り，新聞社等への連絡はファックスで行っています。校内では，今年度(2011年度)の授業は，管理職，事務職員(県の事業になってからは，会計や保険加入を担当していただけるようになり，楽になりました)，3学年担任，新採の物理の男性教諭らが参観してくれました。昨年は，他校の家庭科の新採教諭が参観に来られました。機会があればいろいろな方に授業をみていただくようにしています。施設訪問後にはすぐに写真を職員室に貼り出しています。他教科教諭からの「保育所に連れて行ったり，赤ちゃんを招いたり，先生は大変ですね」「生徒はいい顔をしていますね」との声は，とてもありがたく励まされる言葉です。また，活動の成果(写真や生徒のレポート)を関係機関に配布し，理解を深めてもらえるようにしています。

Q：学校内外への発信に関することで，先生がふだんから気にかけていることはありますか。

N：昨年，家庭科の研修会で「教科担当者が一人なのでとても孤独だが，校務分掌や部活動指導を頑張ることで，同僚や生徒が協力してくれる」というようなことを述べたら，共感してくださる先生方がいらっしゃいました。家庭科室にだけこもっていたら，誰も私の存在に気づいてくれません。グラウンドに出てラグビー部の練習をみることで，運動部の生徒たちも気軽に話しかけてくれ，授業に協力してくれます。富山県民共生センターとの協働で，ワーク・ライフ・バランスの研究授業をしたときは，他教科の男性教諭が駐車場の誘導を手伝ってくれ，センターの所長さんから「学校のなかに協力的な雰囲気をつくっているんだね」と言葉をかけていただきました。家庭科担当が一人のため，日頃から担任の先生と生徒について情報交換をしたり，校務分掌の仕事に精力的に取り組んだりするなかで，先生方との連携を大切にして

▲10　永井先生（中央）：調理実習後生徒といっしょに

います。また，学習指導や部活動指導にていねいに取り組むことで生徒との距離感が縮まり，生徒とともに授業を創っていくことができると考えています。「家庭総合」4単位の授業をさせていただけることに感謝し，今後も学校生活の様々な場面で努力していきたいと思います。

❸ 永井教諭の取り組みからみえてくる可能性

家庭科の可能性を広げるために，永井教諭の取り組みから，あらためて次のようなことが学べたのではないだろうか。

- 家庭科に留まらず，特別授業，学校家庭クラブ，生徒会など可能ないろいろな場で実践を試みている。授業・実習はオープンにし，学校内外のできるだけ多くの人にみてもらうように働きかけている。
- 校内の理解と協力のために委員会組織を立ち上げている。ボランティア推進委員会や福祉委員会の例でわかるように，学校全体の活動に組織することにより，家庭科担当教員の負担が軽減されるだけでなく，学校全体の理解と継続につながる。家庭科教諭が異動しても活動を継続しやすくする。
- ふだんから学校や地域のなかで様々な活動にかかわり，一人ではできないことも周囲や地域にヘルプを求め，どんどんネットワークを広げている。日頃から様々な仕事にかかわり，ヘルプ・ケアし合える関係を築いている。

インタビューを行ってみて，永井教諭は，生徒に自立・自律のために力をつけて卒業させたい，地域・社会を支える市民を育てたいという気持ちが強いように感じられた。また，「他者とのかかわりを通して生徒が深く自分自身をみつめる」ということに大きな意味を感じていた。その教育への熱意を具体化する思考と行動が，紹介したような実践を可能にしたのではないかと思われる。

（綿引伴子）

【引用・参考文献】

1) 永井敏美(2004)"地域と結ぶ世代間交流学習"．日本家庭科教育学会『家庭科教育セミナー2004「共同(教師，児童・生徒，保護者，地域住民)でつくるカリキュラムとその実践」要旨集 2004.3.26』．p.10-11
2) 永井敏美・神川康子(2003)"地域と結ぶ世代間交流学習"．生活主体を育む家庭科カリキュラムの理論と実践．日本家庭科教育学会北陸地区家庭科カリキュラム研究会．p.69-75
3) 永井敏美・神川康子(2009)"工業高校で取り組む他者理解を育む授業 相手の心に届くことばを考えよう"．子どもの思考を育む家庭科の授業．北陸家庭科授業実践研究会編．教育図書．p.70-80
4) 毛利有里・永井敏美・神川康子(2009)"赤ちゃんと触れ合う授業 赤ちゃんを招待しよう"．子どもの思考を育む家庭科の授業．北陸家庭科授業実践研究会編．教育図書．p.83-87

3. 行政との協働による学びのネットワーク
―千葉県鎌ケ谷市の取り組み

　鎌ケ谷市では早くから，開かれた学校づくりとして様々な取り組みが行われてきた。市内の小・中学校の余裕教室をコミュニティールームとして開放し，幅広く活用するなかで子どもたちと市民との世代間交流が盛んに行われてきた歴史がある。

　これらの取り組みを行政側はどのように受け止めているのだろうか。鎌ケ谷市で実践されている二つの事例をもとに，2011(平成23)年9月，子育て総合相談室長および前男女共同参画室長にお話をうかがった。

❶　高校生と赤ちゃんのふれあい事業を実施して

　鎌ケ谷市内では，市の子ども課で実施している子育てサロンを市内の二つの県立高校で，「子育てサロン」という形で開催している。これらは，家庭科の授業時間に「親世代になる準備の教育」の一環として取り入れられている。この事業(授業)について県立鎌ケ谷高校の石島恵美子教諭は，「子育てに対する考え方は，人によって様々である。家庭科教員が一人で教えるのではなく，育児中の母親から実際に話を聞くことで，自分なりの子育て観を男女ともにもってほしい。母親が鎌ケ谷高校を子育ての場所の一つと考えてくれるようになれば，地域にとって高校がもっと身近なものになる」と話している。

　本取り組みについて，行政の立場から市のこども課の方々に意見をうかがった。

....

鎌ケ谷市こども課　子育て総合相談室長
鎌ケ谷市こども課　保育士

Q：高校での子育てサロンを開催するきっかけを教えてください。
A：以前よりインターンシップ等の事業を通し，市内の保育園と交流がありました。高校側から将来親になるための勉強をさせたいとの依頼があったことがきっかけとなり，この事業がスタートしました(この時点では全員参加ではなかった)。

　当初は，鎌ケ谷市の中学校のコミュニティールームで実施している「子育てサロン」に，生徒に来てもらう形で実施していました。しかし移動に時間が取られ，ふれあいの時間が足らないなどの理由もあり，会場を鎌ケ谷高校に移しての実施となりました。

その後，鎌ヶ谷西高校の家庭科教師からも要望があり，現在は鎌ヶ谷・鎌ヶ谷西高校の全クラスの生徒を対象に，1クラスずつ実施しています。2011（平成23）年度からは子ども課から声をかけ，市内の中学校でも実施しています。参加する親子は毎回変わります。

Q：金銭上の負担や役割分担などはどのように行いましたか。

A：会場の準備と生徒指導は学校側，参加親子の募集とポスターの作成はこども課で行っています。その他，予算上で特別に計上しているものはありません。

Q：学校で実施することに何か不安などはありませんでしたか。

A：特に不安なことはありません。鎌ヶ谷市では「子育てサロン」事業を市内の公共施設で開催しています。そもそも中学校のコミュニティールームで開催していたので，そのうちの数回分を「子育てサロン」として，高校で実施するという形でした。

Q：生徒の様子などはどうですか？

A：とてもいきいきしているし，何よりもお母さんたちにとって貴重な場になっていると感じています。お母さんたちは，ママとしては新米で，日々の生活のなかではお姑さんからアドバイスを受けたり，乳児検診などの場では保健師さんたちから指導を受ける形が多いのですが，ここに来ると経験者として話すことができ，一生懸命話を聞いてくれる高校生を前に，自分の子育てに自信をもつ経験になっていると感じます。交流後も，地域のなかで親子と高校生とのやりとりもあったと聞き，同じ地域に住む人々がこういう形でつながっていくことは実施している側にとってもうれしいことです。

Q：1回で終わらせないための工夫などがあったら教えてください。

A：初めの頃は参加してくれる親子の数が少なく，実施について迷ったこともあったと聞きましたが，それでもやってみようと実施しているうちに，マスコミ等で取り上げられ話題になりました。昨年は新聞の全国版（p.180）に取り上げられたこともあり，ママたちの方から問い合わせが多数ありました。

今は何の苦労もありませんが，学校や子育てサポーター，また児童センターの職員など多くの方の協力があったことも，ここまで続けられた要因だと思います。顔見知りの子育てサポーターや児童館の職員の方々が，いっしょに参加してくれることで，ママたちも安心して参加できるようです。

また実施に当たっては，毎回参加者から感想を聞き取り，学校側と協議し環

▲授業の様子を取り上げた記事（地域新聞鎌ヶ谷版，2008年12月19日号）

▲授業の様子を取り上げた記事（朝日新聞，2010年11月21日）

境づくりなどにも努め，改善はしています。市では，子育てサロンの場を大切にしながら，いろいろな世代や地域の人々との交流が広がっていけば…と考えています。今年は，他市からも実施したいとの連絡があり，見学に訪れました。今後は他市の実施例なども勉強し，取り入れるものは取り入れ，さらに充実させていきたいと思っております。

❷ デートＤＶ講座を実施して

また鎌ヶ谷市では，男女共同参画室の事業として高校および中学校での「デートDV出前講座」も実施している。こちらの企画について，行政の立場から，前男女共同参画室長にお話をうかがった。

....

前鎌ヶ谷市男女共同参画室長

Q：高校での出張講座を開催するきっかけを教えてください。

A：2006（平成18）年春に，県でデートDV講座の高校出張授業を実施するという新聞記事をみて，この講座を鎌ヶ谷市でも実施できないかと考えました。市の指導主事の先生に相談したところ，県立鎌ヶ谷西高校の先生を紹介されました。その後は，この先生を通し学校と連絡を取りながら，計画を進めていくことができました。

計画を進めるに当たっては，対象学年・実施時期など，学校の希望を尊重しながら進めました。話のスタートは春でしたが，実施は11月下旬でしたので，半年ほどの準備期間がありました。講師の選定や担当講師の先生との打ち合わせ，双方の希望の確認などを行いました。配布資料の作成などについても，学校側と打ち合わせをし，先生方の意見を尊重するとともに，生徒の状況にあわせて双方が安心して実施できるよう，情報の発信・共有に努めました。

Q：特に苦労したことなどはありましたか。

A：特にありませんが，先生方が心配しないよう，情報の発信は密に行いました。

Q：金銭上の負担や役割分担などはどのように行いましたか。

A：2006（平成18）年度は予算がついていなかったので，男女共同参画室内の予算内で対応しました。2007（平成19）年度以降は予算として組み，市立中学校でも実施をし，現在まで続いています。

市の予算の使途として，名目上拠出できない予算については学校に相談しましたが，快く対応してくれました。役割分担については，事前準備は上記の

通り市の方で進めましたが、当日は学校側が生徒指導や全体の進行を担当し、講座はファシリテーターに任せる形で進めました。

Q：生徒の様子はどうでしたか。

A：実施した頃は「デートDV」という言葉がそれほど浸透していた時期でもなく、生徒の感想などをみると、「DV」ということに初めて触れる…という感じがしました。また、素直に受け入れてくれているなという印象をもちました。2年後には、中学校での実施でしたが、TVドラマの影響もあり、みんな知っていました。

Q：今年度で6回目になりますが、1回で終わらせないための工夫などがありましたら教えてください。

A：以前、生涯学習課長をしていたときに、立てた企画を学校で実施するにはどうしたらよいだろうかと、学校教育課長（市内の校長が課長職として着任）に相談したところ、「各教科の研究会があるので、教科研に企画をもちかければ早い」といわれましたが、行政側からは、教科研の組織がわからず、連絡先もわからないまま、結局企画の実施につながらなかった経験があります。一方、鎌ヶ谷市では市内の校長会や教頭会に行って、生涯学習課の企画などを提出する場があります。受けていただける学校があれば、すぐに実施できる体制は整っています。小・中学校での実施についてはしくみができていますので特に苦労はありません。

Q：たとえば、家庭科でこのような企画をしたいということが事前に行政の方に伝わっていれば、家庭科の授業を通して実践ができたでしょうか。

A：はい、可能だったと思います。こちらからは学校の誰に連絡をとったらよいのか、学校内部のことはわかりにくいのです。

Q：家庭科ではその他にも、地域とのつながりを通した授業内容が多くあります。こちらが、積極的にアピールをしていけば、さらに広がって行く可能性はあるということでしょうか。

A：そうですね。生涯学習課としては学校と連携していきたいと思っています。役所には社会教育主事もおりますし、その責務も負っています。行政側は、地域の情報（人材情報・資源情報・市民団体の情報など）をもっているので、その情報を提供し、地域が活性化することが行政としての仕事だと思っています。

機会があれば、学校との連携は可能です。早い時期に実施計画が決まれば、

年度が始まってからでも，市として対応できることはあります。

また，広報活動などについても，市の広報誌や，各生涯学習施設の掲示板，市のHPなどを通して行うことも可能ですし，地域のミニコミ誌などの記者も，市に出入りしているので，市の講座などを取り上げていただく機会も豊富にあります。私たちも，実践した講座を参加できなかった人々にも知ってほしいと思っています。地元の情報として多くの人の目に留まるように，こちらから地元紙に記事をお願いすることもあります。

❸ 鎌ヶ谷市の取り組みからみえること

以上，鎌ヶ谷市で実施されている二つの講座についてそれぞれの担当課からのインタビューをもとに，行政との連携のメリットを整理した。

1. 行政側は学校との連携に積極的である。また，実施に当たっての負担感はなく，学校側との実施目的の違いを感じつつも，それぞれの課内での目標を達成し，メリットも感じている。
2. 行政は地域の情報をもっており，連携することで地域の教育資源の活用が可能となる。また，行政側にとっても，情報の提供により，地域が活性化することが行政の仕事ととらえている。
3. 各自治体には社会教育主事も配置されており，講座のノウハウも熟知している。また行政職員間ネットワークにより，多様で広範な教育活動へと広がる可能性を秘めている。
4. 学校外への授業の取り組みに関する情報発信も，行政を通じ，地域の視点に関連させ，効果的な発信が可能になる。

行政の力をじょうずに活用することで，地域に根差した特色ある授業の展開が可能になる。また，行政側と学校側が互いの違いを尊重し，それぞれにとってのメリットも感じながら実践が進められていた。ここに鎌ヶ谷市の実践が継続できたポイントがあるようだ。

（川村めぐみ）

5. 教師同士のネットワークを広げよう

　第Ⅱ部-2に掲げた「16都道府県高等学校普通科教育課程調査(2009年度実施)」では，神奈川県，愛媛県，鹿児島県の3県は家庭科の単位数が比較的確保されていた(p.54)。なぜこれらの県では，家庭科の授業時数が確保されているのだろうか。本章では，この3県の特色ある取り組みを取り上げ，その秘密を探っていきたい。各県の単位数確保の原動力となった教師同士のネットワークやその組織について，手記や座談会を通して紹介する。

1. 神奈川県の取り組み

　前述の調査では，家庭科必修科目の3単位以上履修率が，45.0％だった。神奈川県では，3単位以上の家庭科必修科目を設置している教育課程は64.9％あり20％近くも高かった。さらに，「フードデザイン」や「発達と保育」などの専門科目の設置率においても，16都道府県の設置率56.9％に対し，同県では88.6％と高く，調査した16都道府県のなかでは家庭科の単位数が多く確保されていることが明らかとなった。

　神奈川県が家庭科単位数を確保できた背景には，さまざまな要因があると思われるが，神奈川県高等学校教科研究会家庭部会(以下，家庭部会と表記)の活躍は大きい。家庭部会は，委員会，研究大会，地区会などその組織を通して家庭科教師同士の絆を深め，これまでの研究成果を共通財産として積み上げ，そ

表Ⅲ-4-1　2011(平成23)年度の学校数および会員数

学校種	学校数(校)	会員数(人)		
		専任教員	臨時的任用教員 (再任用教員)	非常勤講師
県立・国立高校	147	203	40 (1)	188
市立高校	16	40	6 (1)	14
私立高校	75	111	1	91
合計	238	354	47 (2)	293

(神奈川県教科研究家庭部会会議 2011年度会員名簿より作成)

の活動を支えてきた。

❶ 神奈川県高等学校教科研究会家庭部会

①家庭部会の構成

　神奈川県高等学校教科研究会家庭部会は神奈川県下の公私立高等学校家庭科教員および関係職員（全約700名）をもって組織されている。

②家庭部会の組織

　顧問は，指導主事，全国高等学校長協会家庭部会全国理事より構成され，部会長は，県教科研究会家庭部会顧問のなかから選出される。他教科からの理解を深めるため，他教科の校長が顧問より依頼される。

　部長，副部長，書記，会計は，専任会員の選挙により推薦委員会が推薦し，研究大会で決定する。

　すべての会員は，県内10地区のいずれかに所属する。それぞれの地区から1名の地区委員が選出され，同時に特別委員会である家庭科教育検討委員会と県版副教材改訂委員会にそれぞれ1名ずつが選出される。頻繁に何らかの委員が回ってくるため，輪番制としている地区がほとんどである。

　専門委員会には，消費者教育，保育，食物，被服，住居，教育機器，授業研究の7分野があり，専門分野の研修会や研究協議，授業研究などを行っている。10年ほど前までは，会員は，いずれかの専門委員会に必ず所属することとしていたが，現在は，任意加入制となった。所定の人数を集めると新たな委員会を立ち上げることができ，逆に加入者が少ない委員会は廃止される。

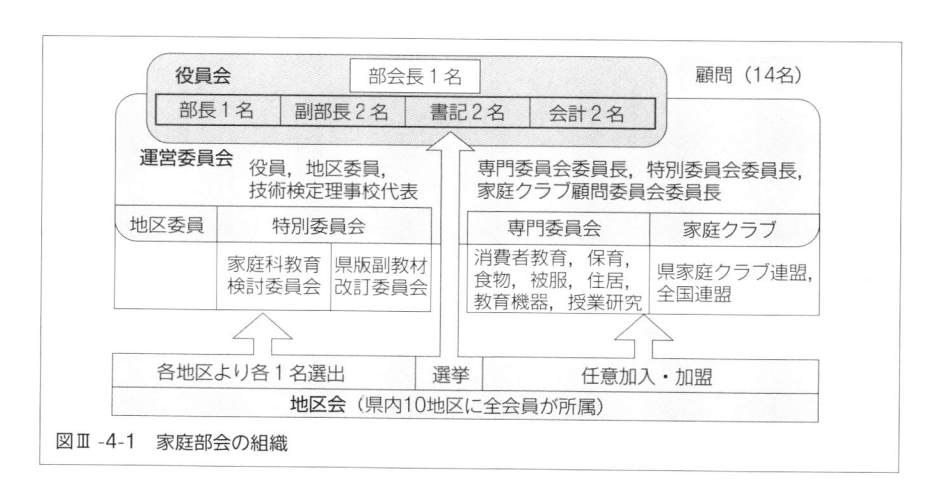

図Ⅲ-4-1　家庭部会の組織

県家庭クラブ連盟は，任意加盟であり全238校中，15校が加盟している。同様に，学校家庭クラブ全国連盟加盟校は，7校が加盟し，活動を行っている（2011年度）。部会の企画運営に当たる運営委員会は，役員のほか地区委員，専門委員会委員長，特別委員会委員長，家庭クラブ顧問委員会委員長，技術検定理事校代表をもって組織している。

③会員相互のつながり

　ここ数年は，県主催の研修が充実してきたため，研修を通して新採用教員や同年度採用教員の相互の連携が深まりつつある。部会の集まりは，研修で知り合った同期採用の家庭科教員同士の横のつながりを縦のつながりに深めていくことができる。神奈川県では，普通科高校が大多数であり，家庭科教員は，1校1～2名が多い。そのため，知り合った家庭科教員同士のつながりがとても重要となる。

　すべての会員を対象とした研究大会は，5月と8月の年2回行われる。5月は，新しく仲間になった新採用の先生の紹介が行われ，前年度の研究収録である家庭部会報・会員名簿が配布される。研究大会に不参加の学校には，部会報を郵送するための返信用封筒を事前に地区委員に郵送することを義務づけている。8月の研究大会は，文部科学省の指導者養成講座の伝達や講演会，授業実践報告などが行われる。朝から家庭科教育についてじっくり考え，刺激を受ける1日となる。

　地区会は，年2回を標準として，地区委員が準備した研修会や見学会，情報交換などが行われる。近くの学校の情報や授業のアイデアなど生きた情報を聴くことができ，明日の授業の糧となる会である。

▲研究大会

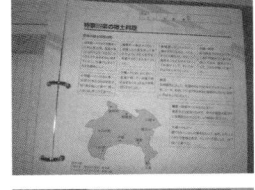

▲被服分野講習会　　　県版学習ノート▶

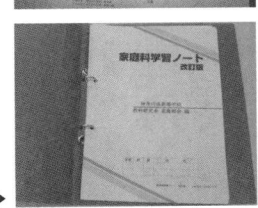

そのほか，役員会は年9回，運営委員会は年4回実施し，家庭部会活動を充実したものとするために努力している。

④緊急時に大活躍する特別委員会（各地区からの代表者で構成）

二つの特別委員会があり，その一つが，男女共学委員会である。1990（平成2）年に家庭部会のなかに組織され，男女共学の先取り実施の推進に活躍した。男女共修は1994（平成6）年より一斉にスタートしたが，条件整備は追いつけない状況であった。男女共学委員会が，毎年アンケート調査を実施し，予算，教員配置，施設設備などに関する課題をまとめ，部会報で全会員に伝えていた。さらに役員会ではその資料をもとに要望書を作成し，県教育委員会に提出して条件整備についての要求を行った。

1997（平成9）年に男女共学委員会は，家庭科教育検討委員会と改名した。新学習指導要領の検討や授業内容についてのアンケート調査を行い，まとめて部会報に報告するなど，神奈川の家庭科教員を牽引してきた力強い委員会である。

もう一つの特別委員会は県版副教材改訂委員会で，学習ノートの企画・改訂を行っている。いずれの出版社の教科書にも対応できるように編集されている。価格も350円と安価であり，バインダーから外して生徒から回収することができるため大変使いやすい。資料も神奈川県独自のものを使用するなど様々な工夫を凝らしている。

❷　61年の歴史から学ぶ
　　―1994～2011年度の家庭部会の活動を振り返って（座談会）

神奈川県の家庭部会活動の中心となってきた旧・新役員の皆さんに男女共修の取り組みから現在までを振り返っていただいた。

◉心が育ち，やる気が出た「研修」

A：この20年間ほどを振り返ってみますと，当時ほとんどの学校では，家庭科教員は1校一人の単独配置でした。そのため，部会の研修はとても期待され

◀座談会に集まってくださった神奈川県教科研究会家庭部会（旧・現）役員有志の皆さん
後列左から，高木啓子，益子薫，山本みや子，藤田みのり
前列左から，加藤美恵子，坂本恵理子，石川麗子，大江雅美（敬称略）

ていたと思います。今の自分があるのも，部会の研修の積み重ね，家庭科教員の連携のおかげだと思っています。特に1994(平成6)年から部会役員有志が主催し10年続いた海外研修は，タイの専門学校見学やオーストラリアの家庭訪問，ストックホルムの老人ホーム見学など，家庭科教員の目線で研修が計画されており，授業にいかせるヒントをたくさんもらいました。研修によって心が育ち，やる気が出ました。

B：他県の先生と情報交換をしますと，神奈川県は，比較的自由に授業内容を決めることができていたと思います。研修で学んだことをすぐに自分の授業にいかすことができました。そこがパワーの源だと思うのです。

● **全員がかかわる部会組織**

C：20年ほど前まで，部会役員は「上の人」という感じでした。当時は，そのような部会の古い体制に疑問を感じていました。男女共修をどう進めていくのかといった大切な問題に直面した時，当初，内容の話し合いもなく役割分担のみで終わってしまうような場面もありました。

D：今までの一部の人のみがかかわる部会組織を改め，全員が必ず何かの組織に加わる体制をつくろうとする動きが出てきました。地区会，専門委員会，特別委員会など，会員みんなが必ず部会とかかわりをもつことによって組織力が強化されたと思います。

● **男女共修を前倒しで実施**

C：男女共修について，当時の部会役員は初め反対していましたが，1985(昭和60)年か1986(昭和61)年ごろ，部会が家庭科教員に対するアンケートを初めて実施しました。その結果，共修に賛成の家庭科教員が85％でした。組合でも共修が勧められていました。

E：若い先生を集めて研究会をしていた先輩の先生もいらっしゃいました。1990(平成2)年に部会のなかに男女共学委員会が発足して，選択科目「食物」などで男子を入れるところからスタートしました。若い先生が先頭に立って共学を推進していきました。1992(平成4)年には男女共通履修の先取り実施校は10校，その翌年には家庭科男女必修を40校が実施しました。1994(平成6)年にすべての学校で男女必修がスタートしましたが，男女共修に向けてのパワーはとても大きかったと思います。

A：男女共修を推進する一方で，部会は各校に向けてアンケートを実施しました。家庭科教員数，設備・備品，予算，などの実態把握に努めていました。

結果を家庭科条件整備に関する「要望書」として，1992（平成4）年，1994（平成6）年，1996（平成8）年に県教育委員会に提出していました。部会役員が教育委員会に持参した際には，担当の高校教育課，教職員課，教育施設課の方々に一室に集まっていただくなど，家庭科指導主事の先生のご協力もいただきありがたかったです。

◉組織の力で「家庭総合」を

C：「家庭基礎」が出たときに早い時期から取り組みをしていました。1999（平成11）年に新学習指導要領研究専門委員会を発足させました。男女共修は単位の改定としておりてきたものでしたが，「家庭総合」か「家庭基礎」かを乗り切るのは大変でした。部会組織の「男女共学委員会」を「家庭科教育検討委員会」に変更し，科目内容の読み込みのほか，各校アンケートを実施して家庭科教員の希望単位についてまとめました。アンケートの結果は，「家庭科のなかで実習の重みを考えると2単位では難しいのではないか，やはり4単位ほしい」という回答がほとんどでした。

B：「家庭科教育検討委員会」が中心になって学習領域を地区に割り振り，割り振られた多くの家庭科教員が新学習指導要領について勉強しました。一人ひとりが「家庭一般」の内容を踏襲するためには，「家庭総合」が必要だと気づいたのだと思います。頭ごなしにいわれたのではないことが重要でした。それが組織の力だと思います。部会では，家庭科教員が希望する単位数などをまとめて資料を作り，部会報や研究大会を通じて会員に伝えていきました。

◉超少数派ながらがんばる

D：家庭科教員が4単位必要と主張しても，校内のカリキュラム検討委員会での合意が得られないと単位数の確保はできません。各学校の家庭科教員が学校のなかで超少数派でありながら，よく頑張ってきたと思います。

B：家庭科を認めてもらっても，進学校では単位減は進んでいます。また家庭科教員の異動のタイミングで単位減が行われてしまっている場合もあります。

E：ここ数年の学校組織の変更によって「カリキュラム委員会」がない学校が増えてきたので，単位数について申し出たくても申し出る場がないという問題が起きています。

C：以前のような「職員会議」はなく「報告」となっているので，教員自身がすべてについて考えていないように思います。本当に人間を育てるということを考えていないのではないかと思い残念です。

●さまざまなジレンマ

D：一方で2単位でもよいという家庭科教員もいるようです。包丁，はさみをはじめとした管理が求められ，個人的な責任を問われることが多いことも原因の一つと考えられるのではないかと思います。

E：最近は2学期制の学校が増えたために，試験期間がバラバラで，午後の授業のない，集まりやすい時期が合わなくなってきています。

F：多忙化もあり，地区会で情報交換だけにすると集まる人が少なくなってしまいます。見学や実習などの研修を入れることが多くなりましたが，研修を実施すると，地区での大切な情報交換の時間がとりにくくなってしまったという問題も生じています。

D：家庭科は未だに家事・裁縫だとイメージしている教員がいるように思います。家庭科の内容を知ってもらう努力が不足しているのではないでしょうか。

G：家庭科教員のなかにも家事・裁縫でいいと思っている人もいるように思います。

C：料理も裁縫もしない家庭が増えています。家庭科学習のなかで，人間関係や子育ての学習の重要性が増していると思います。

●家庭科を学ぶとみんなが幸せになる

B：高校時代に人と人の間で生きていく術を学ぶことは本当に大切で，人の和を広げていくことにつながると思っています。

D：ある新採用の先生に，「なぜ家庭科教員になったのか」をたずねたところ，「家庭科を学ぶとみんなが幸せになれると思ったから」と答えました。とても印象的でした。彼女は，今年，新採用から5年目ですが，研究大会で授業実践報告をしたり専門委員会の委員長を引き受けたり，とても積極的な活動をしています。これからの家庭科教育を担う彼女たちのような若い世代に大いに期待しているところです。

　この座談会を計画して旧・現部会役員の皆様に出席をお願いしたところ，数日後に座談会が実現した。すでに入っていた予定をキャンセルして「皆さんとお会いしたい」と出席してくださった先生もいらした。家庭科教員が集まると「楽しい・有意義だ」という思いが，いままでの家庭部会活動を支えてきたのである。

（新山みつ枝）

2. 鹿児島県の取り組み

　2008年のNHK大河ドラマ「篤姫」，2010年「龍馬伝」と続き，鹿児島県が一躍多くの人々に知れ渡ったことは間違いないだろう。雄大な桜島，美しい霧島をはじめ，世界遺産の屋久島など，数々の自然が豊富だ。そこに住む人々もゆったりとして，しかし芯があり，着実に何かを育んでいて力強い。2009年度の家庭科必修科目の履修実態(p.50)において，鹿児島は「家庭総合」の履修率が高い県の一つであった。鹿児島県の家庭部会の活動や履修率が高い秘密を家庭科サークルの中心メンバー5名に行った紙面での聞き取りから主に探ってみる。

　まず，鹿児島県での教師間の組織—鹿児島県高等学校教育研究会家庭部会について紹介する。

❶ 鹿児島県高等学校教育研究会家庭部会について

　鹿児島県高等学校教育研究会家庭部会(以下，家庭部会と表記)は，「会員相互の自主的な研究活動を促進し，会員の研修と資質の向上を図り，本県高等学校における家庭科教育の充実振興に寄与する」ことを目的とした任意団体である。その活動は，①家庭科教育に関する研究調査およびその助成，②研究会・講習会・展示会・研究発表会などの開催，③家庭科教育に関する各研究団体との連絡提携，④その他家庭科教育振興に必要な事業，である。会長は歴代鹿児島女子高校の校長が歴任してきた。会長すなわち校長は任期が3年で，その後ほぼ退職となるので，実質は会長校の家庭科教員が中心である。部会組織は他に副会長3名，地区は7地区からなり，委員が各地区2名，常任委員が若干名，会計監査2名，庶務会計3名という役割分担である。

　地区当番校の役員は，家庭部会総会(6月)，研修講座(8月上旬)で5日にわたって実技講座や講師を招いての学習会(会長校中心)を主催し，研究授業，実践講座，研究協議，講演，分科会などを行っている。また，学習指導研究会(11月)を2日間，地区持ち回りで恒例として実施している。

　大きな特徴と思われるのは，研究部と資料部という二つの部があることである。研究部は，家庭部会研修会(冬休み中)を企画し，講演や企業見学，実践報告などを行うほか，家庭科教育の条件整備のための要望書作成も担当している。そして，この要望書を教育委員会や校長会に提出している。資料部は，「かごしま高校家庭」(年1冊)という冊子の作成を主に担当する。他に「家庭クラブ」や「技術検定」がある。「家庭クラブ」活動の統括は地区持ち回りで当番校が担当，

「技術検定」は会長校が行っている。

❷ 教員への紙面での聞き取り

月1回の割合で開催されている自主組織「家庭科サークル」(以下,サークルと表記)の活動中心メンバー5名にお話をうかがった。項目は,「『家庭総合』履修率が高い理由」「家庭科のアピールについて」「教育委員会・校長会への要望」についてなどである。

Q:「家庭総合」履修率が鹿児島県は全国の普通科のなかでも高い,と聞いてどのように思われましたか(普通科の「家庭総合」履修率が66.0％)。

◉「家庭総合」が7割になってしまったかと,という印象です。「家庭総合」4単位がごく当たり前であるのに,受験校が2単位になってから,進学校への圧力が強くなっているのだろうとの印象を受けます。

◉「進学校」などで「家庭総合」から「家庭基礎」に変わってしまった学校があるので残念です。県としても「家庭総合」を広げていこうという呼びかけを家庭部会などでもっとしてほしいです。

Q:「家庭総合」の履修率が高い理由は何だと思われますか。

◉家庭部会の研究会・研修会などで機会あるごとに「家庭総合」4単位を確保しようと訴え(呼びかけ)続けてきました。

◉最初に共学がスタートしたとき,ほとんどの学校が4単位をとれたこと。「家庭基礎」2単位導入後,3単位に減らされながらも「家庭総合」を守ってきたことです。

◉今までの積み重ねと先輩の先生方のがんばりだと思う。家庭科の重要性を訴え,4単位履修に向けて努力なさってきた先輩の先生方がいらしたから,今の状況があります。家庭部会などで4単位の大切さはわかっていると思うが,今後はなかなか難しい面もあるかもしれない。

◉4単位必修のとき,県下全高校が4単位となった。私たちが家庭部会のなかで4単位を主張し続けたこと,組合のなかで取り組んだこと,サークル活動を続けてきたこともその役割を担ったと自負しております。

このように,家庭部会での訴え,組合のなかで取り組んできたこと,サークル活動で頑張ってきた先輩方の努力などが,今日の状況を生み出している。この土台は家庭科の男女共学・共修運動であるが,この男女共学・共修実現も実は「長いみちのり」であったという。家庭科の男女共学・共修は1982(昭和57)年

に出水商業高校から始まり，翌年串良商業高校が加わった。しかし，その後は遅々として進まず，選択「食物」で共学をするという方法などを経て，ようやく学習指導要領で規定され，1994(平成6)年に完全実施となった。京都・長野・東京が全国に先駆けて男女共学・共修を行ったが，いわゆる「男尊女卑」の考えが根強い鹿児島で，困難をともないながらも粘り強く続けてきたこれまでの取り組みは敬服に値する。

Q：家庭科のアピールはどのようになさいましたか。

●家庭科は今でも，その時代，時代において利用もしくは都合のよいように翻弄されてきた部分があるが，最近は食育や環境などの点で今まで地道に積み重ねてきたことをアピールできる機会が多くなったように思う。私自身は教科を通してだけでなく学校行事や部活動などを通して，家庭科の大切さを話してきました。また，担任をもち，保護者ともかかわり合いをもつことによって家庭科教師として存在を示しました。さらに，自己申告のときに，どのような授業をしているのかなど，管理職にアピールしてきました。

●機会をとらえて教科の中身について，校長，教頭をはじめ，同僚にもどんなことをやっているのか知ってもらいます。近年，公開授業をするようになってきて，パワーポイントを使うなどして教科の内容を知ってもらいます。自己評価で管理職と面談もあるが，その機会をとらえて，自分の家庭科観をアピールし，教科への理解を得るようにしました。

●担任と校務分掌など全体にかかわる仕事を積極的に希望し，担当してきました。仕事に向き合う姿で職場の意識を変えてきました。

●家庭クラブでのボランティア活動をしてきました。

●生活デザイン科の生徒が頑張って，食物バザー，ファッションショー，お茶・お花の展示を行い，文化祭でのメインに家庭科としてアピールしました。

●中学3年生の1日体験入学には，3年生が主になって，調理実習や染色などを指導し，家庭科がその役割を担っていることを学校内外に知らせました。

Q：教育委員会・校長会への要望はどのようになさいましたか。

●家庭部会で生徒・家庭科教員へのアンケートを実施し，それをまとめて，毎年要望書という形で提出してきました。その結果については，あまりきちんとした返答はたぶん得られていません。提出したままで，返答の期限とか設けていないし，基本的に予算がからむことなので，校長に言ってもなかなか進展しません。

- 校長会に提出しましたが,「教育課程については,各学校で決めることだから」という返事だったように記憶しています。
- アンケートをとり,それを集約し,家庭科が4単位必要なこと,分割授業の必要なことなどを校長会,教育委員会に毎年提出しています。返事はありませんでしたが,恒例にしています。

　これらの先生方が後進の励みになるように活動していた。おわりに家庭科サークルについて紹介をしたい。

❸　家庭科サークル

　鹿児島県の家庭科サークルは,毎月第4土曜日に,ほぼ定例で行う自主サークルである。男女共学・共修の運動とともに,1980(昭和55)年から不定期に集まり,正式には1982(昭和57)年4月に発足した。以来30年,実践交流はもちろん,本・視聴覚教材の推薦,新任研修へのアドバイスなどバラエティに富んでいる。まさに「継続は力」で県の家庭科を支える「縁の下の力持ち」的存在となっている。

　これまでの実践交流例には,①環境・総合:「新聞紙で作るエコバッグ」,②社会・発達:「福祉社会―スウェーデン・デンマーク」「性について―自分を知ろう」「自分らしく生きること―絵本『100万回生きた猫』から」,③衣生活:「シュシュを作ろう」「エコバッグと刺し子」,④住生活・生活経営:「間取り図・一人暮らしから,いくらかかるか」,⑤食生活:「鹿児島の食材・簡単にできるレシピ」「食品添加物について」「食材の計量について」,などがある。負担がない程度に1教員が1実践または資料や推薦図書を持ち寄って,交流を深めている。もちろん,視聴覚教材の紹介と交換なども行っている。

　最近ではTPP,フェアトレード,フードマイレージ,ハンガーマップづくりなど,地球規模での生活問題を取り上げ,実践している。

　悩みや各学校の教育課程の情報交換,学習指導要領や教科書の内容検討,今後の課題についてもアドバイスや検討をしながら,活動をしている。年に1度退職者を祝う会があり,全県の3分の1以上の教員が集い,新たな活動に向けての出発となっている。また,「退職者の会」があり,現役教員よりもパワーがあるともいわれ,鹿児島県の家庭科教育を末永く応援している。

(齋藤美保子)

3. 愛媛県の取り組み

❶ 特異な教育課程の経緯

　愛媛県は，高校家庭科の教育課程が多様な県である。前述の「16都道府県高等学校普通科教育課程調査（2009年度実施）」において，家庭科の必修科目の増単位（「家庭基礎」の3単位，4単位履修），必修科目の選択設置（「家庭基礎」を必修履修後に，選択科目として選択で履修させる）など，教育課程が他県に比べて特異であった。1994（平成6）年の男女必修，2003（平成15）年の「家庭基礎」2単位科目が導入されるに当たり，愛媛県ではどのような取り組みがあったのか，当時家庭科教員で愛媛県高等学校家庭部会の経過を熟知している愛媛県立高校の元校長F氏にこれまでの経緯を回想してもらった。

愛媛県高等学校家庭科の取り組み

　　　　　　　　　　　　　　　　　　　　　　元愛媛県立高校校長　　F氏

　家庭科教育にとって最大のテーマは，「男女共修家庭科」である。家庭部会では，1983（昭和58）年には「女子差別撤廃条約」の条文や外務・文部省の考え方を勉強しながら，家庭科の危機を感じたのを覚えている。

　1984（昭和59）年になると，マスコミにも取り上げられるようになり"現状維持，男女とも履修，男女とも履修しない…"などと様々な内容論が飛び交かったものである。当時，本県でも校長会と家庭部会の考え方は少しずれがあった。家庭部会では，教員一人ひとりが男女4単位必修を胸に描き，慣れない陳情やハガキ作戦，国会議員との面会なども行うなど，教員の総力を結集したものだ。

　1988（昭和63）年学習指導要領に示され，「男女必修修」が決定する。1994（平成6）年の実施に向けて研究委員会を再編し，東・中・南予の地区会・ブロック会を組織し，全員で指導内容等の研究を進め，研究冊子は十数冊になった。また，研究指定校や先取り実践校の研究発表会，実習ノートの研究など助走期間は長かった。あの頃の家庭科教師の勢いは凄まじいものであった。

　「男女共修の家庭科」（4単位）が定着したころ，21世紀型高校をめざす改訂では，「ゆとりのなかで…」や「特色ある…」などをキーワードとして，「総合的な学習の時間」や「福祉」などが新設され，「家庭基礎」（2単位）が導入される。やっと苦労して勝ち取った男女すべての生徒が共に学ぶ4単位であったが，読み・書き・算数のような長い歴史もなく，大学入試の後押しもない家庭科は，改訂のたびに揺れ動く。

　家庭部会では，上記のように苦労して実施へと導いた男女共修への経緯に思いをいたすとともに，高校の家庭科はその内容や重要性から4単位必要であるということ，また，1単位でも減になると家庭科教員の数が減っていくんだという共通認識の元に，各校の実情にあわせて次のような様々な工夫をした。

> ●「家庭基礎」(2単位)のみの設置校は,できるだけ多くの選択科目を置くようにする。
> ●類型(コース)により,「家庭基礎」(2単位)に1単位・2単位増や「家庭総合」(4単位)を置くよう工夫する。
> ●専門学科設置校は,専門学科に「家庭総合」(4単位)を置くようにする。

　この取り組みは現在も継続され,愛媛県高等学校における2012(平成24)年度生の履修科目および単位数予定は,「家庭総合」4単位が38％,「家庭基礎」2単位は23％で,それ以外は,「家庭基礎」の増単位や選択設置,類型(コース)で「家庭基礎」と「家庭総合」の設置となっている。
　また,家庭部会では,研究活動にも意欲的に取り組み,家庭部会のホームページを作り,ダウンロードして指導案など多くの教材を参考にしたり,情報を連絡し合ったり,研究会等の案内など部会のことを家庭科教員がすべて共有し活用することが定着している。

❷ 家庭科教員が管理職になって活躍

　愛媛県の高校家庭科を語るうえで,家庭科教員の管理職としての活躍が挙げられる。愛媛県立高校は,2011(平成23)年現在53校あるが,そのなかで,家庭科教員の女性校長が4校(7.5％),教頭が3校(5.7％)である。ちなみに,文部科学省の2010(平成22)年学校教員統計によると,全国の高校における校長の女性教員割合(全教科)は,5.7％に過ぎない。
　このことについて,前述のF氏にたずねたところ,「これは家庭科教員自身の意欲や力量によるものであるとともに,県においても力量のある女性教員は積極的に登用していこうとする姿勢でもあると思われる。家庭部会では,各学校で必要とされる人材の育成に心がけ,一人でも多くの管理職が続いて活躍できるよう努力しているところである」との返事が返ってきた。愛媛県の高校家庭科では,非常勤講師ではなく,常勤講師が多いのも特徴である。その辺りも家庭科教員が管理職として活躍していることに関係があるかもしれない。
　さらに,2006(平成18)年には,元校長ら家庭科教員管理職OG 3名で,家庭部会長等の了解も得て,「ティーチャーズサポート・未来塾」という教師支援研修塾を立ち上げている。これは,日々の教育活動に追われ,気持ちはあってもなかなか研修の時間がとれず,研修する場が少ない現場家庭科教員の研修のための組織である。
　この塾は年間4回程度,家庭科教職員等の比較的参加しやすい時期に研修の場を設定し支援するもので,内容は,①専門の指導者や教育者,企業人の講義・

講演，②実技研修並びに関連する施設や企業見学，③教材化を図るためのワークショップ等，④教育に関する何でも相談であり，楽しく研修を行っている。

　最初は高校教員だけであったが，2年目からは松山管内の義務教育の教職員や家庭科教員志願の愛媛大学の学生も，また，内容によっては，栄養教諭や管理職，他教科の教員なども参加するようになり，今までに延べ280人が受講し，年々広がりをみせている。

❸　愛媛県家庭科研究会─小・中・高・大学で連携

　さらに，愛媛県には，全国でも珍しい小・中・高・大学で組織している愛媛県家庭科研究会がある。その歴史は古く，1954（昭和29）年に発足し，教育委員会，小中教育研究協議会，高校家庭部会の後援も得て活動をしている。2011（平成23）年現在，家庭科教育に携わる教員計235名が会員である。

　例年，8月に総会・研究会が開催され，様々な活動を通して小・中・高・大学の教員が交流し，研修をしている。2010（平成22）年度は，文部科学省教科調査官望月昌代氏を招いて「新学習指導要領の実施に向けて─生きる力を育む家庭科教育の充実─」の講演，および消費教育講座を小・中学校，高校・大学の校種で2グループに分かれてワークショップ形式で実施した。

　2011（平成23）年度は，「高校生レストラン」のドラマ化で話題になった三重県立相可高校教諭村林新吾氏と調理クラブの生徒2名による調理講習会と，三重県多気町役場・まちの宝創造特命監岸川政之氏による「まちの宝を探し出せ！～多気町流地域と学校の付き合い方～」の講演から，家庭科と地域振興の可能性について研修を行った。

　愛媛県の家庭科教育は，小・中・高校それぞれの家庭部会活動も熱心であり，さらに小・中・高・大学で連携した研究会も組織され，長年にわたる家庭科教員の地道な取り組みが現在も元気な愛媛県の家庭科に受け継がれている。

　以上，家庭科の履修単位数が比較的確保されている神奈川県，鹿児島県，愛媛県の取り組みをみてきた。共通していえることは，それぞれ家庭部会が単位確保に向けて方針を出していること，また，教員同士のネットワークづくりが定着していることである。現在，ほとんどの学校で家庭科の専任教員が一人しかいないが，自信をもって各学校で教育課程編成における家庭科の単位獲得を主張していくためには，県単位の家庭科教員の組織力や方針がバックアップとなり，家庭科の単位減を防いでいることが確認できた。　　　　（野中美津枝）

〈まとめにかえて〉
家庭科の
パワーアップをめざして
——学び，つながり，発信する

　本書は，生徒が生活者（生活主体）となるためにはどのような学びが必要か，そして，その学びを支援するプロフェッション（専門職）としての家庭科教師はどのような力量をつける必要があるのかを，家庭科の「いま」をみすえながら多角的に語ってきた。ここであらためて，各部からみえてきた事柄やその関連，さらにこれからめざしたいパワーアップの中身について考えてみたい。

1. 家庭科はおもしろい

　「第Ⅰ部-1. 家庭科のもつ現代的意味」では，家庭科でつけたい4つの力（課題）を吟味するとともに，これらの力が，実は世界標準の学力（生涯にわたって獲得する必要がある力として提起されたキー・コンピテンシー）と親和性が高いことを確認した。また高校の新学習指導要領（2009年改訂）はこの学力論を色濃く反映し，思考力・判断力・表現力の育成や問題解決力が重視されていること，とりわけ家庭科においてこの点が積極的に盛り込まれていることが語られた。これらの力をつけていくには今後，問題解決学習のなかで批判的リテラシーを鍛える学習が大事になること，さらに，男女が共に学ぶ家庭科のこれからの課題として，生活の改善を確実に実践する力やシティズンシップの涵養が重要であることが示された。

　「第Ⅰ部-2. 家庭科へのエール」では，他分野の方からの家庭科への見方や思いを寄稿していただいた。「社会公共に関心をもつ自立した人間」に育つうえで家庭科は大切という政治学者・広岡守穂氏の視点は，今後社会全体のなかでもっと論議されてよいテーマであり，家庭科への何よりのエールといえる。

2. 家庭科のいま

「第Ⅱ部-1. 家庭科の役割」では，まず，東日本大震災が浮き彫りにした家庭科の役割，とりわけ生きる力や協働・共生の意味が吟味された。「普通の生活ができること」の意味をかみしめ，「ていねいに生きること」「工夫して生活すること」「助け合って生きること」を大事にすることは，まさに家庭科がめざしてきたことであり，未曾有の災禍を通して，教育における家庭科の意味があらためてあぶり出されたといえるだろう。

続く「第Ⅱ部-2. 家庭科の実像」では，全国16都道府県を対象に行った教育課程調査や21都道府県の家庭科教師の意識調査をもとに，高校家庭科の実像や教師の教科観など，家庭科の置かれた現状が分析された。高校普通科の家庭科の履修形態は全国一律ではなく，地域ごとに特徴があった。「家庭総合」4単位が比較的守られている地域がある一方で，単位減が横並びで進んでいる地域もみられた。また科目の単位も必ずしも標準単位だけではなく，「家庭総合」を5単位や3単位で，「家庭基礎」を3単位で実施している学校も少数ながらみられた。このほか3年生の選択科目を充実させ，家庭科関連学習の履修者を増やす試みなど，教師の様々な工夫や試みが透けてみえた。

「第Ⅱ部-3. 教師は家庭科をどうとらえているか」の教科観，学力観については，教師は家庭科を「生活自立」と「共生」を核とした教科ととらえており，「生活の知識・技術」の獲得を第一としながらも問題解決力や思考力，人とかかわる力も重視していることがわかった。その反面，学習時間の減少が新しい学力観への移行を阻んでいる様子もみてとれた。

「第Ⅱ部-4. 家庭科教師のつぶやき」では，家庭科教師の意識調査の自由記述をもとに，全国の教師のつぶやきを整理，収録した。そこには，受験科目でない家庭科が，受験偏重の教育現場で軽視され，単位減に悩む困難な実情が様々に語られていた。と同時に，年ごとに生活力が乏しくなる生徒の現状と，その生徒たちに生活自立力をつける家庭科の重要性や，家庭科を学びたがっている生徒たちからのリアルな手応え等が，熱い筆致で語られていた。読者の多くは「そう，そう」と頷いたり，「その通り」と机を叩きたくなったりする思いでこれらの声に耳を傾けたことだろう。その一方で，教師自らに厳しい目を向けたつぶやきもあった。「教師自身が，『家庭科は重要な科目だ』と思われるような仕事をすべきだ」「生徒の知的好奇心をかきたてる授業のあり方，指導方法を検

討することが必要だ」など，授業を振り返り，その質を上げる取り組みが必要であると指摘している。さらに「教員自身が，単位減に対して家庭科をアピールしていかないといけないのではないか」と，他教科や管理職，校長会，社会への発信の必要性も様々に語られていた。

3. これからの家庭科

　第Ⅲ部では，教師たちのつぶやきを受け，これからの家庭科を，生徒にとって，教師にとって，そして外部からみてもより魅力的にするための方略を多角的に検討した。家庭科という教科をより豊かでおもしろいものにパワーアップするとともに，それを教える教師自身のパワーアップを図るためにはどうしたらよいだろうか。ここでは，本書の副題でもある「学び，つながり，発信する」を大きな柱として，「新しい学びのデザインと授業づくり」「家庭科のおもしろさ，楽しさの演出」「地域とつながり学びのネットワークをつくる」「教師同士のネットワークを広げる」の視点から，先進的事例をもとに検討した。

　いうまでもなく，家庭科は，チョーク1本と教科書で授業ができる教科ではない。この教科は，家族や保育，高齢者，消費や環境，食物，被服，住居，生活経営等，生活にかかわる多様な知識とスキルを身につけるとともに，それらを生活にいかす応用力，実践力，さらに社会へとつなげるシティズンの意識と行動力の涵養を目標としている。これらを学習のなかで獲得させるには，板書とドリル学習では到底不可能なのである。手を動かし考えながら工夫し，ものや人と出会って感じ，その体験を知識や思考とつなぐ，それらのことが自在にできるカリキュラムや学習の環境づくりが不可欠となる。

　「第Ⅲ部-1. 新しい家庭科をどうつくる，2. 新しい家庭科の授業」には，そのカリキュラムづくりの方略と授業例を提案した。また，続く「第Ⅲ部-3. 家庭科を学ぶおもしろさ，楽しさを演出しよう」には，学習の環境を整え，それを広くアピールするためのアイデアや具体例を多様に示した。

　さらに「第Ⅲ部-4. 地域とつながり，学びのネットワークをつくる」では，大阪府立芥川高校，富山県立砺波工業高校，千葉県立鎌ヶ谷高校の地域連携の試みとそれを実現する3人の教師の取り組みが詳細に収録されている。いずれの取り組みも，乳幼児と母親や高齢者をはじめ，多様な人との出会いのなかで生徒たちが育つことを確信し，その機会を創り出したいと考え，様々な試みを重

ね続けている3人の先生方がいたからこそ実現したものである。

最後の「第Ⅲ部-5. 教師同士のネットワークを広げよう」では，長い年月をかけて世代から世代へ信頼関係を築き，学び合い，語り合い，協力し合ってきた神奈川，鹿児島，愛媛の家庭科教師のつながりの歴史とノウハウが語られている。これらの県で「家庭総合」4単位必修の高校が比較的多いのは，けっして偶然ではないだろう。

4. 学び，つながり，発信する

「チョーク1本ですまない」家庭科を担当する専門職としての教師力をパワーアップするために，あらためて，「学ぶ」「つながる」「発信する」の視点から整理すると，次のようになろう。

学ぶ	■授業をデザインし，実践し，省察する ■教材研究をし，日常的に学びを深める
つながる	■生徒を，学校や地域の様々なヒト（幼児や高齢者も含む）やモノ，コトと出会わせる方法や手だてを考え実行する ■生徒同士や生徒と地域の人が出会い，学んだり体験したりしやすい場となるよう，家庭科室を魅力的に整える ■教師自身，地域の人々や家庭科教師同士のネットワークをつなぎ連携する
発信する	■学習の成果や生徒の学びの様子を，展示，レポート，ビデオ，行事，ホームページ，ブログなど外部からみえる形にして発信する ■家庭科の教育的な可能性を社会的にアピールする

これら3つは，バラバラではなく相互に関係している。「学び」ながら「つながり」，「つながり」ながら「発信」し，「発信」しながら「学ぶ」―どれも教師力として欠かすことはできない。なお，この各欄に提示した項目は，すべてを完璧にするための指標ではない。相互のつながりを理解し，現在の職場や環境のなかで，できるところからやってみればいい。「実践や体験をしくむ」家庭科にお

ける専門性は，他の教科に比べはるかに複雑で総合的なパワーが必要なのである。

　ここで注目したいのは，家庭科教師がこれらの専門性を無意識に磨き続けており，知らぬ間に力をつけているという事実である。ある高校で，総合的な学習の時間を学年の担任団で担当した際に，メンバーの家庭科教師が，高齢者との交流学習で福祉施設との連絡を手際よく進めて他の教師に驚かれたという。同じく，総合的な学習の時間の文化交流の授業で，調理実習を受けもった英語教師が，あまりの大変さに心配で夜も眠れず，家庭科教師が多人数相手にスムーズに実習を進める力量に感心した，という話もある。家庭科教師は，自らが教科の実践のなかで培ってきた総合的な力に自信をもってよいだろう。

　忙しさを承知で，生徒にたくさんの学びの可能性を用意しようと奮闘する教師たちに共通していたもの，それは，生徒の生活力を少しでも鍛えたいと願い，生徒が考えたり試行錯誤したり，生き生きと学習する様子を眺めるのが何よりも好きで，そこから元気をもらう，という姿だった。生徒の成長を信じ，生徒に寄り添いながら学習を組む—そこでは，「何を教えるか」から「生徒に何を獲得させるか」への教育観の転換が確実になされているといえる。

　「学ぶ」おもしろさ，「つながる」楽しさ，「発信」し行動する醍醐味を味わいながら，21世紀の生活者を育てる家庭科をパワーアップし続けていきたいものである。

（荒井紀子）

資料　家庭科の歴史

年	教育・家庭科	政治・経済・社会	生活・労働・環境
1978（昭和53）	・高等学校学習指導要領告示		
1979（昭和54）		・女性に対するあらゆる形態の差別撤廃条約国連第34回総会採択 ・国際子ども年	
1983（昭和58）		・サラ金二法施行	
1984（昭和59）	・家庭科教育に関する検討会議発足（高校女子のみ必修の廃止） ・「社会の変化及び文化の発展に対応する教育」内閣総理大臣が臨時教育審議会に諮問		
1985（昭和60）	・教育課程審議会発足（中学校「技術・家庭」，高校「家庭」の履修形態のあり方諮問） ・臨時教育審議会「教育改革に関する第一次答申」	・女子差別撤廃条約批准	・男女雇用機会均等法成立
1986（昭和61）	・教育課程審議会「教育課程の基準の改善に関する基本方向について」中間まとめ（第二次答申）		
1987（昭和62）	・臨教審「第三次答申」「第四次（最終）答申」	・新国内行動計画策定	
1989（平成元）	・小・中・高校学習指導要領の告示　中学校「技術・家庭科」男女差なし（ただし時間減），高校「家庭」男女必修	・子どもの権利条約国連総会で採択	・1.57ショック ・消費税3％実施
1991（平成3）		・湾岸戦争勃発	
1992（平成4）	・家庭科教科書検定不合格1点 ・学校教育法施行規則改正（学校週5日制）	・地球サミット（ブラジル）開催	
1993（平成5）		・世界人権会議開催（ウィーン宣言）	・パートタイム労働法成立
1994（平成6）	・男女共学・必修（4単位）の家庭科学年進行で開始	・子どもの権利条約批准	・製造物責任（PL）法成立
1995（平成7）	・第15期中央審議会発足「21世紀を展望したわが国の教育の在り方」	・第4回世界女性会議「北京宣言及び行動綱領」採択 ・阪神淡路大震災 ・地下鉄サリン事件発生	・育児休業法一部改正 ・介護休業制度の法制化

年	教育・家庭科	政治・経済・社会	生活・労働・環境
1996（平成8）	・中央教育審議会「ゆとり」「生きる力」	・男女共同参画会議「男女共同参画ビジョン」答申 ・男女共同参画2000年プラン策定	・優生保護法の一部改正，母体保護法へ名称変更 ・O-157食中毒大規模発生
1997（平成9）	・高校家庭科教科書検定4冊不合格 ・介護等体験特例法制定	・臓器移植法成立	・男女雇用機会均等法成立雇用機会均等法一部改正 ・容器包装リサイクル法施行 ・地球温暖化防止京都会議
1998（平成10）	・小・中学習指導要領告示（技術分野・家庭分野となる） ・学校教育法改正（中高一貫教育制度） ・教育課程審議会「教育課程の基準の改善について」（学校5日制・総合的な学習の時間新設）	・日本版金融ビッグ・バン	
1999（平成11）	・3月高校学習指導要領告示（家庭科4単位科目に加え，2単位科目の設定） ・「新しい歴史教科書をつくる会」発足	・男女共同参画社会基本法制定	・労働者派遣法改正
2000（平成12）	・家庭科へのバックラッシュ始まる	・児童虐待防止法制定（平成20年まで1年ごとに改正） ・ストーカー行為規制法制定 ・女性2000年会議（ニューヨーク）	・消費者契約法公布 ・雪印乳業食中毒事件発生
2001（平成13）	・「中央審議会」文部科学省に設置（1月6日） ・衆議院文部科学委員会で家庭科教科書「性」「多様な家庭像」を取り上げる	・日本初BSE感染牛発覚 ・少年法の一部を改正する法律施行	・消費者契約法（2001年4月施行） ・グリーン購入法施行 ・DV法制定
2003（平成15）	・小・中・高校学習指導要領一部改正 ・家庭科未履修問題発覚 ・「家庭総合」「家庭基礎」「生活技術」履修開始	・イラク戦争・自衛隊派遣 ・個人情報保護法成立	・労働者派遣法改正
2004（平成16）		・改正障害者基本法成立 ・小泉内閣三位一体改革 ・バックラッシュ裁判	・消費者基本法（改正消費者保護基本法）成立
2005（平成17）	・中教審「新しい時代の義務教育を創造する」（答申）教員免許更新制検討	・障害者自立支援法公布 ・人口減少時代へ ・郵政民営化関連法公布 ・クールビズ・ウォームビズ提唱	・改正介護保険法成立 ・耐震強度偽装事件発生

年	教育・家庭科	政治・経済・社会	生活・労働・環境
2006 (平成18)	・教育基本法改正	・障害者自立支援法改正 ・社保庁年金不正問題発生 ・ジャワ島大震災（自衛隊派遣）	・電気用品安全法（PSE法）施行
2007 (平成19)	・学校教育法改正	・日本郵政公社民営化 ・世界金融危機	・電力12社データ改ざん
2008 (平成20)	・中央審議会：新しい時代に求められる青少年教育の在り方について（諮問） 教育振興基本計画について－「教育立国」の実現に向けて－ ・幼稚園・小学校・中学校・高等学校及び特別支援学校の学習指導要領の改善について（答申）（案） ・高校・特別支援学校学習指導要領等（文部科学省告示）改訂案公表	・イージス艦あたご衝突事件 ・児童福祉法改正	・中国餃子食中毒事件
2009 (平成21)	・高校・特別支援学校学習指導要領等告示	・裁判員制度スタート ・改正臓器移植法成立（脳死は人の死）	・消費者庁設置 ・消費者安全法（2009年9月施行）
2010 (平成22)	・教育政策の基本的考え方についての意見交換・高校実質無償化について（中央審議会）	・子ども手当て支給 ・子どもの権利条約第3回総括所見（国連） ・日航破綻	・雇用保険制度改正 ・口蹄疫（宮崎）発生 ・鳥インフルエンザ発生
2011 (平成23)	・中央審議会　第二期教育振興基本計画の策定について（諮問）	・東日本大震災 ・福島原発事故	・家畜伝染病予防法改正
2013 (平成25)	・年次進行実施		

（荒井紀子編著「生活主体をはぐくむ」ドメス出版，2009年，第3刷，「社会の動向と家庭科教育に関する年表」(pp.168-269) に加筆した）

さくいん

DeCeCo ……………………… 12
OECD ………………………… 12
PISA ……………………… 13,24
生きる力 …………………… 16,42
改正教育基本法 ……………… 43
科学的思考法 ………………… 26
学習意欲の喚起 ……………… 44
学習題材 ………………… 95,96
学習領域 ………………… 95,96
学習課題 ……………………… 96
学力観 ………………………… 67
学力論 …………………… 12,16
学校家庭クラブ活動
　……………………… 153,154,156
学校規模 ………………… 65,66
家庭科カリキュラム ………… 49
家庭科教科書 …………… 25,31
家庭科軽視 ……………… 75,78,79
家庭科専門科目 ……………… 52
家庭科男女共修 ………… 20,21
家庭科の教員配置 ……… 55,57
家庭科の発信 ……………… 175
家庭科の履修時間 …………… 9
家庭科の履修単位数 …… 51,54
家庭科必修科目 ………… 49,50
家庭科の単位減 … 53,59,60,71
変わる生徒像 …………… 76,79
環境 ……………………… 96,127
環境負荷 ……………… 127,128
キー・コンピテンシー
　……………………………… 12,13
基礎と(応用)活用 …………… 97
義務教育 ……………………… 43
キャリア形成 ………………… 86
教育内容の精選 ……………… 79
教員定数 ……………………… 65
教員配置 ………………… 65,66
教科イメージ …………… 86,90
教科観 ………………………… 67
教科の本質 …………………… 79
共生社会 …………………… 120
協働して共に生きる ……… 121
協働の学び ………………… 101
グリーンカーテン ………… 123

ケーススタディ …………… 120
効果的な指導方法 …………… 83
高校家庭科必履修3科目 …… 40
高校家庭部会 …………… 63,191
高校標準法 …………………… 65
公的領域 ……………………… 11
交流活動 …………………… 154
五感 ………………………… 137
子ども虐待 …………… 109,115
子どもの権利条約 ………… 117
子どもの生活離れ …………… 10
ジェンダー ………… 22,96,101
ジェンダー・バイアス …… 113
時間軸・空間軸 ……………… 94
思考力，判断力，表現力
　………………………… 14,15,17
実証科学 ……………………… 19
実践的推論プロセス ………… 19
シティズンシップ
　………………… 22,108,116,124
私的領域 ……………………… 11
市民性 ………………………… 10
社会教育主事 ……………… 182
社会への役立ち感 …………… 44
授業改善 ……………………… 83
受験科目 ………………… 74,75,80
循環型社会 ………………… 127
省察力 ………………………… 17
消費行動 …………………… 134
消費者問題 ………… 25,30,134
消費文化 …………… 131,133
食育 ………………………… 110
食事バランスガイド ……… 111
食生活領域 ………………… 123
スウェーデンの家庭科
　……………………… 143,144,147
生活課題 …………………… 101
生活者 ………………… 83,84
生活主体(者) …………… 11,95
生活デザイン ………………… 41
生活の質(クオリティ・オブ・
ライフ) ………………… 11,99
性別役割分業(分担) …… 22,28
世代間交流 ………………… 166

専門学科 ……………………… 54
探究的な学習(学び) ………… 97
男女共同参画社会 …… 20,21,31
男女共同参画社会基本法 …… 21
地域 ………………… 123,168,174
地域連携 …………… 159,162,165
朝食の欠食 ………………… 110
デートDV ……………… 113,115
デジタルコンテンツ ……… 131
ネットワーク ……………… 166
パースペクティブ ………… 104
発信 ………………… 150,156
バリアフリー ………… 99,101
東日本大震災 …………… 36,47
批判的思考 …………… 18,134
批判的リテラシー
　………………………… 17,18,121
開かれた学校づくり ……… 178
部活動 ……………… 153,154,156
福祉 ……………………………… 96
負担感 ………………………… 78
負のスパイラル ……………… 79
保育所訪問 ………………… 166
方略(ストラテジー) ……… 104
北欧の家庭科 ………… 138,142
学びの構造図 ……… 105,109
学びのネットワーク
　………………………… 159,160
学びの文脈 ………………… 100
問題解決学習 ……………… 124
問題解決(型)学習 …… 102,103
問題解決(能)力 ……… 17,24
問題解決のステップ …… 19,125
ライフキャリアレインボー
　………………………… 120,122
リテラシー ………………… 13
ロールプレイ ………… 113,114

執筆分担(所属は，2012年4月現在)

[編著者]

荒井　紀子(福井大学)
　　はじめに，第Ⅰ部-1，第Ⅲ部-1・3，まとめにかえて，column(p.24)

[著者(50音順)]

鎌田　浩子(北海道教育大学)
　　第Ⅱ部-4

亀井　佑子(國學院大學栃木短期大學)
　　第Ⅲ部-3

川邊　淳子(北海道教育大学旭川校)
　　第Ⅱ部-4

川村めぐみ(文化学園大学)
　　第Ⅲ部-2・4，column(p.65)

齋藤美保子(鹿児島大学)
　　第Ⅲ部-5，資料，column(p.123)

新山みつ枝(文教大学非常勤講師,元横浜県立横浜修悠館高等学校)
　　第Ⅲ部-2・5

鈴木真由子(大阪教育大学)
　　第Ⅲ部-2・4，column(p.109)

長澤由喜子(岩手大学)
　　第Ⅱ部-1，column(p.158)

野中美津枝(愛媛大学)
　　第Ⅱ部-2，第Ⅲ部-2・5

広岡　守穂(中央大学)
広岡　立美
　　第Ⅰ部-2

綿引　伴子(金沢大学)
　　第Ⅱ部-3，第Ⅲ部-2・3・4，column(p.34)

[コラム執筆者]

三村　敦子(宮城県宮城広瀬高等学校)
　　column(p.47)

[授業づくり協力者]

市川(荒川)薫(福井県立高志高等学校非常勤講師)
奥谷めぐみ(甲子園短期大学)
中田　淳平

[取材協力者]

石島恵美子(千葉県立鎌ヶ谷高等学校)
稲葉ゆかり(大阪府立芥川高等学校)
永井　敏美(富山県立砺波工業高等学校)
鎌ヶ谷市こども課子育て総合相談室
前鎌ヶ谷市男女共同参画室長
神奈川県教科研究会家庭部会
　　　　　　(旧・現)役員有志の皆様
鹿児島県家庭科サークル有志の皆様

パワーアップ！家庭科　学び、つながり、発信する
ⓒ Noriko Arai, 2012　　　　　　　　　　　　　　NDC375／207p／21cm

初版第1刷──────2012年5月20日

編著者──────荒井紀子
発行者──────鈴木一行
発行所──────株式会社 大修館書店
　　　　　　　〒113-8541 東京都文京区湯島2-1-1
　　　　　　　電話 03-3868-2651（販売部）03-3868-2266（編集部）
　　　　　　　振替 00190-7-40504
　　　　　　　［出版情報］http://www.taishukan.co.jp

装丁・本文デザイン──井之上聖子
カバー写真提供─────アマナイメージズ
図版作成───────E・R・C
印刷所────────広研印刷株式会社
製本所────────三水舎

ISBN 978-4-469-27004-4　Printed in Japan

Ⓡ本書のコピー，スキャン，デジタル化等の無断複製は著作権法上での例外を除き禁じられています。本書を代行業者等の第三者に依頼してスキャンやデジタル化することは，たとえ個人や家庭内での利用であっても著作権法上認められておりません。